上海市哲学社会科学学术话语体系建设办公室

上海市哲学社会科学规划办公室

资助出版

上海市纪念
新中国成立
70
年研究丛书

上海的创新引领
从老工业基地迈向全球城市

（1949—2019）

方书生 著

上海人民出版社

总　序

2019 年，是新中国成立 70 周年。70 年来，我们国家所发生的天翻地覆的变化，所展开的这场宏大而独特的实践创新，无论是在中华民族历史上，还是在世界历史上，都是一部感天动地的奋斗史诗。

新中国成立 70 年来，当代中国经历了广泛而深刻的社会变革。这一变革的范围之广、程度之深、影响之大，都是空前的。新中国成立初期，通过对农业、手工业和资本主义工商业的社会主义改造，我们创造性地完成了由新民主主义到社会主义的过渡。"三大改造"的基本完成，标志着社会主义制度在中国的确立，社会主义初级阶段建设从此阔步展开。改革开放以来，我们成功开创和拓展中国特色社会主义道路，使社会主义这一人类社会的美好理想在古老的中国大地上变成了具有强大生命力的成功道路和制度体系。这不仅为中华民族实现伟大复兴提供了重要制度保障，而且为人类社会走向美好未来提供了具有充分说服力的道路和制度选择。

党的十八大以来，在我国从大国向强国迈进的重要历史关头，以习近平同志为核心的党中央统筹推进"五位一体"总体布局和协调推进"四个全面"战略布局，在改革发展稳定、内政外交国防、治党治国治军等方面展开了一系列治国理政新实践。比如，实施创新驱动发展战略，推进自由贸易试验区和科技创新中心建设；推进供给侧结构性改革，推进"一带一路"建设，推进京津冀协同发展、长江经济带建设、粤港澳大湾区建设、长江三角洲区域一体化发展等国家重大发展战略；稳妥推进政治体制改革，不断深化行政体制改革；在宣传思想、文化文艺、新闻舆论、网络安全、哲学社会科学、思想政治工作等方面作出战略部署；创新和加强社会治理，探索特大城市社会治理新路；实施精准扶贫，持续改善民生；全面从严治党，强化制度治党、管权、用吏；全面实施改革强军战略，深化国防和军队改革；推动构建以合作共赢为核心的新型国际关系等。

"社会大变革的时代，一定是哲学社会科学大发展的时代。"2019 年 3 月 4 日，习近平总书记在看望参加全国政协十三届二次会议的文艺界、社科界委员时再次指出，"哲学社会科学研究要立足中国特色社会主义伟大实践，提出具有自主性、独创性的理论观点"。社会变革和实践创新是产生原创性学术思想的源头活水。原创能力是哲学社会科学的核心竞争力，是构建中国特色哲学社会科学的关键点、着力点。当代中国哲学社会科学的学术研究，要形成自己的特色，提出自主性、独创性的理论观点，就必须扎根中国大地，以当代中国的伟大实践为研究起点、研究对象，把 70 年来中国进行社会主义建设和改革的成就讲清、经验阐明、逻辑理顺、道理论透，在解读中国实践中孕育学术成长、构建中国理论。哲学社会科学各学科都要勇于进行学术创造，从自己的学术视角来认识、研究、总结这一波澜壮阔的社会变革和伟大实践，阐明独到见解、提出独创学说、提升原创能力。

凡学必有史，历史研究是一切社会科学的基础。提升中国学术的原创能力，构建中国特色哲学社会科学的学科体系、学术体系、话语体系，要坚持以史为纲、论从史出，才能厚植学术根基，真正形成中国特色、中国风格、中国气派的哲学社会科学。要坚持"以史为纲"。中国的学术必须真正深入到中国社会变革和实践创新的基本史实，才会具有厚实的根基，才会孕育真正的自信，才会形成真正的中国学术。要扎扎实实地做好各个学科分类的史学研究，做到以史为据、史由证来，形成一系列专门的"史著"，为构建中国特色哲学社会科学提供厚重的史学支撑。要坚持"论从史出"。史实是学术研究的基础，更是检验学术的标准。哲学社会科学的各个学科，都要努力从扎实的"史著"出发，从不同的学科视角依据历史史实、遵循学术规律，提炼出有学理性的新理论，提炼出易于为国际社会所理解和接受的标识性概念，形成体现中国学术原创能力的"论著"。

2017 年，在中共上海市委宣传部指导下，上海市社会科学界联合会、上海市哲学社会科学学术话语体系建设办公室、上海市哲学社会科学规划办公室启动实施了上海市"纪念新中国成立 70 周年"系列研究。本系列研究坚持"以史为纲""史论结合"，在回顾新中国成立 70 年来，中国共产党领导全国人民实现国家富强、民族振兴、人民幸福的伟大奋斗历程中取得的伟大成就的基础上，系统研究、辩证揭示新中国 70 年历史性变革中所蕴藏的内在逻辑，总结经验，前瞻未来，为更好推进"五位一体"总体布局和"四个全面"战略布局提供强大精神力量。两年来，承担系列研究任务的复旦大学、上海社会科学院等上海多所高校和社科研究机构的专家学者辛勤工作，始终坚持以中国实践为基础，以重大问题为导向，以历史研究为支撑，尊重学术规律，弘扬学术精神，追求学术精品，形成了一批既客观准确描述历史，又具有扎实学理基础的学术论著，汇编成这套"上海市纪念新中国成立 70 年研究丛书"，呈现了上海社科理论界在构建中国特色哲学社会科学中应当具有的历史使命和责任担当，是上海社科理论界庆祝新中国成立 70 周年的献礼之作。

是为序，以庆祝新中国成立 70 周年！

徐　炯

中共上海市委宣传部副部长

目　录

图表目录

引言：长期经济增长中的创新引领

探索经济体长期经济发展内在的线索与延绵不断的活力之源，无论在学术理论上还是经济实践上均具有显著的意义，自古典经济学以来有很多发现，自 20 世纪以来最受瞩目的当属"创新"对长期经济增长的影响。新中国成立 70 年来中国经济经历了从建立计划经济到改革开放与建立市场经济，从政府主要经济资源配置到发挥市场配置资源的基础性作用，在长期经济增长中是否存在一个一以贯之的线索？

一、关于创新与经济增长

为什么有些地方经济增长，而有些类似的地方却没有？这一直是经济学中一个历久弥新、备受关注的基础性问题。经济增长的源泉来自哪里？以前一般比较多的认为来自资本投入或劳动投入的增长、技术进步。如果重新回顾一下古典经济学以来对于经济增长的论述，可以发现：亚当·斯密强调分工与专业化、绝对优势；李嘉图强调比较优势与自由贸易；马克思和恩格斯以及熊彼特强调创新；索洛等人则强调生产要素；贝克尔和舒尔茨强调了教育与人力资本；罗默和卢卡斯强调内生性增长，特别是规模报酬递增的贡献，即内生性技术创新；诺斯等人强调了制度创新对经济增长的作用；鲍默尔强调了自由市场机制是资本主义经济增长的关键。可以说，包括自然、资源、人力、社会资本等要素投入，以及制度创新（尤其是产权安排与市场机制）、技术创新都能成为经济增长的动力。问题的关键是，在这些促成经济增长的要素中，从经济历史演进的进程来看，在特定的发展阶段，是否存在某一种一般性的决定性因素或路径？

我们知道，在经济发展早期，要素投入是经济产出的重要来源与路径，但是，现代意义上的经济增长已经超越了早期的基本假设。创新被认为是经济活力的最终内在源泉，自从约瑟夫·熊彼特（Joseph Schumpeter）20世纪初提出"技术创新"以来，创新理论已经得到学者、企业家、政府官员等社会各界的广泛认可，以后历经索罗、弗里曼等人的优化与完善。创新理论及创新实践已经成为衡量一个国家、地区、企业是否发展、能否持续发展的重要指标，也是各国社会各界讨论经济活动时首先关注的基本要点之一。正如熊彼特所陈述，"我们所指的'发展'只是经济生活中并非从外部强加于它的，而是从内部自行发生的变化。……经济发展不是可以从经济方面来加以解释的现象，而经济——在其本身中没有发展——是被周围世界中的变化拖着走。"①"创新"就是要解释这种内部所发生变化的动因，也就是经济发展内在的隐而不现的活力之源。

"创新"着眼于经济现象之外，现代意义上的创新既需要有一个良好的开放环境，又需要一个合适的内在机制，如此才能实现资源的自由流

---

① ［美］约瑟夫·熊彼特：《经济发展理论》，商务印书馆1991年版，第70—71页。

动和有效配置，形成更高的效率与产出。关于怎样才能实现经济发展这一议题，熊彼特提出的一个标志性认识就是出现"新组合"。即，在社会经济的演进过程中，人们"能支配的原材料和力量"的组合构成了人类生产的基础，当原有的组合演进为间断，并出现的"新组合"时，"具有发展特点的现象就出现了。"熊彼特认为："生产意味着把我们所掌握的原材料和生产要素结合起来。生产其他的东西或用不同的方法生产相同的东西，意味着用不同的方法去组合这些原材料和生产要素。只要'新的组合'能通过小的步骤不断调整，从旧组合中及时产生，那么它肯定就有变化，也许是增长，但这不是一种新的现象，也不是我们所说的发展。如果不是这样的情况，而且新组合是间断出现的，那么以发展为特征的现象就出现了。"①

在熊彼特的定义中，借由"企业"实现新组合，新组合的行为主体即"企业家"。同时，熊彼特认为，"不管是哪一种类型，每一个人只有当他实际上'实现新组合'时才是一个企业家。"从这个意义上说，"企业家不是一种职业，一般说来也不是一种持久的状况"。企业家拥有最重要的生成要素就是组织一个企业，协调各种生产资料，承担风险所需要的"企业家才能"，对企业家特征的一般描述，如"创新精神""权威""远见"等等。②如此，在《经济发展理论》中，熊彼特提出的第一条为"给定环境下的经济生活的循环流转"，第二条是"经济发展的基本现象"，他认为"在这个社会价值体系中，一个国家所有的生活条件，尤其是所有的'组合'都被反映出来"，这样不仅提出了创新的来源、创

---

① ［美］约瑟夫·熊彼特：《经济发展理论》，商务印书馆 1991 年版，第 71 页。

② 同上，第 73、82、83 页。

新的过程以及创新的标志，也提出了创新的主体，即企业与企业家。

如此"创新"——特别是经济创新，必然是新要素的新组合，这样就包括两个方面的内容：第一，要素的流动和配置。要素流动与配置的前提是市场与外部环境，这也就是说，经济创新的前提是经济开放，特别是要素和资源的开放。自由或必备的开放环境下，要素才可以自由流动并实现有效率配置。也只有这样才具有创新发生的环境，并形成创新。尽管绝对的、完全的开放只是一个理想中的模式，特别是对于主权国家或主体而言，既受到时间、地点等条件约束，也受到经济发展阶段的条件约束，从这个意义上说，"开放"总是有限度的、有条件的；但是，这又是经济创新的必要非充分条件。第二，创新主体的基本制度保障。对于创新主体而言，一个基本制度保障就是产权。从这个意义上说，创新的本质上是基于产权制度安排下的创新。不过，在同时也需要关注两个现象，第一，创新的主体是多元的，不仅仅是个体（例如企业家）也包括特定的组织（例如企业家集合）；第二，创新活动明显受到外部环境的影响甚至是约束。

故而，在一般情况下创新更多是指代一项具体的行为，关于"创新"的定义："工业创新包括技术活动、设计活动、制造活动、管理活动以及推销新产品过程中的商业活动或者新工艺或新设备的第一次商业应用。"（弗里曼，1982）。"创新的行动就是赋予资源创造财富的能力，……凡能改变已有资源的财富创造潜力的行为，都是创新，……创新是企业家的特殊工具，企业家利用创新开创为不同的企业或服务寻找市场机会的变革。创新可以被看着一种训练、一种学习以及一种实践。"（彼得·德鲁克，1989）"企业通过创新行为获得竞争优势，它们从最广泛的意义上进行创新，包括新技术和新方法。"（迈克尔·波特，1990）。经济合作与发展组织（OECD）与欧盟统计署（Eurostat）发布的《奥斯陆手册》（第二版）中对"创新"如是定义：创新是为实现新的或重大改进的产品（商品或服务）、工艺、新的营销方式，或在营销策略、工作场所或外部关系中的新组织方式等。广义的"创新"包括所有可能的大范围内的创新，狭义的"创新"则指一种或多种创新的实现，如产品创新和工艺创新。这样，"创新"所具有的特征则为：第一，创新是一个从产生新产品或新工艺的设想到市场应用的完整过程，它包括新设想的产生、研究、开发、商业化生产到扩散这样的一系列活动，本质上是一个科技、经济一体化的过程，包括技术开发与技术利用两个环节。第二，广义上的创新不仅包括技术创新、产品创新，还包括开拓新的市场、采用新组织结构的创新模式，但从狭义上来理解，技术创新（工艺创新）和产品创新是创新的最主要形式。

自 20 世纪 80 年代改革开放至当今，"创新"以及"创新理论"在中国已经得到了最大程度的泛化和蔓延，其含义早已经从熊彼特所说的"经济创新"泛化至政治、社会、文化等各个领域，而被认为"创新是民族进步的灵魂"，以至于出现言必称"创新"。至少已经包括理论创新、体制创新、科技创新、文化创新、空间创新以及其他方面的创新等，甚至包括集成创新。同时，创新的主体一般也被认为已经从个人、企业蔓延至政府、社会，从而形成被人们通常称之为的"创新体系""创新集合"，相应的创新通常被认为可以有"个人创新""企业创新""政府创新""社会创新"等等，以及相应的"创新个体""创新团队""创新国家""创新社会""创新城市"等等，泛化具有积极与广泛的意义，但是，在同时也使得"创新"的主体、指代、路径、特征更加杂糅与模糊，从而在概念界定与政策实践时出现困惑。

不管如何，"创新理论"为解释现代经济增长提供了一个更好的窗口与尺度，比如，在熊彼特看来，没有创新的社会经济仍然可以延续乃至经济总量的增加，但"仅仅是经济的增长，如人口和财富的增长所表明的，在这里也不能被称作是发展过程。因为它没有产生本质上的新现象，而只有同一种适应过程，像在自然数据中的变化一样"。①因此，只有创新才能促进经济增长与社会发展的新动力，或者说，社会经济的发展则一定是建立在某些创新的基础之上。从这个意义上看，在经济起飞以及现代经济转型中，不同的经济环境或路径下经济创新成为了经济增长内在活力不可或缺的源泉。

二、创新引领下的经济发展

在发现经济增长中"创新"意义的进程中，熊彼特认为创新具有周期性，因为技术创新的诞生具有必然性基础上的偶然性，它是由科学家在前人积累基础上突然发现的。例如，在科学史上，青霉素与 X 光的发现，就是偶然事件。但是，不同的技术创新对经济增长的影响有大有小，基础性的技术创新必然带动一大批基于该技术的改进型、应用性创新，从而形成一个技术创新的上升浪潮，从而促成经济增长。在熊彼特的创新周期中，第一个长周期是 1780 年到 1842 年，以纺织机所代表的产业革命；第二个长周期是 1842 年到 1897 年，以蒸汽机、钢铁为标志的铁路化时代；第三个长周期是 1898 年到 1946 年，以电力、化工、汽车创新为标志的工业革命与创新浪潮。以创新引领的技术革命以及由此形成

---

① ［美］约瑟夫·熊彼特：《经济发展理论》，商务印书馆 1991 年版，第 71 页。

的经济增长周期，该周期或长或短，一些长周期延续时间可以长达50年。

回到"创新"及创新理论的源头，看不见的"创新"是如何被发现？在1937年日文版《经济发展理论》（*The Theory of Economic Development*）前言中，彼特熊如是陈述："如果日本读者在翻开此书之前问我，在写这本书时我的目标是什么，在25年前，我会这样回答：我在尝试及时构建经济变革过程的理论模型，或者更为清晰的说法是，回答这样一个问题：经济系统如何产生促使其自身不断变革转型的力量……我有一种强烈的感觉……经济系统内部有一种能量的来源，这种能量会自行破坏任何可能达到的平衡。如果确实如此，那么必然存在一种关于经济变革的纯粹经济理论，其中经济变革不仅仅依赖于推动经济系统由一种平衡过渡到另一种平衡的外部因素。这就是我尝试构建的理论。"

熊彼特精确地阐明了其创新理论所关注的重点：不仅聚焦于经济系统如何产生经济变革，也关注经济变革如何在仅有来自经济体系内部力量的情况下产生。他在创建创新理论时，已证明平稳过程不仅受到外部因素影响，也会受到内部因素干扰，并认为，资本主义的本质不在于各方面的均衡，而在于系统必然趋向于偏离均衡，即失衡。均衡分析并没有抓住资本主义现实的本质。他认为"平稳的封建经济仍然是封建经济，平稳的社会主义经济仍然是社会主义经济，而平稳的资本主义本身却自相矛盾"。

在比较新近的*Handbook of the Economic of Innovation*（2010）中，Joel Mokyr分析了1750—1914年来经济史对创新与技术变革研究的贡献，从现代经济增长的历程中发现一系列技术突破机制导致了经济现代化的不连续性。工业革命及其后续发展不仅促进了技术水平的提高，还改变了产生创新的整个动态过程以及发明与传播的速度。Giovanni Dosi 和 Richard R. Nelson 分析了技术变革和产业动态的演化历程,他们通过大量关于企业理论、技术创新、组织创新对产业影响的文献,探讨了企业的技术能力和组织能力及其演化,并总结了经济增长与发展作为一种创新驱动演化历程的基础知识,即不同的创新能力和模仿能力是产业演化的核心与驱动力,塑造着彼此竞争的企业群体增长、衰落和退出市场的种种模式,也影响着新企业进入市场的机会,企业家(厂商)与市场机制之中存在互动的选择与调整机制。此外,经济发展的历史路径往往会被特定的"时代"所打断,经济发展演化过程涉及各种制度的多样化的结构。另外,创新活动与绩效的长时段实证研究,是否也需要评估?例如,分析企业规模与创新、市场结构与创新等方面。

就最近创新实践而言,世界各国都认识到创新是经济增长的关键性因素之一,中国成功的"创新"政策及其机制一度有效地促进了经济增长。相关的学术研究表明,创新活动与经济增长之间的联系是一个复杂的过程,包括了很多因素,例如,有关产业组织理论、演化理论、宏观经济增长理论、经济历史分析、计量经济分析等方面,涉及科研创造、创新激励、技术市场、发明网络、创新融资、创新扩散等在经济发展中的作用。此外,作为发展中国家的创新,即我们如何确保在不同发展阶段创造与传播创新,这些路径、方法、目标与发达国家曾经经历的历史可能存在很大的不同,因此需要关注新中国成立 70 年来中国经济增长研究中,有关"创新"元素的经典理论与本地实践之间的共同性、差异性、关联性。

三、上海创新引领的起点与路径

近一个世纪以来，国际经济史学界为理解近代中国"现代经济"的形成，理解这一经济史上的转折，聚焦中国、关注上海，数十年来围绕上海口岸、经济中心城市的历史及其现代性成长，展开了大量的讨论。[①]早期外国的研究大多从口岸经济的视角，解读上海的近代崛起，后来国内的研究更多地从上海经济中心城市形成或近代化的视角，理解上海近代经济的兴起与发展。我们知道，近代中国新经济源于口岸城市与现代工商业，最显著的变化是从传统农业经济转向现代工商业经济，新经济首先是从商业流通领域激活，并逐渐扩展到工业生产领域。在流通领域，口岸开放所带来的商业革命，促进了商品与要素市场的发育，实现社会资源的配置；在生产领域，通过外向化农业、乡村手工业、城市工业的发展，实现社会再生产的循环，使得近代经济增长、经济转型得以实现。上海是近现代与当代中国经济最重要的中心之一，无论是在新中国成立后的计划经济时代，抑或改革开放以来的市场化时代，都是中国社会经济中最具活力的地区之一。在长期经济增长的视野中，上海的表现具有内在的逻辑与一致性，即，上海经济增长中一直涌现的"创新"元素，虽然在不同的经济环境与经济体制下有一些不同的表现，但在内核上具有一致性。

上海市"十三五"（2016—2020）规划第一条即"以新理念引领新发

---

① 境外学者从墨菲（Rhoads Murphey）、费正清（J. K. Fairbank）到郝延平、林满红、罗斯基（Thomas. G. Rawski）等均予以关注；最近 30 多年来，大陆诸多学者：张仲礼、丁日初、潘君祥、黄汉民、熊月之、张忠民、戴鞍钢等亦持续跟进探讨。

展"，当前上海正在"创新驱动、转型发展"，这是长期以来上海经济发展内在活力源泉与经验的显现。上海科技创新中心建设与中国（上海）自由贸易试验区发展以及围绕发挥"创新引领"的制度建设，可以说是新中国成立以来上海工业化发展与改革开放以来上海现代化发展的进一步深化，也是更长久以来上海经济发展内在脉络的延伸。重新检视上海经济成长道路上的经济发展与历史性转折，或许能在更为深厚的历史积淀的基础上，更加深刻地理解这一历史性的伟大举措，以及其政策指向的得失所在。从历史的长时段考察和研究在不同经济制度和经济环境下上海经济发展的活力，就不仅是一个简单的经济史研究的问题，也更是一个可以为上海经济的未来发展提供制度和经验借鉴的问题。

这就是"上海创新引领"概念的起点与源头，也是研究当代上海创新经济增长活力的源头。这一内生的创新引领力量是怎样形成的？是否可以自生长？如何随着外部环境的变化而调整？其内生逻辑是什么？是否一致？对这些问题的解释与回答，有助于我们更深入地探索与理解上海长期经济增长中内在的关键性因素。

就目前学界对1949—1978年上海经济增长的相关研究而言，主要是对"三年经济恢复时期"、"对资改造"、"小三线"建设、60年代工业发展等的阶段性研究，其基本成果有上海社会科学院经济研究所《上海资本主义工商业的社会主义改造》、上海大学徐有威等《小三线建设研究论丛》，以及上海社会科学院经济所朱婷对贸易、国有企业与上海老工业基地的研究、复旦大学历史系林超超对计划体制下上海工业的研究，上海交通大学博士生高明对60年代上海电力工业的研究，上海社会科学院历史所王健和贾璐阳对60年代上海试办工业托拉斯和上海向科技进军的研究等等。其次是相对较长时段的研究，主要成果如上海社会科学院经济研究所孙怀仁主编的《上海社会主义经济建设发展简史（1949—1985年）》（上海人民出版社 1990 年）；朱华等著的《上海一百年》（上海人民出版社 1999 年）。

关于后一时期的研究，丛书类的著作就有五个系列：（1）上海社会科学院经济所的"上海经济发展丛书"12 本（上海社会科学院出版社 1999 年）。（2）"上海市发展改革研究院研究丛书"10 本；（上海人民出版社、格致出版社 2011—2014 年）。（3）"2030 上海发展研究丛书"5 本（上海社会科学院出版社 2013 年）。（4）《上海经济发展蓝皮书》（2000—2006 年度），《上海经济发展报告》（2007—2018 年度）（5）"纪念上海改革开放 30 周年丛书"6 本（上海社会科学院 2008—2009 年）。"上海改革开放三十年研究丛书"7 本（上海人民出版社 2008 年）。这些丛书类著作从经济增长方式、对外开放战略、城市建设变迁、创新转型战略、城市综合竞争力等方面，分别对改革开放以来的上海经济进行了考察。此外还有一些代表性的著作：《上海经济发展战略文集》（上海社会科学院 1984 年）、《创新：上海经济增长方式转变的必由之路》（上海人民出版社 1998 年）、《国家战略中的上海科技创新中心城市建设》（上海社会科学院出版社 2017 年），分别对上海经济发展以及经济增长方式转变等进行了研究。其他还有一些代表性论文如：《华东地区高新技术园区创新对区域经济增长影响的实证研究》（《经济地理》2015 年第 2 期）；《城市化群落驱动经济增长的机制研究——来自长三角 16 个城市的经验证据》（《经济研究》2008 年第 11 期）；《效率增进、技术创新与 GDP 增长——基于长三角 15 城市的实证研究》（《中国工业经济》200 年第 2 期）；《上海经济增长的源泉——"解读上海经济"系列报告之一》（《复旦学报（社会科学版）》2003 年第 1 期），也分别对上海及长三角地区的经济增长与创新转型进行了分析与研究。其中最具有代表性的论著有两份，第一份为孙怀仁主编的《上海社会主义经济建设发展简史（1949—1985年）》（上海人民出版社1990年），以经济发展为主线，总结了1949至1985年"六五"计划结束的不同时期，上海所面临的经济发展形势、中央经济工作方针与政策在上海的实施情况以及经济管理体制的变化，尤其是工业、农业、交通、商业、贸易、科技、财政、金融等主要部门的经济发展状况。第二份为张忠民著的《经济历史成长》（上海社科院出版社1999年），在新中国成立50年之际对1843至1978年上海长期经济增长的分析与归纳，从世纪性的时间跨度认为经济增长的要旨在于上海的经济区位以及上海经济发展中延绵不断的技术与制度创新。

此外，国内学者关于新中国经济史的研究中，也有涉及上海经济发展背景以及相关的内容，如国家统计局编的《伟大的十年》（人民出版社1959年），上海财经大学课题组的《中国经济发展史：1949—2005》（上海财经大学出版社2007年），武力主编的《中华人民共和国经济史》（中国时代经济出版社2010年）等等。

在上海及国内学者的研究之外，海外关于上海（及中国）的创新实践与经济转型增长这一议题，也不断涌现单篇的段时段的研究，与国内相比相对更加专题化，较多引用的代表性的论著如下：Economic development in Shanghai and the role of the state (LY Zhang, *Urban Studies*, 2003)；A new modernity? The arrival of 'creative industries' in China (J. O'Connor, G. Xin, *International Journal of Cultural Studies*, 2006)；State policies, enterprise dynamism, and innovation system in Shanghai, China (W. Wu, *Growth and Change*, 2007)；Innovation in Chinese urban governance: The Shanghai experience (T. Zhang, *Gover-*

ning Cities in a Global Era，2007，Springer）；Technological innovation in China's high-tech sector：Insights from a 2008 survey of the integrated circuit design industry in Shanghai（GCS Lin，C. Wang，*Eurasian Geography and Economics*，2009，Taylor & Francis）；Innovation strategy and performance during economic transition：Evidences in Beijing，China（JC Guan，CM Richard，EPY Tang，AKW Lau，*Research Policy*，2009，Elsevier）；The Chinese innovation system during economic transition：A scale-independent view（X Gao，X Guo，K.J. Sylvan，J. Guan，*Journal of Informetrics*，2010，Elsevier）；Run of the red queen：Government，innovation，globalization，and economic growth in China（D. Breznitz，M. Murphree，2011）.

以上所列的相关研究，从不同的角度探索上海经济发展的特征与内在规律，均取得了阶段性的令人瞩目的成绩。不过，由于特定时代与议题的限制，这些论著多数仍然限于以特定的时段、特定的问题为对象进行研究。

第一，相关研究或多或少地涉及新中国成立后上海的经济增长、劳动生产率、经济体制等方面，但是，尚未涉及对这一计划经济制度约束下、不完整条件下创新经济增长及其表现的研究。通过查询相关的历史文献，我们发现尽管出现了诸多不同于创新理论的假设，在新中国成立后的上海经济增长中，创新不仅没有缺席而且发挥了重要的作用，该如何解释1949—1978年上海经济增长中的"创新"因素，成了经济史上的一个有趣的问题。以下主要从两个维度来展开：首先是复原有限度开放的计划经济下创新引领与上海老工业基地的形成与演化；其次是追问老工业基地制度约束下的技术、组织、制度、国家创新是如何实现。第二，学界对于 1978 年改革开放以来上海创新经济有较多关注，但尚未对较长时期"创新"的阶段性及其特征进行分析与归纳。一旦回到追问经济增长的源泉问题，回顾古典经济学以来对于经济增长的论述，可以发现自然、资源、人力、社会资本等要素投入，以及制度创新（尤其是产权安排与市场机制）、技术创新都能成为经济增长的动力。问题的关键是，在这些微观的要素之外，从经济历史演进的进程来看，在特定的发展阶段，是否存在某一种一般性的决定性因素或路径？学界一般认为，开放或外部的刺激能暂时地带来经济变化，增长或衰退，技术创新与制度供给等才是决定经济长期增长的基石。

四、本书的目标与框架

迄今为止，除了前述少数几部著作有所涉及之外，真正称得上对新中国成立 70 年以来，上海在国家战略定位下，依靠创新引领一步步从昔日的"老工业基地"迈向"全球城市"的中长时段经济发展演化的完整研究，仍然基本阙如。

70 年来上海一直在全国经济发展中占有非常重要的位置，其中最令人瞩目的当属"老工业基地"与"全球城市"的名片，代表了从赶超型工业革命时代到后工业时代上海的创新发展。多年来学界一直在探索：从计划经济时期到社会主义市场经济时代，上海经济自我增长的机制是什么？是什么影响、制约上海经济的长期发展？上海为什么、又怎样发挥了重要的作用？这些有关上海经济长期增长的话题似乎都带有谜一样的色彩。

本书拟以"创新引领"为关键词，论述了从 1949 至 2019 年，上海经济如何从"老工业基地"的国家战略定位下向"全球城市"迈进的经济演进历程及其内在机理演化。由于 70 年来上海经济增长处在不同的经济体制与环境之中，无法寻得可计量的"创新引领"指数，在这里更多地探究与追寻其内在的起点、转折、传承、演化关系。故而，按照时间及逻辑关系，对新中国成立 70 年来上海经济发展历程中至关重要的"创新"元素进行了认真、细致的探索与发掘，揭示了 70 年来上海经济创新引领之旅的起点、逻辑、演进与未来的发展方向，力图寻求其中时隐时现、隐而不现的特征及规律，以最终探求 70 年以至未来上海经济增长内在的、一脉相承的核心元素。

本书共分五篇，除引言及结语外，主体部分分为三个部分：第一部分为"老工业基地时期的创新引领（1949—1977）"，解析新中国成立后上海作为"老工业基地"的形成及其演化，以及计划经济时代上海是如何进行技术、组织、制度与国家创新。第二部分为"迈向全球城市时期的创新引领（1978—2019）"，阐释改革开放以来上海"创新引领"的四个阶段，以及改革开放以来上海城市功能演进中的创新引领。第三部分为"上海创新引领的形式与机制"，探讨了上海"创新引领"活力的源泉与动力机制。最后的结语部分在前文基础上总结了新中国成立 70 年来上海创新引领的形式与逻辑以及上海创新引领的功能与发展趋向。

第一部分:老工业基地时期的创新引领(1949—1977)

就一般性的事实而言,在 1949—1977 年间,中国经济发展摒弃资本主义自由竞争的市场经济,逐渐建立并形成了高度集中统一的社会主义计划经济体制与制度。在这样的一个新的政治经济环境下,上海经济首先经历了一个就市场经济向社会主义计划经济转轨的短暂过渡,然后逐渐被完全纳入国家高度集中的计划经济体制中,形成了与计划经济相适应的商品生产与商品流通体制,以及完全公有制经济的政治经济体制。在这一外部性经济制度约束下,上海经济增长路径与方式发生变化,于是上海作为工业基地的功能凸显,并在国家战略层面得到支持,以"老工业基地"为特征的上海经济增长路径形成,经济增长内在的微观主体与演化路径发生了显著的变化,围绕经济增长内在的动力方式已出现了新的调整。

第一章 创新引领与老工业基地的形成及演化

在关于如何发展经济的指导思想上，一直存在自由贸易与保护主义这两种截然不同的思潮，自由主义思潮拥有更源远流长的历史，但一直受到经济发展实际情形的挑战。新中国成立以后，计划经济思想成为新的政策来源，在计划经济思路及其具体的政策方案下，我们看到的"一五"（1953—1957）期间中，初期所拟定的过渡时期总路线，虽然提出重视重工业与轻工业的关系，但是明确以发展重工业为主的工业化道路。"二五"（1958—1962）期间更是明确提出了"以钢为纲"的重工业化道路，贯彻重工业超前发展的战略，是经济层面上"赶英超美"的技术路径之一，并一直持续近 20 年，成为当时国民经济发展的基本指导思想。1950 年由于外部经济封锁更加重了国民经济恢复的困难，同时，作为实现工业化的最终目的是求得国家的富强，在富与强的建设理念中，新中国政府显然更着重于其求强的方面，这就是迅速建立能够增强国家力量的重工业体系。于是，当时中央决策层自然而然地接受了作为成功范例的苏联社会主义工业化模式，出于对国家现代化的强烈愿望，采用干预与管制的方式，快速地发展国民经济，建立独立完整的国民经济体系，尤其是独立完整的工业体系（以重工业为主体），这也是当时实现强国的基本选择之一。

第一节　计划经济下创新方向的切换

1949 年新中国成立以后，伴随计划经济对市场经济的全面取代与社会主义经济制度的确立，原来自由竞争的市场经济中上海逐步形成的经济中心功能逐渐被抑制、削弱与消失，在全国一盘棋的经济计划安排下，上海城市逐步蜕变成比较单一的工业生产基地，逐渐转变为全国的"物资调拨中心"和"工业品采购供应中心"。自此，上海经济增长与发展的环境、路径、方式均发生转折性的变化，经济增长内在的动力与形式也出现了逆转性的调整，这成为 1949 年新中国成立以来上海长期经济增长的逻辑起点。

一、计划约束下的外部经济关系

新中国成立后，对城市工商业进行改造，增大了对城市的生产性投资，变消费性城市为生产性城市，上海先后失去了全国乃至东亚最大的金融和贸易中心的地位，只被定位为全国最大的工业基地，经济功能相对单一。这不仅对上海自身发展产生了不利的影响，而且也使得整个长江三角洲地区的地缘经济失去了整合功能。这段时期长江三角洲地区以及全国其他城市之间相互联系的纽带主要是通过计划调拨，产供销、人财物的集中管理使得国有企业脱离市场，缺乏竞争，影响了企业的效益和效率，并由此产生了一些明显的弊端。当时为了使上海尽快走出工商业萧条的困境，中央调动华东各省的物资支援上海，并收购上海工业品调往华东各省，以沟通上海与各地的物资交流，一种非真正意义上的"贸易"流通方式——物资调拨制度逐步形成。商业贸易额由国家计划的安排和控制，地方已无权决定商品物资流动的数量、价格、流通方向。1949—1956 年上海市贸易发展最大的变化是上海与内地商品物资流通方式的改变。从第一个五年计划开始实施后，国家即开始对重要物资实行全国范围的平衡分配制度，在全面进入计划经济时期后，由市计委负责物资的综合平衡，工商局按计划生产和收购，市物资局负责执行计划指标的分配，物资局下属各原材料公司负责供应，形成了服从中央统筹计划的地方物资分级管理机制。于是，这一时期上海经济制度上出现了巨变，即原来私有产权下的企业制度向国有经济、集体经济的转变；市场经济制度向计划经济体制的转变。

就 1949—1977 年上海与国内、国外市场的商业贸易总体而言，整体上而言，完全处于国家计划的控制之下，当经济所有制变革完成后，旧有的商品流通体制被以国家物资机构、国营商业和供销社为中心的、以计划调拨为主要形式的流通体制所取代，上海的物资供应和产品销售已完全纳入了国家计划分配、调拨的流通渠道，上海商业贸易额的统计类别中，出现了"市外调入""调往市外"等项目。1950—1977 年上海市外调入额、调往市外额如下：

从图 1-1 中可以看出，1959 年与 1950 年相比，国内纯购进额、市内调入额、国内纯销售额、调往市外，出现显著增长（更详细数据参见附表 1）。1962—1969 年上海市购、销、调、存总值的变化，除个别年份外，总体上升幅度很小，增长缓慢且常有倒退反复。与 1967 年相比，1977 年国内纯购进、市外调入、国内纯销售、调往市外分别增长 127.05％、

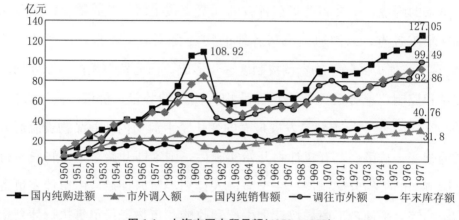

图 1-1　上海市国内贸易额(1950—1977)

　　资料来源：上海统计局《上海国民经济和社会发展历史统计资料 1949—2000》，中国统计出版社 2001 年版，第 120 页。

31.8％、92.86％、99.49％。这是在全国物资匮乏的年代，在"全国保重点、重点保上海"的方针下，中央在货源分配、调拨方面给予上海的扶持，从出入数据来看，上海市的工业产品大量调拨至各地，零售商品中有很大一部分流向外地。

　　从新中国成立之初至改革开放前，中央对进口贸易一直实行严格的控制，上海的进口贸易额受到国家计划配额量的限制，基本维持在 1 亿美元之下，而上海出口贸易额虽然显示出不断增长的趋势，但是上海出口贸易的货源，主要是按国家外贸计划由外省市调拨给上海的，因此，上海出口贸易额度的高低，并不能真正反映出上海对外贸易的能力与地位。[1]1949—1956 年，初期因以美国为首的西方国家的经济封锁与禁运等因素的限制，使得上海的进出口贸易均有下降。1950 年底，上海加强了对苏联、东欧等社会主义国家的出口，1952 年开始，从苏联等国家进口机器设

----

　　① 朱婷：《上海贸易发展功能、地位之嬗变：1949—1978》，《上海经济研究》2010 年第 8 期。

备陆续增加，并逐步恢复与日本、西欧国家的进出口贸易，1953年后上海的出口贸易额开始上升。1957—1966年上海的对外贸易有明显发展，主要表现在两个方面：首先，贸易往来的国家和地区增多，60年代之前仍以苏联和东欧等社会主义国家为主，1959年分别占总出口额的47.22%、16.43%。进入60年代后，苏联、东欧国家的比重下降，西欧国家的比重上升，在亚、非、拉有贸易往来国家和地区，从1958年的90个增加到1965年的121个；其次，上海进出口贸易中以出口贸易为主，此时期出口值较上一时期有显著提高，1953年上海出口值为1.83亿美元，占全国出口总值的17.9%，1958年出口值上升为6.25亿美元，比重也升至31.75%，直到1966年，上海出口值在全国出口总值中的比重始终高于30%。1967—1977年，上海对外贸易的发展受到很大影响，"文革"前期因工农业生产下降，对外贸易政策和管理机制遭到破坏，上海进出口贸易总额连续几年低于1966年水平，70年代开始回升，中美、中日恢复邦交后贸易总额明显上升，1950—1977年，上海市进出口贸易状况如图1-2：

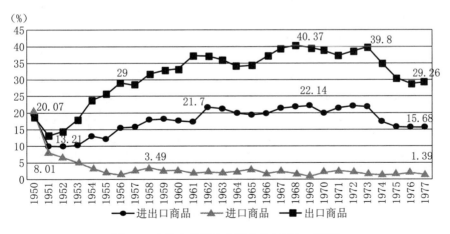

图1-2 上海市外贸在全国占比（1950—1977）

资料来源：《上海对外经济贸易志》第一卷，上海社会科学院出版社2001年版，第34—35页。

1949—1956 年，出口商品总额基本呈逐年上升状态，在全国总出口额中所占比重 1951 年以后也是逐年上升。进口贸易额除 1950 年外，在全国所占比重大幅度下降，上海进出口贸易总额在全国所占比重也因此下降，1956 年比 1950 年还低（更详细数据参见附表 2）。1957—1966 年，上海进出口贸易额呈平稳发展状态，在全国进出口贸易总额中所占比重稳步上升；但是，上海对外贸易始终是在国家计划经济的统筹安排下进行，出口商品的货源仍然主要靠国家计划安排，一部分由上海市外贸或受外贸委托的商业供销部门按计划收购，一部分由国家按计划向外省市收购后调拨给上海口岸，货源调拨始终是上海出口商品的主要来源，上海出口贸易额及其占全国比重的上升，并不能说明上海对外贸易地位有所改变，上海对外贸易量的多寡受制于计划经济的统筹安排、调拨。1967—1977 年，总体与前一时期相比增长幅度并不大，进口贸易额直到 1975 年才越过 1 亿美元，出口贸易额从 1972 年开始大幅度增长，1976

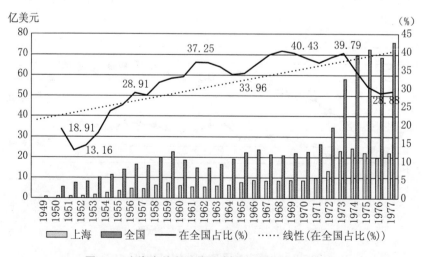

图 1-3　上海市外贸总值及全国占比(1949—1977)

资料来源：《上海 1949—1985 年主要统计资料》，《1999 年统计年鉴》。

年比 1967 年增长了 1.5 倍，但此时期美元年均贬值8％。[1]上海出口贸易额的实际增长幅度是有限的，此外，上海进出口贸易总额在全国所占比重从 1974 年开始大幅度下跌，只能说明随着各地进出口贸易的发展，上海对外贸易地位受计划经济条件的制约出现了进一步下降。

刘国光等将计划经济体制概括为五个方面：以公有制为主的所有制、以中央政府为核心的实行计划与行政性指令而由企业接受并执行的经济决策体系、强调整体利益一致性的经济利益主体、由计划和指令来配置资源及统收统支的经济调节体系、政企不分以政府代替企业实施产供销人财事等管理的经济组织体系。[2]在这种经济体制下，生产要素与产品配置受到中央政府的高度控制，各种经济要素不能自由流动，企业与地方政府基本上没有被赋予配置经济资源的职责，更缺乏发展区域经济的任务与能力，地区经济增长速度的快慢在很大程度上受中央宏观区域经济政策的影响，区域发展的格局也主要受制于中央政府的偏好。

新中国成立后至改革开放前，一度有过显著的增长或低水平徘徊，由于上海对外贸易始终是在国家计划经济的统筹安排下进行，一部分由上海市外贸或受外贸委托的商业供销部门按计划收购，一部分由国家按计划向外省市收购后调拨给上海口岸，货源调拨始终是上海出口商品的主要来源，因此，这一时段的贸易与经济开放度始终处在低水准、可控制的框架内。无论是上海占全国贸易比重的上升抑或下降，上海的对外贸易、经济开放都是明显被束缚、被抑制的。这样的外部约束下，上海

---

① 上海对外经济贸易志编纂委员会：《上海对外经济贸易志》，第一卷《总述》，上海社会科学院出版社 2002 年版，第 33 页。

② 刘国光、沈立人：《中国经济的两个根本性转变》，上海远东出版社 1996 年版，第54—58 页。

经济增长的动力与可能的方向只有来自内部。

二、外部约束下的工业经济增长

实行国家计划经济体制后，主要物资由国家计划分配调拨。于是，各省短缺的煤炭、木材、钢材及有色金属等物资，采取余缺调剂等方式以本省工农业产品同外省地区协作交换。50 年代中期以后，生产、建设规模日益发展扩大，对物资的需求量日益增加，国家计划分配的物资数量、品种都难以满足经济发展的需要，各地开始重视并自发地进行物资协作。江苏主要用超产的工业品或富余的农副产品直接到外省换取所需的煤炭、钢材、木材、毛竹等物资。1963 年，江苏一些地、市、县开始组织"自拉煤"，如镇江、南通、扬州等地组织汽车到山西的阳泉、河南的焦作和新乡等地拉煤。1957 年中共中央决定建立上海局，以协调上海、江苏、浙江这 3 个省、市之间的联系，增强经济上的互助互补，并在此基础上组建了华东经济协作区。1960 年中共中央决定重建华东局，代表中共中央督导 6 省 1 市工作，重点仍然是财政经济工作，到 1966 年"文革"开始后华东局解体。由于上海和江苏经济上相互依存，民间的往来仍然频繁。"文革"期间上海市的知识青年下放到江苏和江苏籍的老职工退休还乡等因素，意外地给江苏特别是沿江两岸，带来了经营管理人才和科学技术力量，以及市场供求信息，有利于长江沿岸尤其是苏州、无锡、常州、南通 4 市乡镇企业的发展。①

自新中国成立后实行计划经济体制开始，纵向行政性管理取代了横

---

① 祝兆松主编：《上海计划志》，上海社会科学院出版社 2001 年版。

向市场性联系，苏浙沪三地完全服从于自上而下的垂直式领导。在这种背景下，长三角地区区域内部的经济联系与合作，除了如上所述的民间层面，已无重要的实质性的内容。这一做法不仅导致上海的城市功能退化，成为单纯的制造业中心，而且还使苏浙两省以及下属各地市间也缺乏横向整合的基础，背离了区域经济发展的逻辑，区域发展内在的递增潜力被抑制。直到重新界定社会主义的"商品经济"，并对外开放对内改革后，才渐渐走上本来正确的轨道。

当时国家发展的重点放在加快工业化进程上，采取以农补工、剥夺农业来发展工业，城乡差距迅速扩大，传统的城乡二元对立的格局进一步强化。1953 年中央政府为了缓解农业生产特别是粮食生产与大规模工业生产建设的矛盾，制定了粮食统购统销的政策，后又扩大到食油、棉花及其他重要工农业产品，包括计划收购政策、计划供应政策与政府的统一管理与控制政策。统购统销政策在推动中国工业化的同时，也导致了一些十分突出的后果。一方面城乡商品交换与市场功能严重削弱，城市与城镇的物资集散与交易中心的作用弱化，许多传统市镇陷入衰退，大部分城镇被撤销；另一方面导致了企业与市场的脱节，企业只管生产不问销售，企业的生产与管理效益下降。

有限度可控制的贸易，有限度可控制的经济往来和交流，有限度可控制的科学技术交流，成为计划经济时代的基本色彩。基于经济资源计划单位、人力资源户籍管制下的要素移动和流动，必然是非常有限度的。当调拨成为资本和其他要素的主要配置方式，分配和调动成为人的要素配置和流动的主要实现形式。

正是这种外部经济约束下，上海依托较好的工业基础与技术优势，优先发展工业生产，将相关的要素资源投入到工业生产，如图 1-4 所示，

1949—1977 年上海工业总产值在全国的占比，多数年份接近 20％的份额，令人瞩目，上海工业如何保持稳定增长成为一个新的饶有趣味的议题。

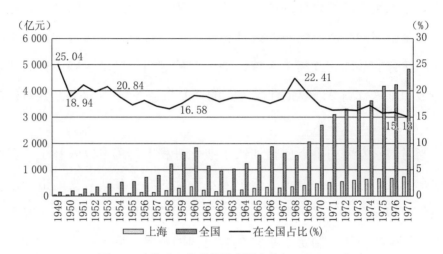

图 1-4　上海市工业总值及全国占比（1949—1977）

资料来源：《上海 1949—1985 年主要统计资料》，《中国工业经济统计资料 1949—1984》，《1999 年统计年鉴》。其中，工业总产值以 1952 年不变价格计算。

就 1952—1977 年上海工业利润增长而言，增长幅度在全国占比约 25％（图 1-5），高出工业总额在全国的占比，显示出上海工业生产效率在全国的领先地位。1949 年 6 月至 1952 年三年经济恢复时期和 1953—1957 年第一个五年计划时期，工业投入和产出比分别为 1：30.3 和 1：7.2。1957 年，工业利税总额 25.5 亿元，是同年工业固定资产总额 33.53 亿元的 76.11％，占全国利税总额 22.3％。1958—1962 年第二个五年计划时期，工业投资 30.01 亿元，投入产出比为 1：0.7，是上海解放后最低点。1958、1959、1960 年利税总额分别为 52.3 亿、74.08 亿、90.62 亿元，1961、1962 年分别降为 48.53 亿、41.67 亿元。1963—1965 年经过三年调整，经济效益提高。1965 年，工业利税总额增至 64.77 亿元，资金利税率 90％。1966—1976 年"文化大革命"中，工业经济效益整体上呈现下降。[1]

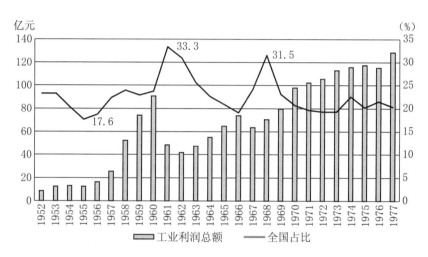

图 1-5　上海市工业利润总额及全国占比(1952—1977)

说明：表中统计数据为全民所有制独立核算工业企业。

资料来源：《上海通志》，第十七卷《工业（上）·第一章工业经济规模》。

1949 年全民所有制工业企业全员劳动生产率 4 169 元，1950 年降为 4 111 元。1951 年，工厂复业开工增多，劳动生产率提高到 5 345 元，1952 年增至 5 942 元。第一个五年计划时期，工业劳动生产率年均提高 7.3％，五年工业总产值增加 63.1％，主要靠提高劳动生产率取得，其中工业总产值的增加额中 63.1％是靠劳动生产率提高而取得的。[2]1958—1960 年"大跃进"，上海工业劳动生产率大幅度提高。1958 年，全员劳动生产率 10 261 元，1959 年 12 955 元，1960 年 15 914 元。1961、1962

---

①　《上海通志》，第十七卷《工业（上）·第一章工业经济规模》。

②　孙怀仁：《上海社会主义经济建设发展简史（1949—1985 年）》，上海人民出版社 1990 年版，第 185 页。

年，降低工业生产指标，工业劳动生产率下降，分别降至 10 345、9 479 元。1963—1965 年经过国民经济调整，至 1965 年全员劳动生产率回升到 15 123 元。1966—1977 年呈现上升趋势，就 1949—1977 年间而言，上海全民所有制企业全员劳动生产率整体上呈现明显的上升趋势（图 1-6）。

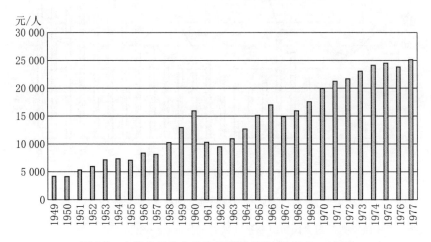

图 1-6　上海市工业企业全员劳动生产率(1949—1977)

说明：1.1949—1977 年数据为全民所有制独立核算工业企业；2.按 1980 年不变价格计算 1949—1977 年全员劳动生产率。

第二节　经济发展中创新引领的再现

一、经济恢复与创新的开启

1949 年 5 月 27 日上海解放，中国人民解放军上海市军事管制委员会接管前国民政府在沪工业企业，并转变为国营企业。总计接管各类工厂 81 家、管理服务机构 58 个、固定资产 11.7 亿元，涉及从业人员 8 万余人。为了使这些"接管"的企业迅速转变成为名副其实的社会主义性质国营企业，并使其在生产上真正发挥国营企业的领导作用，在中央领导下，1950—1952年上半年，在上海国营工业企业中自上而下地开展了民主改革运动，1952年下半年又发动了生产改革运动，通过民主改革和生产改革完成了组织机构的性质改造和废旧立新的制度改造，其结果是奠定了之后国营企业组织建设与制度建设的基础，并为之后顺利展开一系列的技术改革以及大规模的生产建设创造了条件。①

三年恢复时期，上海市委采取一系列措施恢复和发展工业生产，为克服以美国及西方国家的经济封锁和国民党飞机轰炸所带来的困难，中央下令调入大批粮食、棉麻、煤炭，在中央领导下发挥国营企业职工的积极性、创造性，抓紧生产紧缺的原材料、机器设备，以摆脱对外国经济的依赖，同时对私营工业企业采取收购产品和加工订货等方式，提供原材料和贷放资金，扶持恢复生产。到1949年底，纺织行业的国营工厂全部复工，私营工业中65％以上的纺织印染厂、30％以上的丝绸厂、70％以上的面粉厂以及毛纺织、针织、水泥、橡胶、火柴、肥皂等工厂生产迅速得到恢复。经过三年经济恢复，全市工业生产已经恢复到民国时期的最高水平。1952年和1949年比较，全市工业总产值增至68.06亿元，增加94％；工厂增至25 878家（其中私营25 613家）；棉纱产量从13.3万吨增至25.07万吨，钢产量从0.52万吨增至7.14万吨，金属切削机床从690台增至3 789台。②工业生产的迅速恢复，不仅为上海经济恢复作出了巨大贡献，充分发挥出"老工业基地"的积极作用，并且为新

---

① 朱婷：《1949～1952年被接管官僚资本企业转化为新中国国营企业的历史考察——以上海国营纺织企业接管、改造与建制过程为中心》，《上海经济研究》2012年第9期。

② 《上海通志》编纂委员会：《上海通志》，第十七卷《工业（上）·概述》。

社会创新机制的开创奠定了基础。

1953 年开始，在国民经济恢复初见成效的基础上，国家经济建设进入"一五"（1953—1957）计划时期，此时期虽然中央已提出要充分利用上海的工业基础，发挥其作用以加速工业建设的思想，但事实上，从新中国建立到改革开放之前的多数时期里，中国经济建设除了得到苏联等少数几个社会主义国家的阶段性支援帮助外，长期遭到西方资本主义国家的封锁、抵制，中国的经济发展只能坚持走独立自主、自力更生的道路。鉴于这一国情，在"全国一盘棋"的全局调度中，国家经济建设重点放在相对不发达的内地，上海作为沿海城市成为国家非重点建设地区，中央对上海经济建设的定位是"维持、利用、整顿、改造"，因此对上海工业建设的投入不多，1953—1955 年，投入上海工业的资金平均每年只有 9 000 多万元，用于企业更新改造的资金在 1955 年也只有 4 051 万元，以致"一五"时期上海工业总产值平均年增长率只有 14.5％低于全国 18％的发展速度，尤其是 1955 年，比上年反而下降了2.85％。①

虽然如此，正是得益于"老工业基地"的战略定位，上海工业生产得到迅速发展，而金融中心的地位则迅速消失，贸易中心的地位也随计划经济的确立，以及外贸成为中央统一计划下的地区外贸而消失，成为全国最大的物资调拨中心。在工业迅速发展的同时，上海初步建立起了社会主义工业化的基础，其表现首先反映在重工业地位的迅速上升上。

上海重工业大致可分为五大类：钢铁工业、机电工业、造船工业、化学工业和建筑材料，其中以机电工业为主，钢铁工业是随着机电工业

①　杨公朴、夏大慰主编：《上海工业发展报告——五十年历程》，上海财经大学出版社 2001 年版，第 29 页。

发展而发展的。一直到新中国成立初期，上海工业比重的排序为纺、轻、重，纺织工业始终保持领先地位。1953年上海进入第一个五年计划建设时期后，为了实现社会主义工业化，按照党和国家提出的优先发展重工业方针，上海被要求在发展轻纺工业的同时努力发展重工业，特别是机电工业，以支援全国建设。这一时期，上海重工业有较大增长，特别是1953年和1956年增长最快，增长幅度都在50％以上，[①]上海重工业增长的速度超过轻纺工业的增长速度，重、轻、纺工业原有比重发生了明显变化。从发展趋势上看，重工业显著上升，轻工业基本持平，纺织工业明显下降，以1952年和1956年做一比较，上海工业结构变化情况如表1-1：

表1-1 上海市重、轻、纺工业产值(1952、1956)

年 份	重工业（％）	轻工业（％）	纺织工业（％）
1952	20.9	31.1	48.0
1956	29.8	31.8	38.4

资料来源：孙怀仁《上海社会主义经济建设发展简史（1949—1985年）》，上海人民出版社1990年版，第174页。

1953—1956年上海不仅实现了工业机构的调整，通过对农业、手工业和资本主义工商业的改造，经过1949—1952年国民经济恢复工作和1953—1956年的有系统的社会主义改造，到1956年，资本主义工商业通过全行业公私合营，胜利完成"三大改造"，基本上实现了社会主义改造。在工业经济方面，1956年初完成了205个行业、106 274家私营工商业公私合营工作，全市基本完成私营工业社会主义改造，2万余家私营企业全部公私合营，并按行业组成各类行政性的工业公司，统一管理系

---

① 《上海通志》编纂委员会：《上海通志》综述。

统内的企业。

"一五"(1953—1957)期间苏联援建 156 个国家重点项目,虽然没有一个安排在上海,但上海从各方面为国家重点建设提供了帮助,为全国各地进行协作生产,提供配套设备,支援国家重点建设。上海汽轮发电机、交流电动机、金属切削机床等重工业产品供应全国,仅 1953 年,上海供应各地的机器,至少可以装备 30 个年产 400—500 部车床的机器厂。上海为"一五"计划国家重点工程提供了大量的配套设备,例如上海有 100 多家重工业企业为鞍山钢铁厂送去了 3 000 多吨机电设备和材料,并向鞍山钢铁 30 家工厂提供 78 种产品;向第一汽车制造厂提供 43 种产品,向西北油田提供 400 多种机械配件等;例如为内地轻纺工业提供大量装备,其中纺织机械可装备 16 个大型棉纺厂、30 个大型织布厂。上海还组织了 21 万名上海工人(其中技术人员 0.54 万余人、技工 6.3 万人)到外省市落户支援外地建设;组织 272 家轻工、纺织等工厂内迁,并为当地培训艺徒 3.6 万人,①上海在人力、物力和财力各方面对全国经济建设作出了很大贡献。

1954 年底,在制定上海工业的第一个五年计划的时候,上海市委即开始探讨上海发挥工业基地的作用问题,1955 年 2 月通过的《上海市国民经济发展第一个五年计划报告》中明确提出"上海是我国现有工业基地之一",上海经济服从于"全国一盘棋"的规范,服从于国家工业化建设需要,从全国工业中心调整为主要工业基地的战略定位已初见端倪。同年 2 月,国家计委下达的全国第二次计划会议关于核定上海"一五"计划的指标中,配合上海发挥"老工业基地"作用的战略定位,提出了

---

① 《上海通志》编纂委员会:《上海通志》,第十七卷《工业(上)·概述》。

提高工业产值指标和改变轻重工业结构比重的具体要求，在工业主要指标的"五年"计划规定中，要求上海工业总产值到 1957 年的计划水平需达到 106.4 亿元，①比 1952 年增长 68.4％，平均每年递增 11％。并按重工业优先的方针，兼顾客观需要与可能性，在五年内重、轻、纺工业的增长计划幅度需达到：重工业 112.7％，轻工业 87.6％，纺织工业 35％。但实际上"一五"（1953—1957）时期的前三年，上海工业生产出现以来首次下降，上海一些必须改建扩建的企业没能得到合理的发展，有些必须增加的关键性设备没能得到及时地调整和补充，不少行业的生产潜力未得到充分发挥，1955 年上海整体经济建设采取了紧缩人口和加强战备的方针，这使得 1955 年上海市区人口比 1954 年减少 36.1 万多人，基本建设投资也大幅度减少，如纺织工业投资比 1954 年减少近一半。紧缩政策使上海工业产值出现下降，1955 年全国工业总产值比 1954 年增长 5.6％，而上海反而下降了 2.8％，这一时期的上海选择了"维持、利用、调整、改造"的发展之路。其结果是以"紧缩"为前提的"老工业基地"，"维持""利用"都成问题，要想使上海"老工业基地"的作用得到充分利用就必须令其发展，上海工业发展的方针显然需要作出必要的调整。

二、经济调整与摸索中的创新

"二五"（1958—1962）期间上海确定了以重工业为中心的工业发展方向，明确了重、轻、纺的发展比例为：重工业增长 256％，轻工业增长

---

① 按照 1952 年不变价格计算，并包括中央所属在沪企业。

90％，纺织工业增长 27％，基本建设投资总额 22 亿元。①重工业比重大大增长的原因，首先是国家的发展方向确定以重工业为中心，其次上海在贯彻"充分利用、合理发展"过程中，必须大力发展基本建设以适应工业发展的需要。

1960 年 9 月 30 日，中央转发的国家计委党组《关于一九六一年国民经济计划控制数字的报告》中，第一次正式提出了"八字方针"，即：调整、巩固、充实、提高，1961 年 1 月中共八届九中全会讨论批准了这个方针。1961 年上海市人民委员会为贯彻执行"八字方针"，采取一系列措施降低工业生产速度，调整生产能力。到 1962 年底，经过前两年调整，降低了过高的工业生产指标，压缩了基建规模，调整了产业和产品结构，上海经济逐步得到了恢复和发展。1961 年全市工业总产值比 1960 年降低 38.8％，1962 年比 1961 年又降低 20.6％。压缩基本建设规模，1961 年基建投资比 1960 年减少 59.8％，其中重工业减少 49.6％；1962 年比 1961 年减少 55.4％，其中重工业减少 53.3％。1962 年，经上海市人民委员会部署，开始进行全市第三次工业改组，这次改组到 1965 年完成，第三次改组主要是针对"大跃进"和第二次工业改组中造成的失调进行纠正，这次改组是在贯彻国民经济"调整、巩固、充实、提高"方针和《工业七十条》过程中进行的，并以"瞻前顾后，统筹兼顾"为原则，对重工业中一部分生产任务不足，原料供应无保证、设备落后、产品质量查的企业实行了整改。②经过三次工业改组这一战略定位被不断强

---

① 孙怀仁：《上海社会主义经济建设发展简史（1949—1985 年）》，上海人民出版社 1990 年版，第 278 页。

② 1962—1963 年共关、停、并、转全民所有制企业 623 户，占全民所有制企业的 1/5 左右。

化、细化，上海工业的内部结构发生了很大的变化，而这种变化主要表现在两方面，一是重工业在工业结构中的比重不断上升，二是建立了一批新兴工业行业、企业。其中，轻、重工业发展的比例变化如下表1-2：

表 1-2　上海市工业结构(1950—1965)

年　　份	1950	1952	1957	1960	1962	1965
工业总产值(亿元)	36.17	68.06	118.51	310.17	150.23	252.04
轻工业占（％）	85.8	79.1	70.9	43.7	59.5	56.6
重工业占（％）	14.2	20.9	29.1	56.3	40.5	43.4
按不变价格计算	1952 年			1957 年		

资料来源：上海市地方志编纂委员会《上海通志》，第十七卷工业（上）概述。

从表1-2中可以看出，1950—1957年上海工业总产值中，重工业的比重已开始呈现上升的态势，"大跃进"时期国家投入了大量的人力，物力和财力进行投资新建和改组，使得上海工业特别是重工业获得了迅速发展，1960年重工业在工业总产值中的比重达到新中国成立后的最高峰56.3％，1965年回落到工业总产值的43.4％，轻重比例失调有所缓解。另一方面"二五"（1958—1962）开始后，为了更好地发挥"老工业基地"服务全国的需要，发挥上海工业配套协作条件较好、科学技术力量较强等有利条件，避免上海自然资源缺乏、工业原料和能源要靠全国支援等不利因素，"老工业基地"战略定位又形成了向"高、精、尖"发展的具体方向，即把上海建成为制造多种的、原材料消耗少的、轻型的高级产品的工业城市。

1963年9月，中共中央工作会议确定，从1963年起再用三年时间，继续进行国民经济"调整、巩固、充实、提高"工作，作为"二五"计划到"三五"（1966—1970）计划之间的过渡阶段。同年12月，中共上海市第三届代表大会讨论上海三年调整的任务，市委书记处书记陈丕显的报告题目为《深入开展三大革命运动，为把上海建设成为我国一个先进的工业和科学技术基地而斗争》。会议提出上海工业生产和科学研究要有计划、有重点地向"高级、精密、尖端"方向发展，积极赶上国际先进水平，并在先进科学技术上发挥样板作用，进一步支援全国的社会主义建设。从1963年开始，逐渐把调整和发展新兴工业、赶超国内外先进水平结合起来，促进上海工业水平的提高。全市工业总产值逐年稳步增长，1963年为168.91亿元，1964年为196.95亿元，1965年达230.77亿元，比1962年增长51.84%；轻工业发展速度加快，轻、重工业比例趋向合理。原材料工业在工业总产值中的比重继续上升，军工、援外等重点任务完成情况也较好；基本建设在压缩规模的同时，重工业投资比重下降，农业、轻工业比重上升。1965年，开始进入第三个国民经济五年计划，在制定"三五"计划时，更加明确地提出了努力把上海建设成为中国一个先进的工业和科学基地的战略目标，经过长期建设，上海终于形成了门类齐全、综合配套能力强、以加工工业为主、基础雄厚的工业体系，建成一批新的工业区和卫星城镇，成为向全国提供轻工类产品和工业装备类产品的综合性工业基地。通过几年的调整上海经济取得了显著的成效，1966年工业总产值达到259.50亿元，比1957年增长147%；农业生产稳定增长，粮棉油产量提前达到《1956—1967年全国农业发展纲要（草案）》规定的指标，基本建设投资比例得到比较合理的调整，商品供应逐步增多，物价稳定，市场重现繁荣。①

在整个"二五"（1958—1962）期间及后续的三年中（1963—1965），

---

① 《上海通志》编纂委员会：《上海通志》，第十七卷《工业（上）·概述》。

上海积极发展尖端科学技术,在工业布局、工厂建设、产品开发等多方面齐头并进,使上海工业发展在各个方面出现了创新举措和成果。新建、改建、扩建、迁建了一大批工厂企业:如上海第一、第三、第十钢铁厂等20多家炼钢、轧钢和有色金属企业;高桥化工厂、上海焦化厂、吴泾化工厂、上海电化厂、吴淞化工厂、上海硫酸厂、桃浦化工厂、染化八厂等重要化学工业企业;望亭发电厂、吴泾热电厂、闵行发电厂、闸北发电厂等电力工业企业等。"大跃进"后,上海经济调整的主要任务是努力提高工业生产水平,大力发展"高级、精密、尖端"产品,进一步调整工业结构,有计划地进行设备更新和技术改造。1963年,根据中共上海市第三次党代会提出的把上海建设成为全国的一个先进的工业和科学技术基地要求,广泛开展发展新技术、新工艺、新材料、新设备的"四新"活动。确定了高温合金和精密合金、石油化工和高分子合成材料、新型硅酸盐材料、半导体和电子设备、精密仪器仪表、精密机床和特种设备6个重点新兴工业和18项重大新技术,以带动全市工业赶超世界先进水平。[1]1965年初,6个重点新兴工业以及18项新技术的开发工作深入展开,建立由副市长任总指挥的市技术改造指挥部和有关委办主要负责人参加的技术改造联席会议制度,还先后成立赶超国际先进办公室和6个发展重点新兴工业的指挥部,组织全市大协作,进行攻关会战,取得了重要的成果。上海工业生产得到根本好转,98%的主要工业产品达到一、二类水平,其中一类产品达到70%。各行业基本形成大中小企业相结合的企业结构。全市初步形成工业生产门类基本齐全的综合性工业基

---

[1] 孙怀仁:《上海社会主义经济建设发展简史(1949—1985年)》,上海人民出版社1990年版,第321页。

地，工业技术水平与国际先进水平差距缩小。到 1965 年底，上海已试制成功大批有较高技术水平的新产品，初步建立起汽车、拖拉机、新型电机、合成纤维、照相机等一批新兴工业门类，1966 年，开始研制每秒100 万次的集成电路计算机，与日本同步，仅比美国晚 5 年，1966 年 6月创办上海首家电子计算机专业生产厂。

依靠科学技术的发展，1961—1965 年上海试制成功仪电工业方面的新产品 1 268 项，重大的新产品 80 多项，其中包括有半导体收音机以及配套的各种晶体管、无线电元件及其测试设备、4P₂工业电视、16 线示波器、雷达、无线电通信设备、集成电路，集成电路的试制成功，为发展电子计算机，为仪器仪表等各类整机的更新换代，创造了必要的条件；上海纺织工业积极研究和掌握化纤生产技术。上海合成纤维研究所及化纤厂逐渐开发了涤纶、锦纶、丙纶、人造棉、人造毛、人造丝、富纤等品种，对一些关键性部件进行了重大的革新，喷丝头的材料用钽替代传统的黄白金结构，从 2 400 孔发展到 1.2 万孔，又研制成各种规格的喷丝板，添置专用设备和采用先进工艺逐步改变了化纤工业的技术面貌，从而在化纤生产上不同程度地向高速化、连续化、大成形化、机械化、半自动化和自动化方向发展。上海造船工业方面，船舶制造由小到大，从转让仿制到自行研制第一代舰艇及其武器装备，从建造小型船舶到建造现代大中型船舶，从为国内服务逐步扩大到援外和出口，逐步形成了由科研、设计、试制、生产到配套的比较完整的体系。1965 年，万吨级远洋货船"东风"号及其大功率主机在上海研制成功，标志着远洋船舶发展加快了步伐，从千吨级沿海船发展到万吨级远洋船。继"东风"号之后，成批建成的万吨级以上船舶有 1.3 万吨级、1.6 万吨级、2.5 万吨级货船，及 1.5 万吨级和 2.4 万吨级油船。上海冶金工业大力发展新工艺、新技术、新品种、新材料，全市新建了上钢五厂、上海冶金设计院、上海钢铁研究所、上海有色金属研究所、上海跃龙化工厂等一批冶金高科技研究所、工厂。上海冶金工业在全国占有重要地位，冶炼方面取得了包头含氟铁矿高炉冶炼和攀枝花钛磁铁矿高炉冶炼基础研究二项重要成果，并用包钢高炉渣和稀土精矿发明制成稀土硅铁合金；铸钢技术方面研制成国内第一台弧形双流连铸机，铜及铜合金的连铸也获得成功；轧制方面试验成功 76 毫米无缝管穿孔机用的水冷顶头，为小口径冷拔无缝管解决了重大技术难关，首创国内第一台 60 千瓦焊管高频发生器，将低频焊管机组全部改造成高频焊管机组，为中国焊管生产的重大改革作出了贡献；工艺改革方面建成国内第一套热镀和电镀锡钢带机组。上海钢铁工业更是成绩卓然，上钢一厂建造两座 255 立方米高炉，改变了上海没有炼铁高炉的局面，上钢三厂 6 座 8 吨侧吹转炉车间改造成 3 座 25 吨氧气转炉，平炉采用氧气顶吹新工艺，上海铁合金厂增建了 1.65 万KVA 生产硅铁的电炉车间，上钢一厂增建了年产 60 万吨卷板的半连轧车间，上钢五厂新建年产 20 万吨的中型轧钢车间，上钢十厂原开坯车间改建成 450 毫米的半连轧热卷带车间，第一铜管厂建成双水内冷发电机用百米空心导线管车间；第四铜带厂将 4 台轧机改造成连轧机，水箱铜带产量翻了一番等等。

此外，1958 年上海市周边的多个江苏省的县级政区被划入，使上海工业具备了向郊区扩散的条件，从而为上海新工业区的建立开拓了局面，冲破了原来只能在市区边缘地带进行工业布局的局面，开辟了离市区较远的工业区和卫星城镇的建设。上海卫星城建设首先是 1958 年 5 月启动的闵行，按上海市规划设计预期将闵行发展成为一个以钢铁和机电工业为主的城镇。闵行在原有的上海汽轮机厂、上海电机厂基础上，新建了上海锅炉厂、上海重型机器厂，由此形成了闵行卫星城的四家超大型工厂，之后上海水泵厂、上海滚珠轴承厂等许多市区工厂也纷纷迁来闵行落户，基本形成生产大型机电设备的整套体系，1962 年 6 月中国第一台万吨水压机正式"入住"上海重型机器厂，标志着闵行卫星城建设也基本完成。之后，又陆续兴建了吴泾、松江、嘉定、安亭等四座卫星城镇，利用当地原有的工业基础和市政设施，兼顾整个城市的工业布局平衡，形成各卫星城的不同特色，如吴泾卫星城以化工工业为特色，安亭卫星城则以汽车工业为主。在卫星城建设的同期，上海还在城市近郊建设了吴淞、漕河泾等十个各具特色的工业区，从而形成了闵行、吴泾、嘉定、安亭、松江和吴淞、桃浦、彭浦、高桥、漕河泾等多个卫星工业城镇和工业新区，这是上海工业结构和工业布局上的创新，这一创新举措大大加速了上海的城市化进程，并起到了优化城市工业布局的作用，使上海的工业发展得到了相对更均衡发展。

三、外部制约下的经济创新形式

在 1966—1976 年"文革"十年中，由于受到政治动乱的冲击和干扰，大多数年份国家的经济计划均不能正常下达和执行，工、农业经济的发展遭受严重挫折，上海也同全国各地一样，工、农业发展受到巨大阻力，但总体上仍有进展。上海因其"老工业基地"的重要作用与地位，经济发展始终受到中央的高度重视，"文革"期间，中央明确提出了"全国保重点，重点保上海"的方针，因此上海在原材料调入、生产性投资，以及进出口贸易的计划调拨等方面，都得到了基本保证，上海的经济体制和运行机制基本未受破坏，经济发展状况比之全国许多地区要有成效，也因此，上海工农业生产产值除了"文革"最初两年因政治动荡急剧下降，1969年后开始回升，整个"文革"时期，上海工农业生产总值甚至是呈上升状态的："三五"期间（1966—1970），上海工农业总产值平均每年增长10％。①

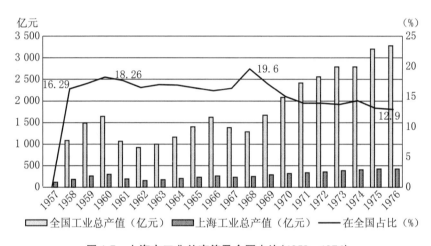

图1-7 上海市工业总产值及全国占比（1958—1976）

资料来源：根据上海市统计局编《上海统计年鉴：1986》，上海人民出版社1986年版；上海市统计局编《新上海工业统计资料1949—199》，中国统计出版社1992年版。

从图1-7中可见，1958—1965年，上海工业总产值占全国的比重平均每年达到17.04％，1966—1976年上海工业生产总值占全国工业总产值的比重，达到了平均每年15.08％的水平，比"文革"前的年平均水平下降1.96％。

由于上海国民经济发展计划和政策的重心是工业，造成生产性建设投资与非生产性建设投资比例严重失调，产业结构严重失衡，由此造成

---

① 孙怀仁：《上海社会主义经济建设发展简史（1949—1985年）》，上海人民出版社1990年版，第472—489页。

第三产业的进一步深度萎缩，到 1976 年上海三大产业比例关系已经演变为 4∶77.4∶18.6。1949—1977 年间，上海历年三大产业比例关系如下图 1-8：

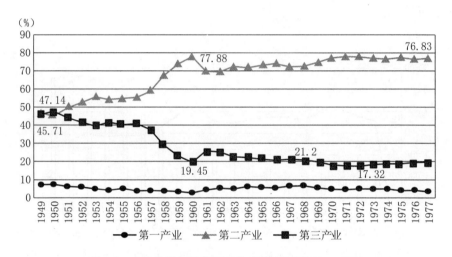

图 1-8　上海市生产总值及三次产业占比（1949—1977）

数据来源：Wind 数据。《上海通志》，第十五卷《经济综述》，第 1630 页。

从图 1-8 中可以看出，1972 年第三产业在三大产业结构中的比例降到上海解放后最低点 17.3％。这一时期最高年份的 1967 年也仅占 21.2％，大多数年份甚至不到 20％，上海第三产业在三大产业结构中的比例，50 年代基本保持在 30％—40％的水平，60 年代除 1960 年最困难的一年跌到 19.45％，其余年份也都保持在 20％—30％左右。

十年"文革"动乱时期全国物资匮乏，上海商品供应始终存在商品品种单一，众多副食品、日用工业品凭票凭证供应等供需矛盾，加上城乡集贸市场被严令取缔，流通渠道不畅，商业网点过少，上海城市商业的总体衰退是显而易见的。但是，上海作为"老工业基地"得到中央的特别重视，在"全国保重点，重点保上海"的方针下，中央在货源分配、调拨方面给予上海充分的支持，而上海工农业生产也在中央计划经济规范下保持相对稳定的局面，上海日用工业品工业生产有显著的提升，并受到全国青睐，特别是 70 年代出现了电子产品这样的新兴工业后，上海工业产品不仅大量调拨至各地，零售商品中有很大一部分流向外地，因而这一时期上海社会商品零售总额以及商品购、销、调总值基本呈逐年增长的趋势。1978 年与 1967 年相比，上海社会商品零售总额增长了 75.9%；国内纯购进增长 123.7%，市外调入增长 51.1%，国内纯销售增长 85.5%，调往市外增长 114.4%，而这一时期以农副产为主的"市外调入"值，显然没有以工业产品为主的"往市外调"值增长幅度大，从中也可以看到上海工业发展在比较混乱的时期依然领先于全国。[①]

此外，"三五"（1966—1970）计划和"四五"（1971—1975）计划期间，上海遵照中央关于"沿海地区不利于备战，工厂可以一分为二，迁到内地去"的精神，以及 1965 年 8 月国家建委专门召开的全国搬迁工作会议，所确定的"三五"期间上海搬迁工厂区内地 342 个项目、458 个工厂的规定，从 1965 年开始直到"四五"计划的 1973 年底才完成，共迁往内地 304 个项目、411 家工厂，搬迁工厂大部分同国防军工、基础工业和短线产品有关，同时搬迁工厂大多以一分为二的方式，留在上海的部分要承担较重的生产任务，内迁部分基本都承担了 2 个以上新厂建设任务，如上海汽轮机厂、江南造船厂、互动造船厂和上海官学仪器厂，搬迁工作促进了三线地区新型工业基地的迅速形成。

一方面，1966—1976 年"文化大革命"使上海工业总体发展规划被

---

① 上海市统计局：《上海国民经济和社会发展历史统计资料 1949～2000》，中国统计出版社 2001 年版，第 120 页。

打乱，工业技术水平与国际先进水平差距增大，延缓了上海工业现代化的进程，大批企业因管理制度遭到严重破坏，生产深受影响，产品质量下降，能源和原材料消耗上升，许多行业生产技术水平停滞不前。经济发展水平和国际先进水平差距重新扩大，国民经济比例失调严重，企业经济效益下降，城市市政建设发展缓慢。另一方面，由于上海工业在"文革"前有很好的基础，在"文革"混乱中，中央还是很重视上海的工业生产和技术发展，多次指示要求上海工业继续发展和突破技术难关，70年代各工厂企业基本上都成立了以工人为主体的"三结合"技术革新小组，进行技术攻关，积极进行技术革新、技术革命，进行自动化改造，使新工艺新技术不断产生。在广大工人职工的努力和国家对上海工业的支持下，上海工业生产技术仍有发展，在一些行业中新技术、新材料、新产品、新工艺开发取得了一定的进展，如钢铁工业普遍采用纯氧顶吹技术，远洋货轮、电子计算机、地面卫星接收站、大型运载火箭及电视机等得到发展；新型金属材料、石油石化和高分子合成材料、精密机械、电子设备、精密仪表等新兴工业得到开拓；兴建年产110万吨生铁的梅山冶金公司；上海炼油厂原油加工能力从100万吨提高到400万吨，兴建全国首家以化纤产品为主的石油化工综合企业上海石油化工总厂；制造成功12.5万千瓦和30万千瓦双水内冷发电机组；成批生产万吨级远洋运输船；增加涤棉混纺织物、手表、缝纫机、照相机产量，发展电视机工业等等，另外在机械、造船、冶金、电子仪表等工业行业中的创新成果更为显著。

1949年上海解放以后，在经济恢复过程中，因为国家计划经济的约束，上海对外经济关系被限定在一个低水平上，又因为国家工业化的战略选择、全国一盘棋的设定，依托上海良好的工业基础与技术储备，在国家战略定位中被设定为工业基地，并从技术创新的层面不断衍生出科学技术的创新性发展，这是新中国成立后上海长期经济增长的内在逻辑起点。

第三节 老工业基地与创新引领的演化

发挥上海"老工业基地"作用的战略定位是新中国建立后，党中央在统筹全国社会主义经济建设的实践中，对上海经济发展方向的基本定位，也是整个计划经济体制时期，上海经济发展奉行的基本准则。这个战略定位在改革开放前近30年上海经济发展过程中，既创造出上海工业发展的历史辉煌，又抑制了上海其他经济功能的正常发展，对上海经济发展产生了最直接、最深刻的影响。

一、上海老工业基地的形成路径

上海"老工业基地"的战略定位的形成，是以"全国一盘棋"总体建设方针为前提的。新中国成立以后上海的任务：（1）同全国重点建设项目进行协作，生产配套产品，并为全国各地市场供应大量消费品；（2）争取多出口工业品，为国家换取外汇；（3）充分利用上海加工工业集中、技术水平高、协作面广、生产成本低、加工利润大等有利条件，为国家积累更多资金；（4）为全国各地输送和培训技术人才。

首先，新中国成立初期百废待兴，为了迅速恢复、发展社会生产，改善、提高人民生活水平，中央即施行了"全国一盘棋"的统筹领导，以推动全国各地的相互协作、相互支援，共同克服新旧社会交替时期的重重困难。其次，上海"老工业基地"战略定位的形成，是以上海近百年经济发展为基础的。中央对上海经济近百年形成的各种优势非常清楚，早在50年代初，中央领导人就明确提出："对全局关系最大的，无非是上海、辽宁、黑龙江、天津等地，而关系全局、牵动全国最大的首先是上海。上海不贯彻'全国一盘棋'，上海的每一个厂、每一个部门考虑问题不是从'全国一盘棋'出发，都要影响全局，而且自己也应付不了"。①说明在"全国一盘棋"中上海是一颗牵一发而动全身的棋子，同时也是一颗深受全局牵制的棋子。再次，上海"老工业基地"战略定位的形成，是以国家工业化发展为需要的。早在党的七大上，毛泽东就提出了"使中国由农业国变为工业国"的纲领性指示，指出："中国工人阶级的任务，不但是为着建立新民主主义的国家而斗争，而且是为着中国的工业化和农业近代化而斗争"②。新中国成立之初中央认为："今天中国经济上的最大困难，是生产落后，近代化的工业数量太少，其他问题尚占次要地位。今后若干年的基本问题，是如何发展生产、并逐步地工业化。只有如此我们才能完全摆脱帝国主义的束缚，并加强国民经济中的社会主义成份"。③以新中国成立初期上海拥有的各种经济功能和地位而言，虽然其工业发展并非最强项，但若与全国其他地方相比，上海工业还是具有相当基础的，中央出于加快工业化步伐的考虑，对素有良好工业基础的上海寄予厚望是必然的，所以把对上海的"维持、利用、调

---

① 《邓小平在上海》，上海人民出版社 2004 年版，第 71—72 页。
② 《毛泽东选集》第 3 卷，人民出版社 1953 年版，第 1081 页。
③ 《1950 年中财委经济情况报告》，中国社会科学院、中央档案馆编：《中华人民共和国经济档案资料选编（工业卷）1949～1952》，中国物资出版社 1996 年版，第 7 页。

整、改造"重点放在工业基础上。

1956 年 4 月中共中央政治局扩大会议上，毛泽东发表了《论十大关系》的报告，专门论述了"沿海工业和内地工业的关系"问题，指出"沿海的工业基地必须充分利用，但是，为了平衡工业发展的布局，内地工业必须大力发展。在这两者关系问题上，我们也没有犯大的错误，只是近几年，对于沿海工业有些估计不足，对它的发展不那么十分注重了。这要改变一下⋯⋯"，提出"好好地利用和发展沿海的工业老底子，可以使我们更有力量来发展和支持内地工业，如果采取消极态度，就会妨碍内地工业的迅速发展"。中共中央通过深入实际调查研究，在掌握第一手资料的基础上，结合对苏联建设模式的反思，在找寻中国建设社会主义的具体道路中有了新的思考和新的思路，进而否定了新中国成立以来对沿海工业采取的消极态度，提出必须"利用和发展沿海工业"的思想。5月陈云副总理来上海视察工作时，传达了毛泽东"上海有前途、要发展"的指示。由此，中共上海市委和市人委开始研究上海工业发展的新方针，分别在 1956 年 7 月 11 日中共上海市第一次代表大会和 8 月 6 日上海市第一届人民代表大会第四次会议讨论通过了"充分利用上海工业潜力，合理发展上海工业生产"的方针（简称"充分利用、合理发展"的工业方针）。上海经济建设方针从"维持、利用、积极改造"调整为"充分利用、合理发展"，标志着上海作为全国经济建设"一盘棋"统筹部署下"老工业基地"的战略定位就此确立，同时也意味着，1956 年 7 月开始，上海将"充分利用、合理发展"正式确立为上海工业的建设方针。正因为"一五"时期的前三年，上海没有处理好这一关系，"老工业基地"的潜力和作用没能得到充分发挥，这一战略定位不仅辩证地处理了利用与发展的关系：好好"利用"和好好"发展"必须齐头并重，同时也表明了这一战略定位的终极目标，是要将昔日全国的商贸中心、金融中心、工业中心和经济中心的上海，改造成为一个为全国经济建设服务的工业基地。

"充分利用、合理发展"方针的中心环节是充分利用上海近百年来形成的工业基础，充分利用上海原有工业设备和技术力量，令其更好地为国家建设和人民需要作出应有的贡献。与此同时也要对上海工业进行积极的改造和合理发展，解决部分落后的设备、技术与社会主义生产发展要求的矛盾，对现有的工业进行必要的经济改组和技术改造，在此基础上进行适当的必要的扩建和改建。在贯彻"充分利用、合理发展"方针的最初阶段，主要突出在对工业进行改组和建立相对集中的工业区的基础性工作上。1956年至1957年上海进行了第一次工业改组后，工业组织结构有了很大的调整，通过改组，扩大了企业规模，促进了工业生产的集中化，初步改变了上海工业分散落后和布局不合理的状况。1958—1960年，上海又进行了第二次工业改组，此次改组，对原有国营、公私合营企业进行裁并、改建、扩建组成大型企业，并通过大规模基本建设，新建、扩建和改建25个冶金骨干企业，20多个机械骨干企业和一批化学、电子仪表等骨干企业，从而形成了大批量的、具有成套生产能力的专业企业，在行业内部按专业化协作原则调整了一些工厂的分工，初步形成大、中、小企业相协调的生产体系；同时在改组中发展了部分新产品和新兴工业，扩大了上海的工业门类，发展一批填补国内缺少的工业品生产门类，汽车工业、半导体工业和国防尖端工业开始起步。这次改组范围遍及各工业局，在推进上海工业的专业化和协作方面获得了积极的成果。当然这次改组也存在着一些不足和问题，最大的问题是在"以钢为纲、全面跃进"的背景下进行的，因此产生"重重轻轻"倾向，即重视重工业、轻视轻工业，造成国民经济比例失调。

由此，上海工业发展的方向定位发生了转变，既考虑到发挥上海工业灵活性、多样性、适应性强的特点，又考虑到从全国的建设需要出发，根据中央要求以及上海作为"老工业基地"的定位和上海的实际情况，提出上海工业要向"高级、精密、尖端"的方向发展，其意在于依靠上海自身的已有力量，尽力提升自身的工业技术水平，更好地履行上海作为全国的老工业基地的职责。上海工业的优势是工业门类比较齐全，配套协作条件较好，科学技术力量较强，但是同时也有资源缺乏，原材料和能源都要依靠全国支援的弱点，所以选择"高级、精密、尖端"发展方向，在产品发展方向上确定上海工业产品向高级、精密、尖端方向发展的具体方针，积极探索和掌握先进科学技术，以推动上海工业的进一步发展、提高，既是寻找一条与其他城市不同的发展方向，更是扬长避短，更能发挥上海优势的选择。当中央提出要发展沿海工业后，中共上海市委即逐一听取各工业局的汇报，了解上海的经济状况，在此基础上对上海工业发展的各种情况作了具体分析，在关键性的问题上取得了一致的认识。他们认为上海工业发展的潜力、有利条件是上海拥有较先进的设备、工种比较齐全便于协作，高校、科研机关也比较多，相对人才资源比较丰富，新近来自于公私合营的生产力也可望得到更大的发挥，因而上海具备"充分利用"的工业基础，也具备"合理发展"的生产和研究的条件，试制高级、精密、尖端的产品。1958年12月，在中共上海市第二届代表大会上，市委提出了"上海工业生产，应进一步向高级、精密、大型的方向发展"的设想，很快又用"尖端"取代了"大型"的提法。1958年底根据中央提出"向科学进军"和"迅速赶上世界科学先进水平"的号召，上海市委在科技与工业生产相结合上作出了一系列重大的决策和部署。1960 年 1 月，市委在闵行召开的市科技工作会议上，正式提出把科技作为向高、精、尖、进军，并推进工业生产发展的根本措施。上海工业经过几年的发展，在生产技术水平、产品品种和质量等方面已经有了很大的提高。

早在 1957 年左右，国内掀起"大跃进"群众运动，全国工业基本建设投资失去控制，恶性膨胀，小工业遍地开花，使得国民经济全面失调，农业大幅度减产，财政赤字大量增加。20 世纪 60 年代初，由于中苏、中美关系相当紧张，因此在工业布局上突击进行"三线"建设，"分散、靠山、隐蔽、进洞"成为"三线"工业布局的准则。"三五""四五"期间，建设重点转移到更加深入内地的"大三线"地区，从而形成了中国经济建设一次规模空前的西移。1952—1975 年间，全国基建总投资中，沿海地区约占 40％，内地占 55％，①内地投资在"三五"时期达到最高，为66.8％。国家在经济基础较差的西南、西北地区的投资比重，由"一五"时期占全国的 16.9％上升到"三五"时期的 35.1％。在东部发达地区中，同期上海市的投资仅占全国的 3.6％，居全国的第 13 位。

从"四五"（1971—1975）后期到"五五"（1976—1980）初期，国家投资的地区重点开始逐步向东转移。1971—1972 年间，大小"三线"仍分别是全国和地方上工业投资的重点。由于经济发展计划安排不灵，能源、原材料极其紧张。此时，国际形势发生了重大变化，中美邦交正常化，导致工业战略布局与投资方向着手东移，能源、原材料等薄弱环节受到重视。自 1972 年中美联合公报发表后，我国开始引进国外大项目。1973—1980 年间以引进项目为中心的工业建设，是针对 60 年代后期

---

① 其余部分为统一购置的运输工具等不分地区的投资共约占 5％。

以来全国工业结构上存在的主要问题而安排的，这时期工业布局总的特征是由内地向东部特别是沿海社会经济发达区域逐渐转移。大部分重点项目配置在海岸带和长江沿岸，靠近海水及淡水水源，其中部分企业利用水运，提高了企业的投资和运营效果。

简而言之，1949—1978 年间，由于中央对国际形势和战争危险估计严重，加上思想上急于求成，导致生产力布局的指导方针出现了一些较大的偏差，过分强调国防原则和地区平衡发展，追求地区经济自成体系，在工业布点上搞大分散，特别是在"一五"时期和"三线建设"时期国家投资地区布局大规模西进，没有发挥沿海老工业基地应有的作用，宏观与微观经济效益均较低下。

二、老工业基地的创新发展

在计划经济下的范畴下，上海因为其良好的工业基础被定位为工业基地。上海"老工业基地"的战略定位的形成，是服务于国家工业化发展的需要，在"全国一盘棋"总体建设方针下，上海"老工业基地"的战略定位逐渐形成。"全国一盘棋"本质上是计划经济，就是中央政府统筹调拨、分配社会资源，进行社会生产、生活再分配的过程，在经济落后、资金和人才短缺的情况下，试图加快工业化建设的步伐，排除市场调节对优先发展重工业战略的干扰，把有限的资金和资源优先用于国家生产建设急需的工业领域，具有一定的效率优势。随着计划经济的扩展、膨胀，越来越高度集中，全国的计划分配、调拨制度得到不断强化，逐步形成了以三级批发贸易体系为实体的中央集权管理体制，一切产品由国营贸易统一收购、调拨，原料由国家统物资机构统一分配、调拨，完全切断了上海与全国各地的直接贸易联系，从而使上海经济发展必须以"全国一盘棋"总体建设方针为前提，至于上海在全国这盘棋中的定位，取决于上海自身经济基础以及国家经济建设总体目标的需要。[1]鉴于制度安排的突变，新中国成立后至改革开放前，上海的发展均与此背景密切相关。

上海素来轻纺工业比较发达，轻工业产品约占全国五分之一，棉纺织工业的设备规模占全国的三分之一，老工业基地时期，上海的轻纺工业也有一定的发展。上海轻工业的主要行业为造纸、医药和橡胶三大专业性行业，及日用品、文教用品和食品三大综合性行业，其特点是涉及行业、产品的面很广，单日用品就包括了自行车、缝纫机、搪瓷、火柴、肥皂等多个行业，这一时期发展较快的轻工业行业有药业、橡胶业、卷烟业等，如青霉素1956年的产量占全国产量的99.3%；胶鞋占全国产量的51.6%；卷烟占全国产量的38%；自行车占全国产量的37%，轻工业中除少数食品为本地产销外，大约70%的产品销往全国各地，甚至有少量产品出口。[2]上海纺织工业主要分为棉纺织工业，印染工业、毛麻纺织工业、丝织工业和针织工业五大类，其中以棉纺织工业为主。这一时期上海纺织工业发展速度较慢，据《上海纺织工业志》的统计：1949年，上海纺织工业共生产棉纱13.46万吨；到了1957年达到26.82万吨，1957年总产值比1952年仅增长33.4%，平均每年只增长了5.9%。[3]

---

① 朱婷：《20世纪50—70年代上海"老工业基地"战略定位的回顾与思考》，《上海经济研究》2011年第7期。

② 孙怀仁：《上海社会主义经济建设发展简史（1949—1985年）》，上海人民出版社1990年版，第194—195页。

③ 《上海纺织工业志》编纂委员会：《上海纺织工业志》。

上海发挥"老工业基地"功能主要表现在四个方面：（1）上海为全国各地进行协作生产，提供配套设备，支援国家的重点建设；（2）上海对全国市场供应了大量商品，并扩大出口，为国家换取了一批外汇；（3）上海为国家积累了大量资金；（4）上海为国家输送了大批建设人才。[①]

上海因其"老工业基地"的重要作用与地位，经济发展始终受到中央的极大重视，从有限度的投入到逐步提升。1960 年 1 月《上海市 1960 年科技工作提要和 1960—1967 年的科技发展纲要》中提出"科学技术工作必须在为经济及国防建设服务的方针下，开展一个更加声势浩大的群众运动"，以及"在工业技术改造中，贯彻'土洋结合'两条腿走路的方针，大力更新设备，提高机械化程度"，同时确定了加速发展尖端科学技术的方针，明确了在原子能、电子学、半导体、计算技术以及新型材料方面的发展要求。于是，"老工业基地"战略定位又形成了向"高、精、尖"发展的具体方向，即把上海建"成为制造多种的、原材料消耗少的、轻型的高级产品的工业城市；成为全国发展新技术、制造新产品的工业基地；机电工业成为生产费标准设备和配套产品的供应基地"，为此 1962、1963 年，投入 1.25 亿元，采用新技术、新工艺、新设备、新材料，对 545 项生产技术进行了改造。1965 年开始进入第三个国民经济五年计划，在制定"三五"（1966—1970）计划时，更加明确地提出了"努力把上海建设成为我国一个先进的工业和科学基地"的战略目标，上海终于形成了门类齐全、综合配套能力强、以加工工业为主、基础雄厚的工业体系，建成一批新的工业区，成为向全国提供轻工类产品和工业装备类产品的综合性工业基地。即便在"文革"期间，中央也明确提出了

---

① 孙怀仁：《上海社会主义经济建设发展简史（1949—1985 年）》，第 278 页。

"全国保重点，重点保上海"方针，因此上海在原材料调入、生产性投资，以及进出口贸易的计划调拨等方面，都得到了基本保证，上海的经济体制和运行机制基本未受破坏，经济发展状况比之全国许多地区要有成效。

表 1-3　上海市工业结构（1950—1976）

年　　份	1950	1952	1957	1960	1962	1965	1970	1973	1976
按不变价格计	1952 年			1957 年			1970 年		
工业总产值(亿元)	36.17	68.06	118.51	310.17	150.23	252.04	410.07	394.53	452.14
轻工业占（％）	85.8	79.1	70.9	43.7	59.5	56.6	49.4	46.3	46.9
重工业占（％）	14.2	20.9	29.1	56.3	40.5	43.4	50.6	53.7	53.1

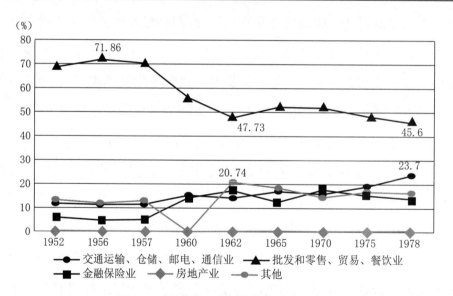

图 1-9　上海市第三产业结构（1952—1978）

资料来源：上海市地方志编纂委员会《上海通志》，第十七卷《工业（上）·概述》；第十五卷《经济综述》，第 1630 页；第十五卷《经济综述》，上海人民出版社，2005 年第 1657 页。

根据表 1-3、图 1-9，1950—1957 年，在上海市工业总产值中重工业的比重已开始呈现上升的态势，1958 年之后第二产业的比重迅速上升，第三产业的比重迅速下降，上海第三产业在三大产业结构中的比例，50年代基本保持在30％—40％的水平，60年多数年份保持在20％—30％的水平，70年代全都没有超过20％，1972年下降到上海解放以来的最低点17.3％。与此同时，第二产业中的工业比重从1960年到1976年的十几年中，除1962年略低于70％，其余年份始终保持在70％以上，第二次产业的持续发展与第三次产业的持续衰退高度正相关。其中，第三次产业的四大类中，交通邮电类、金融类和房地产类的比重都呈上升状态，城市商业呈现下降的趋势。第二产业中的工业，尤其是重工业持续上升，第三产业中的服务业，尤其是商贸业持续下降。

这一时期的上海城市经济中市场机制被不断削弱，上海与内地在自然经济条件下形成的贸易网络被逐步切断，经过所有制改造后上海原有"金融中心""贸易中心""工业中心""经济中心"的功能和地位发生根本性转变。在计划经济体制下上海经济发展始终沿着发挥"工业基地"的轨迹前行，尽管必须承认"老工业基地"战略定位的形成，对上海工业发展确实起到了积极的推动作用，经过长期建设与不断创新，上海形成门类齐全、综合配套能力强、以加工工业为主、基础雄厚的工业体系，成为向全国提供轻工类产品和工业装备类产品的综合性工业基地。

第二章 计划经济下的创新引领

在上述计划经济体制的安排下，在市场开放被抑制，在投资停滞或受限的情况下，上海工业经济增长路径主要依赖技术创新、组织制度与国家创新两个方面。其中，技术方面的创新主要表现为从旧设备与技术的利用及革新，以及跟进国家的技术创新，在原有技术的基础上推进学习研究应用；组织、制度与国家方面的创新主要表现为在国家战略设计下，采用适应于工业经济发展的组织形式，利用群众性运动所进行劳动效率的提高，群众性的合理化技术革新建议，以及政府、群众、技术人员相结合的技术进步，并进而演化到科学技术驱动的经济创新。

第一节 技术创新及其表现

一、对旧技术的改造与革新

在"一五"（1953—1957）时期，国家经济建设重点放在相对不发达的内地，上海并不是社会主义工业化的重点建设地区（156 个重点建设项目都不在上海），中央对上海经济建设的定位是"维持、利用、整顿、改造"，"一五"时期上海工业总产值平均年增长率只有 14.5％，低于全国 18％的发展速度。①

在新中国成立最初的六七年中，因为上海"老工业基地"的定位，上海纺织工业基本没有进行投资扩建，在完全没有引进设备，基本没有增加新纱锭的情况下，主要是靠挖掘设备潜力，也就是靠着劳动生产率和设备利用率的不断提高，纺织业生产才得以发展，上海纺织工业的设备大都是旧中国遗留下来的使用几十年的"老爷机器"，这一时期主要是依靠纺织工人和技术人员的精心维护，不断提高操作技术和进行技术革新，如推广"郝建秀细纱工作"法和"一九五一织布工作法"，冲破细纱机保守陈旧的"临界速度"使其高速运转，从而提高产量。

例如，在纺织业中，首先是开发技术潜能的各种操作"工作法"的推出和推广，1950 年 9 月 3 日华东纺织管理局和上海纺织工会决定先在国棉三厂进行"郝建秀细纱工作法"的试点，11 月 29 日上海总工会、上海市纺织工会、华东纺织管理局、上海纺织工业同业公会即联合成立了"上海市郝建秀工作法推广委员会"，在全市纺织系统推广郝建秀工作法。1951 年 10 月纺织部又发出《关于推行一九五一织布工作法》的指示，上海纺织工会就"1951 年织布工作法"和"筒子工作法"等先进织布经验展开学习、推广。1953 年 4 月，纺织部与全国纺织工会联合召开全国纺织保全会议，总结并推广了《一九五三纺织机器保全工作法》，当月，即在上海 5 家国营棉纺织厂进行了《一九五三纺织机器保全工作法》试验。

① 杨公朴、夏大慰主编：《上海工业发展报告——五十年历程》，上海财经大学出版社2001 年版，第 20 页。

其次是为充分提高设备利用率进行的工时改革，1952年9月1日，在上海国棉一、八、十九厂试行三班8小时工作制，10月1日在第一批11家国营棉纺织厂正式实行，之后在上海国营纺织企业全面推广三班8小时工作制，废除了原有10小时工作制，大大提高了机器设备的运转率。其三是为改善劳动条件进行的设备改造，1951年2月纺织部颁发《关于降低夏季车间温度的指示》，1952年6月纺织工业部发出《关于降低夏季车间温度，改善车间劳动条件的通知》，具体规定上海细纱车间温度标准38℃、布机车间35℃。上海国营纺织企业积极响应，之后又在1953年内，由行业投资560亿元（新币560万元），基本完成棉纺织企业通风、降温设备的改造工作。①

例如，生产恢复和技术改进、技术发展。亚细亚钢铁厂用1.4吨、3吨各1座小电炉浇注铸钢件，1949年7月，上钢三厂10吨平炉、上钢一厂15吨平炉和大鑫钢铁厂1吨转炉恢复生产，1950年，上钢一厂首建2吨酸性转炉并投产，1952年，上钢一厂投资92万元建1座15吨平炉。1950年，慎昌五金制造厂工人潘阿耀试制成功第一根无缝紫铜管、黄铜管。1951年，新建电仪器材商行试制成功国内第一台电子管阴极射线管示波器和音频信号发生器。1951年初，陈永兴锦记辗铜厂试制成中国人民志愿军用汽车水箱铜带，以后，各厂试制生产锌板、铝管、铜合金冷凝管、散热扁管、锡磷青铜皮、针座铜棒和电解镍等一批新产品。1952年上海冶炼厂产电解铜6 000余吨，加上同镒、合利、信丰等16家私营冶炼厂产量，全市电解铜产量达万吨；开元、协诚昌、大纶等10多家冶炼厂在国内首创用废铅、锡为原料生产电解铅、锡获得成功。1952年全

---

① 《上海纺织工业志》编纂委员会：《上海纺织工业志》。

市新增仪表、电讯企业 558 家，电话机、无线电零件、灯泡、收音机产量均有增长。在电讯业中，生产首批钢丝录音机，研制成功 500、1 000、2 000、3 000 瓦功率的无线电广播机。在仪器仪表业中，发展电度表、直流电工仪器、交流仪器和 1 500 倍生物显微镜等新品种。①

"二五"（1958—1962）期间，上海贯彻"充分利用、合理发展"的思想，进行了较大规模的基本建设。利用上海的有利条件，使上海成为制造多种品种的、原材料消耗少的、轻型的高级产品的工业城市，成为全国发展新技术、制造新产品的工业基地。在技术改造方面，主要任务是：增添部分关键设备，有计划地改装部分陈旧设备；提高设备利用率；调整和充分试验；检验设备；制定和修订质量标准；总结先进经验，制订或改进工艺操作规程；改善劳动条件，增添必要的机械设备和卫生安全设备，逐步把那些笨重的体力劳动改为机械化或半机械化操作。

尽管受到了"大跃进""高产风"等严重影响，上海作为全国的老工业基地，群众性技术革新、技术革命运动始终没有停止步伐，依靠广大工人和技术人员对技术革新、技术革命的积极探索，即便是"大跃进"时期，依然在工业领域作出了显著的贡献。上海工业战线上推广群众运动，"技术革新和技术革命"运动持续高涨。以纺织工业为例，技术革新和技术革命表现为两个方面，一方面继续改进各种工作法，在提升工人操作水平上下功夫，另一方面在减少工艺流程、生产工序等方面下功夫，目的是为了实现高速、高产提高劳动生产率。如郝建秀工作法原规定巡回一圈为 3—5 分钟，巡回跑法有规定，快慢都要扣分，"大跃进"后改

①　《上海通志》编纂委员会：《上海通志》，第十七卷《工业（上）·概述》，"第三章工业生产技术、第五章轻工业（上）"。

为灵活掌握时间，根据实际情况加快巡回速度，缩短了巡回时间，提高了效率；[①]又如印染方面 1956 年创造了大型容布箱，使漂、酸洗过程在原有设备条件下，全部成为速续化，煮炼后的棉布只需经过一次操作就可全部完成，明显提高了产量，1958 年又创造了熔态金属染色的新工艺，比染缸生产提高劳动生产率两倍半，在染色技术上开辟了新纪元；再如织布方面 1958 年采用了胰酶高效退浆，生产时间由原来的 12 小时缩短到 1—2 小时，劳动生产率提高 6—12 倍，还大大节约了烧碱原料。[②]这个时期上海国营纺织企业对机器设备的改造也有一定的突破，最大的成果当属国棉二厂于 1958 年开始生成，并于 1959 年改型生产的一种运转性能良好的高速高产精梳机——"红旗牌"精梳机，这种梳棉机比普通梳棉机可以增加产量两倍，以同样的看台数劳动生产率可以提高200％，细纱机的车速得到显著提高，由此解决了棉纺企业厂期存在的梳棉跟不上细纱生产的关键问题。

在 1958 年取得成绩的工业战线基础上，1959 年上海工业技术革新和技术革命运动又有进一步的发展和提高，技术革新和技术革命运动中涌现出来的项目，在数量和内容上都非常突出，根据上海市冶金、机械、电机、化工、纺织、轻工业等 6 个工业局不完整统计，1—11 月提出技术革新建议共达 43 万余件，在革新建议中有 23 万余条已经实现，其中属于革新工艺的约占 27％，改进设备的约占 52％，改进产品设计的约占7％，节约代用的约占 6％，改进生产组织的约占 4％。在这些已经实现的革新建议中，适于解决生产上重大的关键问题和技术上重大创造革新

---

① 中共上海市委工业工作部：《关于技术革命较好的工厂调查总结资料》，上海档案馆馆藏档案：A36-2-317。

② 艾明：《从上海纺织工业看劳动生产率不断增长的规律》，《学术月刊》1959 年第 10 期。

的约有 11 400 余件，与此同时，试制成功的新产品达 19 000 种以上，特别是原来手工操作改机械化，机械改半自动化和自动化方面，有了显著的发展，这些重大的技术成就在向技术革新和技术革命大进军的道路上迈进了一大步，同时，为了上海工业的改造，向高级、精密、大型、尖端的方向发展创造了极为有利的条件。[1]1959 年生产的新产品，例如，1 200 毫米薄板儿、2 300 毫米中板轧机、100 毫米无缝管钢管穿孔机、0.05—0.02 毫米的带钢轧机、活塞环自动磨床、轧辊磨床、2 300 千瓦 12 级电机、高级精密仪表、十万倍电子显微镜、原子能测试仪表、化学工业的新型合成材料、涤纶尼龙 66、有机硅、聚乙烯等等；在轻纺工业发展高级精密方面也取得了重大的成就。例如，熔态金属悬浮体染色织物、山羊绒大衣呢等、轻工业的光学玻璃、石英玻璃、宝石玻璃、1.7 高级照相机等等，都是当时国内相对先进的产品，充分说明了通过技术革新和技术革命使上海工业水平和技术水平迅速提高。

"大跃进"运动对经济发展产生了一定的破坏与负面作用，但在实际过程中，由于干部、工人的奋斗，客观上在工业技术领域也取得了一定的成绩。就上海而言，这方面较为典型（主要是 1958—1959 年）。从上海所获得的技术革新和技术革命的内容和质量来看，主要在以下三个方面实现技术或工艺上的革新。[2]

第一是设备的改进，改装旧设备创造专用和组合机床，逐步提高了机床自动化程度，扩大加工范围，解决大件加工中设备能力不足的困难。例如，建设机器厂放宽了原有刨床上的龙门间距，精叶机器厂在 2.8 米

---

[1] 《上海工业技术革命运动开展情况（初稿）》，上海档案馆馆藏档案：A38-1-185-23。

[2] 《1—9 月上海工业生产技术革新和技术革命运动开展概况（资料）》，上海档案馆档案：A38-1-185-1。

的大型龙门刨床后面加装 4 米宽的龙门，冶金矿山厂在龙门刨床外侧增加一条导轨解决机床台面负荷超载问题，为轨钢机架和卷扬机等大件加工解决关键的技术难题；土洋结合所制造高速高效的专用机床和组合机床，从单一专用机床变为多能的组合机床。例如，上海船厂运用积木式机床下船舱修机，大大简化了修船作业，节省大量的起重运输设备，华生电机厂自制了密网罩花档扭弯机，将原来手工操作的落料、冲弯、冲头、轧平和正形等五道工序合而为一，一次完成，提高效率 30 倍，这些高效率的专用组合机床不但减轻了工人的劳动强度，而且也为今后生产连续化、自动化创造了条件，提高机床操作自动化程度。例如，华通开关厂在已经试验成功的电器控制半自动化机床的基础上，进一步加以改进解决了自动进料问题使机床从半自动操作变成全自动生产，因此可使原来一人操作一台机床，转变成为一人掌握几台机床，为机械制造工业实行多机床管理创造了条件。

第二是改进工艺，采用新的工艺，缩短工艺路线。例如，上海柴油机厂在制造 135 型柴油机中加工油轴气缸体和活塞等零件，组成四条流水线，大大提高生产效率和劳动生产率；汽车配件厂在制造水箱中，从原来自动焊接钢管的基础上，发展出全部流水作业线。

第三是通过新材料采用、原材料节约、新材料应用，促进了产品的技术进步，使少量的原材料可以生产出更多的产品，使用低级原材料做高级产品，扩大工业原材料来降低生产成本，挖潜力、找代用、降低消耗定额。由于生产的高速度发展，因此在某些原材料的品料方面一时还不能完全满足生产需要，通过这种方法可以有效补救。此外是改进产品设计，例如联研电工仪器厂改进设计以后，无论在原材料方面或生产工时方面都有了很大的节约。

简而言之，在1958、1959年"大跃进"高潮中，首先是在技术革新的内容和质量上出现了一些进步，例如，华通开关厂在已经试验成功的电器控制半自动化机床的基础上进一步加以改进解决了自动进料问题使机床从半自动操作变成全自动生产，因此可使原来一人操作一台机床转变成为一人掌握几台机床，为机械制造工业实行多机床管理创造了条件。其次是改进工艺，采用新的工艺，缩短工艺路线。例如，上海柴油机厂制造135型柴油机、加工油轴气缸体和活塞等零件已组成四条流水线，大大提高生产效率和劳动生产率。[①]

二、引进或推进国家的技术创新

面对西方国家对华禁运，上海开始引进苏联和东欧国家技术。例如，上海机床厂、上海工具厂、上海矿山机器厂、上海柴油机厂、华通开关厂、上海电机厂等已经开始引进苏联相关产品技术。1953年6月4日，中苏签订关于军舰制造技术转让协定，上海船舶工业企业以苏联转让的技术、设备部件，建造导弹快艇、护卫舰、猎潜艇等新型军用舰艇。1953年，上海电机厂、上海锅炉厂、上海汽轮机厂引进捷克斯洛伐克技术，并在捷方技术专家指导下，生产成套6 000千瓦汽轮发电机组。1955年上海机床厂引进苏联磨床制造技术，聘用苏联专家，仿制成13种型号的磨床。上海电机生产企业按照苏联A.A.O型交流异步电动机技术，仿制成功国产J.J.O型交流异步电动机系列，并推广为全国统一型号的电动机。

"一五"（1953—1957）时期，随着国家大规模经济建设的开展，上

---

① 《1—9月上海工业生产技术革新和技术革命运动开展概况（资料）》。

海因其老工业基地特殊职责，还肩负全国各项重点建设项目的配套工作。上海为全国各地进行协作生产，提供配套设备，支援国家重点建设。上海汽轮发电机、交流电动机、金属切削机床等重工业产品供应全国。

"一五"时期，随着国家大规模经济建设的开展，上海因其老工业基地特殊职责，不仅肩负全国各项重点建设项目的配套工作，还要满足自身发展的需要，上海陆续出现了石油机械配件、机床电器、液压件、军用电机、军用电器、自动控制仪表灯新兴行业，这些新兴行业又刺激了压膜浇筑、大型铸锻、刃具、磨具等生产规模的不断扩大，有力地促进了上海重工业发展。与此同时，为了今后新兴工业的发展，一批单位和部门开展了半导体、电子计算机、微波、雷达、微生物等的研究和技术准备工作。"一五"期间，上海工业建设实施"改建为主、新建为辅"的方针，加强薄弱环节，发挥老工业基地的作用。面对西方国家对华禁运，上海开始引进苏联和东欧国家技术，如上海机床厂、上海工具厂、上海矿山机器厂、上海柴油机厂、华通开关厂、上海电机厂等已经开始引进苏联相关产品技术。[①]建成上海炼油厂，上海开始拥有炼油工业；上海建成全国第一家抗生素生产企业上海第三制药厂，结束中国抗生素依赖进口的历史；改建和扩建上海汽轮机厂、上海电机厂，生产国内首套 6 000 千瓦和 1.2 万千瓦汽轮发电机组，发展国家电力工业。"一五"时期上海试制成功的工业新产品，新品种共 16 950 种，其中，钢铁、机电工业方面有 2 791 种，占 16.5％；化学工业方面有 2 424 种，占 14.3％，轻工业 4 502 种，占 26.6％；纺织工业方面有 7 227 种占 42.65。在新产品中具有

---

① 《上海通志》编纂委员会：《上海通志》，《第十七卷工业（上）·概述》，"第三章工业生产技术；第五章轻工业（上）"。

开创意义的是大型成套设备的诞生，其中最突出的是相继制造了 6 000 和 12 000 千瓦汽轮机。大型汽轮机的诞生标志着中国电机工业新发展的开端，也是对能源工业的一大推进，人们通常是以汽轮机厂的制造技术来衡量一个国家的机械工业发展水平。上海汽轮机厂制成了中国第一台大型汽轮机，是中国工业化进程中一个新的路标。1956 年是上海轻工业生产大发展的一年，不仅生产制成的测温计量有较大增长，生产技术也有重大突破。最为显著的是半导体技术开始进入试用阶段，上海首次出现半导体能测出摄氏万分之一度的变化。试制成功的硫化镉光敏半导体，可以利用它对光线的敏感性，进行自动控制，当年新沪轧钢厂利用它控制钢材的生产过程，取得了初步成功。

由此可见，在"一五"（1953—1957）时期，上海工业生产技术水平有了很大提高，重工业已经由修理装配走上了独立制造成套设备的道路，并开始进入自行设计的新阶段。轻工业和纺织工业也从低级到高级、从无到有地增加了大量新的日用消费品。大型的火力发电设备、精密磨床的仪表、异型钢材、新型传播、大型载重轮船、抗生素、原料药、工业用纸、高级府绸和化妆品等 1 万余种新产品、新品种的涌现。[①]上海陆续出现了石油机械配件、机床电器、液压件、军用电机、军用电器、自动控制仪表灯新兴行业，这些新兴行业有刺激了压膜浇筑、大型铸锻、刃具、磨具等关键公众生产规模的不断扩大，有力地促进了上海重工业发展。

1958 年成立了以市委书记处书记为组长的领导小组的上海市科学技

---

① 　孙怀仁：《上海社会主义经济建设发展简史（1949—1985 年）》，上海人民出版社 1990 年版，第 179、183、184 页。

术委员会，相继成立上海市科技协会、中科院上海分院，1960 年又先后成立上海市生产技术局和上海市赶超国际先进办公室，领导全市科学技术工作。对重大的工业技术项目，上海市委积极推行领导干部、技术人员、工人三结合，科研机构、高等院校、生产单位三结合的群众路线，以群众在实践中创造的这两个"三结合"的方式进行会战攻关，这个时期开发的许多新产品、新技术，都是在这两个"三结合"的实践中完成的。例如，双水内冷汽轮发电机，就是上海电机厂根据浙江大学的构想，由副厂长、总工程师主持研制，发动技术人员和工人群众一起出主意、想办法，集中大家智慧，客服重重困难研制成功。这个当时世界上最先进的发电机，就是科学技术与工业生产相结合的产物。对于一些特别重要的新兴工业，上海市委更是亲自主持推进。例如，试制导弹，就是市委从有关部门抽调工程技术人员和技术工人充实研制队伍，指定有关工厂为试制导弹生产大型工艺装备模具和非标准设备，在市委的有力领导下形成了 7 个骨干工厂组成的试制基地，还有 200 多个工厂形成大型协作网，参加配套原材料、元器件试制的生产，保证了导弹试制工作的顺利开展。

"文化大革命"中，技术引进受到限制，各行业通过各种途径，引进少量的外国技术设备、样品、样机。1970 年代中，国家先后分两批从日本、联邦德国、法国、美国、意大利等国引进了 47 项目成套设备，上海除了上海石油化工总厂建设以外，还承担了一部分其他引进项目的国内配套任务。上海的工业制造能力进步，1970—1975 年制造万吨轮 44 条，能够制造年产 30 万千瓦的火力发电机组、年产 15 万吨化肥设备、年产 75 万吨煤矿设备和每秒钟运算 100 万次的电子计算机、高精度机床、数控机床等大型产品和精密产品。

三、较大规模的技术革新与创新

至 1959 年，在较大规模的技术进步方面，已经兴建上海第五钢铁厂、上海重型机器厂、彭浦机器厂、闵行发电厂、吴泾热电厂、跃龙化工厂等一大批大型工业企业。"二五"（1958—1962）期间完成国有国内先进或接近国际先进水平的重大科学研究成果 100 多项，试制成功新产品约 3 万种，发展火箭、原子能、无线电电子、计算机、半导体等新兴工业，填补国内空白。于是，上海开始成为门类比较完整、物质技术基础比较强、大中小型企业相结合的综合性工业基地。

1960 年 1 月 11—22 日，上海市委召开了上海市科学技术工作会议，草拟《上海市 1960 年科技工作提要和 1960—1967 年的科技发展纲要》，提出"科学技术工作必须在为经济及国防建设服务的方针下，开展一个更加声势浩大的群众运动，以及在工业技术改造中，贯彻'土洋结合'两条腿走路的方针，大力更新设备，提高机械化程度"，同时确定了加速发展尖端科学技术的方针，明确了在原子能、电子学、半导体、计算技术以及新型材料方面的发展要求。此前，在上海制定第二个五年计划时，就根据中央的要求，以及上海作为"全国一盘棋"中"老工业基地"的定位和上海的实际情况，提出上海工业要向"高级、精密、尖端"的方向发展，科技工作会议使上海工业今后走"高、精、尖"路线的方针，有了更为具体、切实的保障，上海要依靠自身的已有力量，尽力提升自身的工业技术水平，使科学技术直接服务于工业发展。

纵观 1950 年代上海工业创新走过的道路，其技术改造和技术进步，主要是通过群众性的技术革新和技术革命，依靠群众运动方式提高劳动生产率得以推进，技术革新和技术革命主要是针对提高产量方面，形成了一系列减缩工艺流程，减少生产工序的方法，包括操作工作法不断修正、不断强化，提高劳动生产率主要靠"增产节约""劳动竞赛""学习先进"群众生产运动，激发工人的生产热情。进入 1960 年代以后，上海的技术改造和技术进步则主要是依靠政府组织公关会战，确定重点、调集人员、成立指挥部或办公室，向高精尖技术和新型行业进军，这种由政府计划部门有组织、有计划、有重点地推进，采用大兵团作战的形式、调集各方面力量，进行攻关、会战的方式，是上海工业发展过程中，真正意义上自力更生实现工业生产技术创新取得瞩目成果的技术提升。1960 年上海成立了上海市科学技术协会，1962 年又成立了由市经济计划委员会、市科学技术委员会和市工业生产委员会组成的全市技术改造指挥部，领导全市的工业技术改造工作，并建立了赶超办公室，上海市工业生产委员会还设立了生产技术局，1963 年上海提出的经济奋斗目标是"要把上海建设成为我国的一个先进工业和科学技术基地"，在 1950 年代"老工业基地"定位的基础上，提出"老工业基地"和"科学技术基地"并举的方针，充分显示了上海工业要依靠科学技术力量，向"高、精、尖"发展的决心。

1963 年《上海工业赶超世界先进水平的规划纲要（草案）》决定以新材料、新设备、新技术、新工艺为中心，发展新型金属材料、石油化工和高分子合成材料、新型硅酸盐材料、电子器件和电子设备、精密仪器仪表、精密机床和特种设备 6 个重点新兴工业，以及真空技术、激光、红外技术、氧气炼钢和连续铸锭、工业自动化、电子计算机技术等 18 项新技术。组织全市科研单位、高校、工厂企业三结合，全市大协作，集中优势兵力，进行重点技术攻关大会战，在运载火箭、原子能、电子计算机、激光、发电及大型锻压设备制造等方面都取得突破性的进展。①

　　"三五"（1966—1970）期间，上海除了大力支援内地建设，为国家生产更多产品外，大力发展新技术，进一步提高上海的工业生产和科学技术水平。由于"三五"期间全国建设重点从一、二线转向三线，上海发展工业生产的途径，主要是依靠充分利用现有企业的基础进行技术改造和有计划有重点地发展重大技术，而不是依靠国家投资进行基本建设。"三五"期间，冶金、化工等原材料工业和机电仪表等装备性工业有了较快的发展，机械工业已能生产120吨纯氧顶吹转炉、5吨真空电炉、12.5万千瓦水内冷发电机组、4 000吨卧式压铸机、各种程序控制机床、回旋钢锭细纱机、喷气织机、32吨载重汽车等装备性产品，以及能为生产50万吨钢的联合企业和年处理100万吨原油的石油化工企业提供成套设备（其中钢铁联合企业设备的配套率为80％）。"三五"期间加强发展"四新"（新设备、新材料、新产品、新工艺）和基础工业改造，7个工业局实现技术革新近万项。1970年重点发展造船和电子工业，船舶吨位增长近2倍，晶体管和电真空器件增加171个新品种。

　　以钢铁行业为例，随着机械工业生产规模的扩大与技术进步，呈现较好的发展趋势。1971年中央召开全国冶金会议，提出发展钢铁工业要从矿山开发出发，上海机械工业部门为实现全国钢铁翻番目标的任务是提供相关的生产设备，为此上海机械工业部门制造年产75万吨的煤矿设备，年产110吨生铁的高炉设备，32吨矿用载重汽车，试制成功国产第一台D25型筒式柴油打桩锤及打桩架工程机械，以及环形冷却机，烧结

---

　　①　上海市地方志编纂委员会：《上海通志》，第六卷《政府（下）》，"第四章市政府施政纪略"。

机、热矿筛、双滚筒采煤机等产品。1973年以后，上海又为不断增多的对外经济援助承担起设备制造任务，到1974年，上海机械部门共承担的成套援外项目有135项，同时还为引进的上海石油化工总厂制造配套设备，为攀枝花钢铁厂、第二汽车厂等工业建设及南水北调工程、人造卫星等项目提供了各种设备，为农业生产提供了大量机械设备。这些工程、项目的完成使上海机械工业的技术水平得到一定的提升，很多项目在技术上表现出了开创性。与此同时，上海机械工业生产的规模也有了很大扩展，从1966—1976年，上海机械工业总产值达到年平均增长12.4%，大大高出同期的上海工业总产值年均增长8.2%的速度，并使机械工业在全市工业中的比重，从1965年的24.8%上升到1976年的34.7%。①

以船舶工业的技术创新为例。在"文化大革命"期间，上海船舶工业在生产技术、企业管理、产品质量等方面，都不可避免地受到了干扰和破坏，特别是信息方面因政治运动陷入封闭状态，与世界造船业的飞速发展拉大了距离。但是，上海船舶工业的广大职工，依然靠着坚持生产，坚持科研，自力更生，因陋就简，除了以"会战""攻关"等方式努力进行创新，在船舶工业制造规模和技术方面都取得了相当的成绩。此时期造船业的技术创新、技术革命已经不仅仅是一个车间、一个工厂内关联，而是拓展到厂与厂之间、厂与科研单位之间的协作，还有上级单位的支持或直接参与，发挥的是单位协作的精神。例如，东海船厂、交通部第三航务工程局、第九设计院，共同研发出2 000吨卷扬式装船机，1971年投产；第九设计院、上海重型机器厂共同研发制造的80×3 500

---

① 孙怀仁：《上海社会主义经济建设发展简史（1949—1985年）》，上海人民出版社1990年版，第491—493页。

毫米三辊弯板机，适用于造船厂、锅炉厂。上海船厂船体车间广大职工为改变船体冷加工的落后面貌，自己动手造出了350吨油压机；200吨液压横撑及；150吨肋骨冷弯机；中华船厂的100吨横撑机、东海船厂的25吨油压校直机、求新船厂的扁钢弯圆机、铝板开孔机；上海船厂的船板抛丸除锈机、船底抛丸除锈机；第九设计院、上海渔轮厂的渔轮抛丸除锈装置等，都是二级"三结合"技术革新的产物。另一方面，1967年以后为配合研制洲际运载火箭和发展航天技术的需要，经毛泽东、周恩来批准，建造中国第一支远洋测量船队，以主测量船为核心，由12艘船组成的测量船队，除远洋油水补给船由大连造船厂建造外，其余全部由上海承建。远洋测量船由708研究所设计，全国24个省、区、市，国务院35个部委和全国1 000多个单位参与工作，江南造船厂建造的船队主测量船"远望1号""远望2号"和江南、中华造船厂分别建造的船队"向阳红10号""远洋运输拖船"等全部达到设计要求，这些船舶集中了中国科学技术多方面的成就，反映出70年代世界船舶技术水平。为实现建立中国远洋船队的愿望，上海各船厂都组成了"三结合"技术攻关机制，各船厂从建造14艘7 500吨沿海客货船开始，逐步发展到建造远洋万吨级船舶，万吨轮船的制造也从江南造船厂1家，发展到沪东、上海、中华4家造船厂都能建造，1969—1978年，共建造万吨船舶54艘，支援了国家远洋运输所需要的船舶。70年代中，上海造船工业还能成批生产3 000吨沿海货船，7 500吨沿海客货船，16 000吨煤矿两用船，25 000吨散装货轮等船舶，以及挖泥船、吹泥船、起重船、双体勘探船、海洋布缆船、4 000吨海洋调查船、万吨级远洋调查工程船舶等。①

---

① 《上海船舶工业志·总述》，上海社会科学院出版社1999年版；孙怀仁：《上海社会主义经济建设发展简史（1949—1985年）》，上海人民出版社1990年版，第493页。

以冶金工业的技术创新为例。在"备战、备荒"的大形势下，上海冶金工业系统接受了中央布置的多项国防军工、重点建设所需的高级金属材料制造任务。为此，从 1969 年起上海冶金工业系统进行了改造基础工业的 21 项会战项目，经过挖潜改造，上海冶金工业企业不断进行技术改造，努力发展新品种规格，"三五"（1966—1970）期间加快了冶金工业的品种规格发展，钢种从 548 种增至 1 076 种；有色金属冶炼牌号从 425 种发展至 697 种；有色金属材的规格从 7 428 个增至 34 794 个。关于炼钢技术进步，1966 年完成并开始推广的吹氧炼钢技术，到 1975 年，已有四分之三的上海转炉采用了吹氧炼钢，上钢三厂 6 座 8 吨侧吹转炉车间改造成 3 座 25 吨氧气转炉，平炉采用氧气顶吹新工艺，这一技术大大提高了炼钢能力。轧钢技术的改造方面，上钢一厂增建了年产 60 万吨卷板的半连轧车间；上钢五厂新建年产 20 万吨的中型轧钢车间；上钢十厂原开坯车间改建成 450 毫米的半连轧热卷带车间；上钢三厂棒材轧机应用"追尾轧制"，由机械化发展到程序控制；第一铜管厂建成双水内冷发电机用百米空心导线管车间；第四铜带厂将 4 台轧机改造成连轧机，水箱铜带产量翻了一番；超声波用于难熔金属拉拔试验成功；特薄箔材轧制和热处理工艺、无模拉丝新工艺都取得成果，还有上钢二厂、上钢八厂、新沪钢铁厂分别对轧机和型钢车间进行改造了，轧钢技术得到很大提升。在新型材料方面，开创了超导材料新领域；研制成功核电用新的锆合金和铀同位素新型分离膜；高温合金扩大了铸造合金领域，并开始系统研究西方高温合金体系的各种钢种、耐海水腐蚀用钢和舰艇用钢系列；核工业用石墨和宇航用碳纤维及复合材料研制成功；难熔金属得到发展，研制成功中国发明的铈钨合金取代污染严重的钍钨合金；精密合金突破了用电弧炉冶炼高级合金的工艺技术，产量达到历史最高水平。①

以电子仪表工业的技术创新为例。20世纪60年代初、中期，上海已经形成了电子管、半导体器件、雷达、通信设备等新的工业门类，"文革"爆发后的60年代后期，上海陆续建成了一批无线电厂和上海无线电仪器厂等电子测量仪器专业生产厂，广泛使用集成电路、固态器件生产BP12全景频谱分析仪，新一代气象探测器激光测云仪，电子式探空仪，卫星实时、延时遥测机，地面调解器等主要产品。到70年代初，以电子技术和机电产品相结合，发展微机化、智能化产品，开始生产成套电动单元组合仪表和Ⅱ型气动单元组合仪表，并向电力、石油、化工、冶金、轻工等部门提供系列化的检测、显示、记录和调节仪表，特别是首次向国内电站供应了成套自控仪表，如1973年，上海调节器厂和上海自动化仪表研究所合作制成JS-110型工业控制计算机和JDK系列进程控制通道，应用于冶金、石油、轻工等行业；1974年起，发展天平仪器新产品电子天平，生产仪器开始实现标准化、通用化、系列化。从1969年到1979年，自动仪表生产产品形成基地式仪表和单参数仪表系列，发展了单元组合仪表、系统自动控制装置和工业控制计算机，并开始应用智能化技术生产自动化仪表产品，还研制了生产气相色谱仪、紫外和红外分光光度计、数字化PH计等产品，这些超频代表了国内分析仪器生产的最高水平。电子仪表行业的技术进步还推动了广播、电视机行业的发展，1969年成立无线电专业工厂，和上海无线电二、三、四厂共为上海大型收音机生产专业厂，为全市发展开发收音机、扩音和广播电视产品打下

---

① 孙怀仁：《上海社会主义经济建设发展简史（1949—1985年）》，上海人民出版社1990年版，第497—498页；《上海钢铁工业志·总述》，上海社会科学院出版社2001年版。

基础。同年 8 月，为收视美国阿波罗宇宙飞船登月实况，上海成功建造了地面卫星接收站，在建造地面卫星接收站过程中，发现国内电视业研制、生产水平远落后于世界发展水平。1970 年 1 月，根据全国电视工作会议精神，上海成立电视会战办公室，组织 9 个局、100 多个单位协作发展电视产品，到 1976 年，黑白电视已能机批量生产，并试制成功 49 厘米（19 英寸）电子管、晶体管混合式彩色电视机和 47 厘米晶体管彩色电视机。全市产品设计研制从仿制、低精度向自行设计、高精度发展，并用微电子技术和机电结合向微机智能化技术发展。扩大雷达、通信机、指挥仪等一批军工品生产规模，为"文革"后广播电视行业的发展奠定了基础，1977 年，按专业细化成立上海市电子计算机、半导体器件、光学仪器、电真空器件、电子元件、广播电视等 6 家工业公司，1978 年开始，大规模开展技术改造和引进技术，一大批产品更新换代。真空电子器件行业引进黑白显像管和电子枪的生产技术与设备，新建显像管玻璃厂和玻壳自动生产设备。广播电视行业初步形成为电视机和录音机生产配套的电视调谐器、印制线路板、录音机机芯、磁头等配套体系，使上海成为全国彩色电视机四大生产基地之一。

第二节　组织、制度与国家创新

一、增产节约与劳动竞赛、技术革新与合理化建议

1950 年一场以"抗美援朝、保家卫国"为口号的生产竞赛运动在全国广泛地展开，在生产竞赛运动的基础上，一场更大规模的增产节约运

动在全国逐步兴起，1951 年 9 月华东局、中共上海市委发出《关于在工厂中开展民主团结、增产节约运动》的指示，11 月 20 日、12 月 1 日，中共中央正式发布《关于实行精兵简政、增产节约、反对贪污、反对浪费和反对官僚主义的决定》，确定"增产节约"是 1952 年的中心任务。自此，生产竞赛运动和增产节约运动持续高涨。"随着社会主义革命和社会主义建设的深入发展，劳动竞赛也从突击到正常，从低级到高级，不断地发展和提高"。①

在新中国成立初期，上海虽然与全国其他地区相比工业基础较好，但是就中国整体工业基础与世界发达国家的工业基础相较还是相当落后，上海的工业设备及技术能力也是有限的，在这样的情况下，一时间还没有能力进行技术革命性的工业创新，提高劳动生产率已是一定程度上技术进步、技术发展的表现，而在这场持续性发展的生产竞赛运动和增产节约运动中，已经开始提出"技术改造""技术革新"的口号。在整个计划经济时代新技术、新产品、新工艺的开发，主要是通过"技术革新、技术革命"，领导、工人、技术人员三结合来完成，此时期没有所谓"创新"的提法，但是"技术革新、技术革命"是计划经济时期的"创新"形式之一。

在"一五"（1953—1957）时期，上海因为是全国非重点建设的老工业基地，国家对上海工业发展投资不多，上海不可能花很多钱去引进技术，这就要求上海工业生产尽量实现高产、优质、低耗，不断提高工业生产技术水平，在这种情况下，主要依靠发动群众搞小改小革，提合理

---

① 孙怀仁：《上海社会主义经济建设发展简史（1949—1985 年）》，上海人民出版社1990 年版，第 187 页。

化建议，推广先进经验，以求少花钱或不花钱而多办事。①"一五"计划的开始后，为了保证国家计划的完成，各行各业都十分重视推广先进经验，特别是推广先进操作方法及国际、国内先进技术经验。

1954年4月13日全国总工会发出了《关于在国营厂矿企业中进一步开展劳动竞赛》的指示，21日总工会第七届执行委员会主席团第五次会议上，通过了《关于在全国范围内开展技术革新运动的决定》，决定指出"技术革新运动必然成为日益发展的客观趋势"，提出"把技术革新运动作为提高当前劳动竞赛的主要内容"，"在劳动竞赛中认真开展技术革新运动"的要求。②同年6月8日，中共上海市委即发出《关于在工厂企业中加强技术领导，开展技术革新运动的决定》，要求全市工厂企业必须以展开技术革新运动作为劳动竞赛的内容，把劳动竞赛提高一步。一系列各级领导机构的指示表明，技术革新运动的兴起是"增产节约"、"劳动竞赛"等群众性生产运动的升级，"四年多以来，全国纺织工业在党和人民政府的领导下，技术革新、技术革命方面已有不少成就。为了在已有基础上把广大职工的劳动热情导向新的技术革新的道路，各级纺织行政和纺织工会的领导部门和负责同志应该十分重视并有计划地开展技术革新运动"。"有计划地组织职工群众学习和推广先进地区、先进工厂、先进人物的先进经验"，"围绕着国家生产计划的中心要求，针对本厂生产上的关键问题，提出课题，有领导地开展群众性的合理化建议"。③1954年8月

---

① 孙怀仁：《上海社会主义经济建设发展简史（1949—1985年）》，上海人民出版社1990年版，第182页。

② 《中华全国总工会举行主席团会议通过开展技术革新运动的决定》，《人民日报》1954年5月27日。

③ 中国纺织工会全国委员会、中央人民政府纺织工业部：《关于进行技术革新几项工作的联合通知》，1954年，上海档案馆馆藏档案：A38-2-112-5。

纺织工业部、中国纺织工会全国委员会《关于目前国营纺织企业推广郝建秀工作法和 1951 织布工作法的情况、问题以及今后进一步巩固与提高的意见》，9 月全国纺织工会、纺织工业部工作法检查组发出《关于目前国营纺织企业推广郝建秀工作法和 1951 年织布工作法的情况、问题以及今后进一步巩固与提高的意见》，意见指出："两个工作法推广以来，绝大部分工人已经掌握了工作法的基本精神，也就是掌握了多机床管理劳动组合的基本原则。这是工人操作习惯上一个重大的变化。掌握了工作法的基本精神也就是执行了工作法"。[1]上海国营工业企业积极响应，很快各厂就纷纷制定了"技术革新与合理化建议工作规定"和"技术革新与合理化建议奖励办法"，技术革新运动开展后，作为技术革新运动的基础，作为保证完成国家计划的重要方法，"增产节约"、"劳动竞赛"运动，以及先进"工作法"的推广仍然持续进行着，尤其是工作法本身被视为操作方法上的重大革新，被不断改进、不断推广。

1955 年 9 月 15 日上海市工会联合会发出《关于学习先进、克服劳动竞赛的形式主义、切实把增产节约的劳动竞赛推向高潮、响应全总号召的通知》，1956 年全国总工会又发起一场先进生产者运动，4 月纺织部召开纺织工业先进生产者代表会议，会议交流了先进经验，会后推广了棉纺织 15 个工种的 22 项运转操作经验，以及 43 项技术改进经验。[2]1957 年，第三次全国性增产节约运动开始，上海工业企业也再次掀起增产节约、劳动竞赛的高潮。

而 1954 年技术革新运动发起后，更是产生了大量"合理化建议"，

① 中央人民政府纺织工业部、中国纺织工会全国委员会：《关于加强合理化建议工作的联合指示》，上海档案馆馆藏档案：A38-2-117-1。

② 《当代中国的纺织工业》，中国社会科学出版社 1984 年版，第 622 页。

几乎每个企业都有成千上万条"合理化建议"。很多单位从原来只注意推广外来先进经验，到开始重视总结和推广本单位职工创造的土生土长的先进经验。据 1956 年不完全统计，第一机械、纺织和轻工业 3 个行业共推广经过技术鉴定的先进经验 1 126 项，其中土经验要占一半以上。①1953—1956 年全市工业职工提出的合理化建议达到 27.9 万条，其中一半左右被采纳并收到一定效果。在此时期，这些合理化建议基本上没有提出生产设备科学技术改革的内容，大多只是有关提高质量、节约能源、改善劳动条件、改善工具、改善机器保养等方面的内容。技术革新运动虽没有超出群众性生产运动的范畴，但是，群众的积极性还是在技术力量有限的当时发挥了很大的作用。

我们完全没有理由轻视这种群众运动的巨大潜能，"一五"（1953—1957）时期依靠广大工业职工，在增产节约运动、技术革新运动及先进工作者运动中的热情投入，使上海工业发展做出了多项突破性成就。如机电工业从修配到独立制造，从仿制品到开始自行设计，从只能制造少数结构陈旧和落后的普通机床、通用机械，发展到能制造精密关键设备和大中型设备；仪表工业从以前只能生产一般工业用天平、家用水表、普通测绘仪器等，到"一五"时期，能够生产机械式的热工仪表、转速表、一般流量计、温度计、生物显微镜、开关极电表、高空测候仪；纺织工业从智能生产 60 支以下的棉纱、棉布，发展到可以生产 120 支细纱、80 支与 100 支高级府绸、立绒、羊毛尼龙袜等，就是广大职工热情投入技术革新、技术革命，不断努力冲破旧有状态取得的显著进步。②

---

① 孙怀仁：《上海社会主义经济建设发展简史（1949—1985 年）》，上海人民出版社 1990 年版，第 189 页。

② 同上书，第 184 页。

按《经济大辞典》的解释，"技术改造"就是"采用新技术、新工艺、新设备等对现有技术装备进行改造"，"技术革新"就是"技术发展中的渐进性进步，是生产技术的局部改进。如机器设备结构的改革，加工工艺和操作方法的改革，原材料的节约代用和综合利用等"。①"技术改造"与"技术革新"明显符合熊彼特的技术创新定义。"一五"时期上海工业职工在增产节约运动、技术革新运动及先进工作者运动中，正是以"机器设备结构的改革""加工工艺和操作方法的改革""原材料的节约代用和综合利用"等种种方法，来实现"技术发展中的渐进性进步"的。

1951年、1953年、1956年三次秋后，全国性的增产节约运动就进行了三次；各种劳动竞赛，如合理化建议、评选劳模、学习先进生产者、创先进单位、技术攻关等等活动接连不断，这些活动的每一步骤、每一个环节都在为企业提高效益、解决生产难题。在一系列提高劳动生产率的群众运动展开的同时，上海工业企业在自我创新的积极努力下，技术改造的具体措施也在不断形成、落实。技术革新运动的兴起，是"增产节约""劳动竞赛"等群众性生产运动的升级，技术革新的初衷是针对群众性生产运动中普遍存在的偏重于单纯依靠群众劳动热情的现象，旨在通过提高工人的技术水平，使群众性生产运动逐渐从竞赛的突击状态中摆脱出来。20世纪50年代后期起，"技术革新"活动成为更为广泛、持久、深入的日常机制，由于工人劳动热情的高涨和工业新技术的应用，劳动生产率得到了大幅度提高，上海工业企业的创新成果也得到了不断积累和更新。对于一个国家经济发展起步阶段来说，重要的是不断的技

---

① 《经济大辞典》，上海辞书出版社1992年版，第1050、1049页。

术创新,对于该类型的技术创新需要给予应有的评价。[1]1958 年 1 月 1 日《人民日报》发表题为《乘风破浪》的元旦社论,社论指出:"不仅要又多又快又好又省地进行各项建设工作,而且必须鼓足干劲,力争上游,充分发挥革命的积极性创造性"。5 月 5 日至 23 日,党的八届二中全会议,确定了"鼓足干劲、力争上游、多快好省地建设社会主义"的总路线。

根据 1959 年上海市冶金、机械、电机、化工、纺织、轻工业等 6 个工业局不完整统计,1—11 月提出技术革新建议共达 43 万余件,在革新建议中有 23 万余条已经实现,其中属于革新工艺的约占 27%,改进设备的约占 52%,改进产品设计的约占 7%,节约代用的约占 6%,改进生产组织的约占 4%。在这些已经实现的革新建议中,适于解决生产上重大的关键问题和技术上重大创造革新的约有 11 400 余件,与此同时,试制成功的新产品达 19 000 种以上,特别是原来手工操作改机械化,机械改半自动化和自动化方面,有了显著的发展,这些重大的技术成就在向技术革新和技术革命大进军的道路上迈进了一大步,同时,为了上海工业的改造,向高级、精密、大型、尖端的方向发展创造了极为有利的基础与条件。[2]

1954 年 4 月,在鞍山钢铁厂的倡议下一场全国范围的技术革新运动拉开的序幕。4 月 13 日全国总工会发出了《关于在国营厂矿企业中进一步开展劳动竞赛》的指示,21 日总工会第七届执行委员会主席团第五次会议上,通过了《关于在全国范围内开展技术革新运动的决定》,决定指

---

① 林毅夫、任若恩:《东亚经济增长模式相关争论的再探讨》,《经济研究》2007 年第 8 期。

② 《上海工业技术革命运动开展情况(初稿)》,上海档案馆藏档案:A38-1-185-23。

出："技术革新运动必然成为日益发展的客观趋势"，提出"把技术革新运动作为提高当前劳动竞赛的主要内容"，"在劳动竞赛中认真开展技术革新运动"的要求。同年6月8日中共上海市委即发出《关于在工厂企业中加强技术领导，开展技术革新运动的决定》，要求全市工厂企业必须以展开技术革新运动作为劳动竞赛的内容，把劳动竞赛提高一步。一系列各级领导机构的指示表明，技术革新运动的兴起，是"增产节约""劳动竞赛"等群众性生产运动的升级，"四年多以来，全国纺织工业在党和人民政府的领导下，技术革新、技术革命方面已有不少成就。为了在已有基础上把广大职工的劳动热情导向新的技术革新的道路，各级纺织行政和纺织工会的领导部门和负责同志应该十分重视并有计划地开展技术革新运动"。技术革新的主要内容是结合推广先进经验、开展合理化建议，具体要求做到："有计划地组织职工群众学习和推广先进地区、先进工厂、先进人物的先进经验"，"围绕着国家生产计划的中心要求，针对本厂生产上的关键问题，提出课题，有领导地开展群众性的合理化建议"。①上海国营工业企业积极响应，很快各厂就纷纷制定了"技术革新与合理化建议工作规定"和"技术革新与合理化建议奖励办法"，技术革新运动开展后，作为技术革新运动的基础，作为保证完成国家计划的重要方法。1954年4月纺织工业部、华东纺织管理局发出《关于请派员参加整顿郝建秀工作法重点工作的通知》，7月16日华东纺织管理局、上海市纺织工业管理局、上海市纺织工业委员会发出《关于在纺织工厂中开展技术革新运动的联合指示》，积极拥护总工会决定，并进一步提出：

---

① 中国纺织工会全国委员会、中央人民政府纺织工业部：《关于进行技术革新几项工作的联合通知》，1954年，上海档案馆馆藏档案：A38-2-112-5。

"劳动竞赛是提高劳动生产率，保证全面、均衡地完成国家计划的根本方法。而劳动竞赛只有以技术革新为主要内容，才能深入、持久、不断推向前进"。①

20世纪50年代，上海工业发展的主要方式是以提高工人的政治觉悟和社会主义主人公精神，依靠挖掘自身潜力，发动群众性生产运动，仰靠原有工业基础，通过内涵型扩大再生产不断发展。一系列旨在提高劳动生产率的群众性生产技术运动，可谓是社会主义工业建设的一种"创新"手段：增产节约，劳动竞赛，提合理化建议，推广先进经验，开展技术革新、技术攻关、技术比武、技术协作活动，成为广大职工投入发展生产、建设社会主义工业化的重要形式。②

上海机械工业经过了新中国成立以来的改造、改组、扩建和新建。"文化大革命"前已经拥有一批骨干工厂和大量中小企业，已形成大、中、小企业相结合的主副协作配套比较齐全的机械工业体系，能够向全国提供冶金矿山、电站、万吨轮、国防尖端技术等重要设备，是华东地区制造重型、大型、精密、尖端机械产品的基地。1967年在"一月反革命风暴"的冲击下，不少建设项目停顿，机械工业出现生产的下降，但是从1968年起，由于上海以及全国建设任务对机械产品需求增长，机械工业生产得到回升和发展，特别是在贯彻"以备战为纲"和发展三线建设任务的过程中，上海机械工业得到了显著的发展。由于"文化大革

---

① 中央人民政府纺织工业部华东纺织管理局、上海市人民政府纺织工业管理局、中国纺织工会上海市委员会：《关于在纺织厂中开展技术革新运动的联合指示》，1954年上海档案馆馆藏档案：A38-2-112-31。

② 朱婷：《1950年代上海国营企业技术发展的路径及特点——以国营纺织企业为例》，《上海经济研究》2014年第4期。

命"，企业管理制度和原有技术开发的组织机构受到相当破坏，企业技术人员也受到不同程度的冲击，上海机械工业的生产规模扩大及技术水平的提高，主要是靠"大会战"、"各行各业造机器"等群众运动来实现的。1969—1971 年就曾三次进行了改造基础工业的"会战"，第一、二次会战有 46 个工厂、57 个项目，其中既有投资少、收效快的项目，也有增强重型机械力量，填补冶金、化工、电子等原料生产及特殊工艺的重要项目，第三次会战有 6 个工厂、30 个项目，主要集中在冶金、化工、电力等新工艺的开发、技术改进方面，三次会战共有 52 个工厂、87 个项目的设备制造任务。[①]

二、政府主导组织调整与体制优化

上海在贯彻"充分利用，合理发展"方针的过程中，充分认识到工人阶级是上海工业建设的主力军，无论是工业向"高、精、尖"方向发展也好，重视科技研究也好，都离不开一支具有相当素质的工人和技术人员队伍。上海市委和市人委十分重视组织队伍，调动工人、技术人员的积极性，提高工人、技术人员的素质，更加确定了以党的领导下工人群众和技术人员共同参与的"三结合"科研方向，在技术条件有限和没有对外开放的条件下，坚持自力更生精神，开展技术革新和技术革命，充分发挥工人、技术人员的聪明才智，以保证工业建设的快速发展。同时在工人群众中广泛开展思想教育和文化技术学习，开展"全国一盘棋"

---

① 孙怀仁：《上海社会主义经济建设发展简史（1949—1985 年）》，上海人民出版社1990 年版，第 491—493 页。

的教育，使工人群众充分认识在全国大协作的形势下，认清全国支援上海、上海支援全国各地的道理，教育工人始终胸怀全局，树立以支援全国为己任的思想。

为适应这一战略定位的需要，贯彻、执行"充分利用，合理发展"的方针，上海先后进行了三次工业大改组。1956年至1957年，第一次改组；1958年至1960年，第二次改组；1962年至1965年，第三次改组。

1956—1957年进行了第一次工业经济改组，主要是针对工业组织结构实施的大调整，目的是扩大企业规模，促进工业生产的集中化，以改变旧上海遗留的工业分散落后和布局不合理的状况。这次改组是在公私合营的基础上进行，改组的主要对象是地方公私合营企业，改组的方法是以按行业合并为主，辅以必要的外迁，改组的手段主要是合并，通过有计划地合并、集中、联合，把全市2万多家工厂，按行业成立了83个行政性专业公司实行归口领导，使上海原有私营工业企业在所有制变革完成后，适时地跟上了工业新发展的要求。工业改组后企业规模扩大，例如，改组中数以千计的工厂小厂被归口合并，全市工业企业减缩到17 096个，共减少了8 782个；其中9人以下的小厂减为5 650个，使每个工业企业的平均职工从28人增加到57人，小厂变成大厂，还使固定资产和产值有了相应的提高，企业平均固定资产（原值）从9.8万元增加到18.3万元，平均产值从24.5万元增加到70万元，工业经济改组显然促进了工业生产的集中化，显示出集中生产的优越性。①经过第一次工业经济改组，初步改变了过去上海工业分散落后和布局不合理的状况，新中国成立前上海工业存在着资本主义竞争的盲目性，厂房分散，布局混乱，产品重

---

① 孙怀仁：《上海社会主义经济建设发展简史（1949—1985年）》，第181页。

复，大多数小厂设备陈旧，技术落后，一般只能做些加工装配产品，而一些行业大厂虽有相对先进的机器设备，因为有生产同类产品的工场手工业却与之争任务、争原料，却也得不到充分利用，经过同行业合并，小厂并入大厂等措施，大大改善了不必要的盲目竞争，提高了生产效率。这次工业经济改组实际上实现了一次工业企业的组织创新，通过合理地合并、集中、联合等方式的改组，使众多工业企业能够更加适应外部环境及组织内部条件的变化，从而提高工业组织的活动效益。而组织创新的意义就在于，通过调整和变革组织结构及管理方式，使组织随着外部环境和内部条件的变化而不断地进行调整和变革。

1958—1960 年进行了第二次工业改组，根据国家建设需要，对工业企业分期分批进行必要的裁、并、改、合，裁并、转产 1 200 多家工厂，对过去工业改组中改得不适当的重新加以安排。将原有国营、公私合营企业进行裁并、改建、扩建组成大型企业，并通过大规模基本建设，新建、扩建和改建 25 个冶金骨干企业，20 多个机械骨干企业和一批化学、电子仪表等骨干企业，从而形成了大批量的、具有成套生产能力的专业企业，在行业内部按专业化协作原则调整了一些工厂的分工，初步形成大、中、小企业相协调的生产体系；同时在改组中发展了部分新产品和新兴工业，扩大了上海的工业门类，发展一批填补国内缺门的工业品生产门类，汽车工业、半导体工业和国防尖端工业开始起步。这次改组范围遍及各工业局，在推进上海工业的专业化和协作方面获得了积极的成果。

其中，1958 年确定了以党的领导下工人群众和技术人员共同参与的"三结合"科研方向，在技术条件有限和没有对外开放的条件下，坚持自力更生精神，开展技术革新和技术革命，充分发挥工人、技术人员的聪明才智,以保证工业建设的快速发展。

1962 年开始进行第三次工业改组,结合产品方向,定生产规模,定生产协作,停关并迁工业企业 574 家;同时,对全市 2 531 家企业开展清仓核资、压缩定额流动资金;开展定员、定额、定机构、调整劳动组织;组织原材料定点供应、固定协作;加强技术管理等等,1963 年底 8 个工业局亏损企业基本盈利。

1966 年"文革"初期,当全国工农业生产开始受到政治运动影响之时,上海市委曾为稳定局势保证工业生产的正常进行向中央提交了《关于当前工业生产情况的报告》,报告指出:"文化革命运动"以来上海工业生产中出现了事故增多、设备维护差、某些产品产量下降、生产技术协作中断、基建完不成计划、干部放松生产和业务工作等问题。为了保证完成国家任务,上海提出四项措施:一、要抓革命促生产,要组织专门班子,形成上下一条线,在各级党委统一部署下,负责抓生产、抓业务;二、要把质量放在第一位,同时抓好设备维修工作;三、要努力完成出口援外任务;四、科研项目和新产品试制、设计工作要抓紧,工厂、学校和科研机关的协作关系,已经中断的要采取措施迅速恢复。对于以上所提的四项措施,7 月 19 日,中共中央批转上海市委《关于当前工业生产情况的报告》,中央认为各地可参照办理;接着 9 月 14 日,中央发出了《关于抓革命促生产的通知》,要求各地方、各部门做好以下工作:工业(包括国防工业)、农业、交通、财贸部门,应当立即加强或组成各级生产业务指挥机构。很显然,十年中工农业生产的波动与政治运动的起伏关系密切,政治气氛相对缓和的年份,生产情况相对稳定,反之就会出现倒退或停滞状况。

"三五"(1966—1970)时期,则更加明确地提出了"努力把上海建设成为我国一个先进的工业和科学基地"的战略目标，上海终于形成了门类齐全、综合配套能力强、以加工工业为主、基础雄厚的工业体系，成为向全国提供轻工类产品和工业装备类产品的综合性工业基地。在"文革"混乱中，中央还是很重视上海的工业生产和技术发展，多次指示要求上海工业继续发展和突破技术难关，70 年代各工厂企业基本上都成立了以工人为主体的"三结合"技术革新小组，进行技术攻关，积极进行技术革新、技术革命，进行自动化改造，使新工艺新技术不断产生。在广大工人职工的努力和国家对上海工业的支持下，上海工业生产技术仍有发展，在一些行业中新技术、新材料、新产品、新工艺开发取得了一定的进展。

此外，新中国成立后建立起来的中央企业，后来多数归属地方，对上海经济发展和科技创新发挥了明显的作用。起先，1953—1954 年中央先后撤销了各大行政区及其所属各部，增强和加强中央各工业部的领导机构，凡大型的重要的国营和公私合营企业，当时都归中央有关工业部直接领导。后来又逐渐将部分中央企业下放到地方，1965 年中央各部在沪企业共有 335 家，经过"三五"（1966—1970）、"四五"（1971—1975）期间陆续下放，到 1976 年只有 85 家，上海机床厂、上海柴油机厂、上海石油机械厂、五七〇三厂、耀华宝玻璃厂和华东市政工程设计院、上海轻工业设计院、上海食品工业设计院等一批大中型骨干企业和重要的科研设计单位都在 1970 年前后下放到上海。1965 年中央各部在沪企业的工业产值占全市工业总产值的比重为 19.2%，1976 年已经下降为 3.3%。同时，商业一级站也全部下放给地方管理。鉴于上海是一个综合性的工业和科学技术基地，在经济体制扩大地方权限之后，可以在更大范围内进行统一规划和组织社会生产，有助于提高上海市经济发展中原材料自给能力和机械工业的配套水平，进一步发挥中心城市的作用。

三、从工业生产到科技创新的段性调整

这个阶段性的调整分别是从"维持、利用、积极改造"，调整为"充分利用、合理发展"，再推进到"高级、精密、尖端"工业建设方针。

"二五"（1958—1962）期间的发展方针中与工业发展相关的内容主要有：在上海工业建立完整工业体系的过程中，努力在物力、财力和人力支援国家建设上发挥更大作用；积极有计划地进行技术改造，提高生产能力，增加资金积累，更多地满足国家建设和人民生活的需要，具体的任务是：有计划地、积极地解决工业生产中技术设备落后，及其与社会主义生产发展要求不相适应的矛盾，对现有工业进行进一步经济改组和技术改造；在充分利用现有设备的基础上，进行必要的扩建和改建，减少消耗原材料，发展"高、精、尖"产品，增加工业产品的种类，争取成为全国发展新技术、制造新产品的一个工业基地；在保持和发展上海工业特点的基础上，尽量做好与全国各地的协作关系，特别要加强上海电机工业的发展，使之成为生产非标准设备和配套产品的供应基地。

早在1956年4月中共中央政治局扩大会议上，毛泽东在《论十大关系》报告中专门论述了"沿海工业和内地工业的关系"问题，指出"沿海的工业基地必须充分利用，但是，为了平衡工业发展的布局，内地工业必须大力发展。在这两者关系问题上，我们也没有犯大的错误，只是近几年，对于沿海工业有些估计不足，对它的发展不那么十分注重了。这要改变一下……"，提出"好好地利用和发展沿海的工业老底子，可以使我们更有力量来发展和支持内地工业，如果采取消极态度，就会妨碍

内地工业的迅速发展"。

1956 年 7 月开始，上海将"充分利用、合理发展"正式确立为上海工业的建设方针。上海经济建设方针从"维持、利用、积极改造"调整为"充分利用、合理发展"，标志着上海作为全国经济建设"一盘棋"统筹部署下"老工业基地"的战略定位就此确立，同时也意味着，1956 年 7 月开始，上海将"充分利用、合理发展"正式确立为上海工业的建设方针。

当时中共上海市委认为：上海工业发展的潜力、有利条件是上海拥有较先进的设备、工种比较齐全便于协作，高校、科研机关也比较多，人才资源比较丰富，新近完成的公私合营的生产力亦可望得到更大的发挥，因而上海具备"充分利用"的工业基础，也具备"合理发展"的生产和研究的条件，试制高级、精密、尖端的产品。1960 年 1 月，市委在闵行召开的市科技工作会议上，贯彻"充分利用、合理发展"八字方针，正式提出把科技作为向高、精、尖进军，并推进工业生产发展的根本措施。[1]

"二五"（1958—1962）期间，为了发挥上海工业配套协作条件较好，科学技术力量较强等有利条件，避免上海自然资源缺乏，工业原料和能源要靠全国支援等不利因素，战略定位又形成了向"高精尖"发展的具体方向，即把上海建成"制造多种的、原材料消耗少的、轻型的高级产品的工业城市；成为全国发展新技术、制造新产品的工业基地；机电工业成为生产费标准设备和配套产品的供应基地"。在第二次工业改组的基础上，调整产业和产品结构，增强综合配套生产能力，广泛开展以机械化、半机械化为中心的技术革新、技术革命运动，试制和推广一大批新

---

① 孙怀仁：《上海社会主义经济建设发展简史（1949—1985 年）》，上海人民出版社 1990 年版，第 308 页。

产品、新技术、新工艺和新材料。完成国内先进或接近国际先进水平的重大科学研究成果 100 多项，试制成功新产品约 3 万种，发展火箭、原子能、无线电电子、计算机、半导体等新兴工业，填补国内空白。上海开始成为门类比较完整、技术基础比较强、大中小型企业相结合的综合性工业基地。

1960 年上海成立了上海市科学技术协会，1962 年又成立了由市经济计划委员会、市科学技术委员会和市工业生产委员会组成的全市技术改造指挥部，领导全市的工业技术改造工作，并建立了赶超办公室，上海市工业生产委员会还设立了生产技术局。1963 年"三五"计划开始继续进行调整、巩固、充实、提高的思路，提出《关于上海工业三年调整的初步意见》，主要是围绕解决吃穿用、加强基础工业、加强国防尖端的任务进行调整。要求主要产品质量达到国家标准，部分产品达到国际先进水平；产品品种进一步增加；主要行业的设备做到形成配套，充实关键性精密设备和技术能力；扩大科学技术队伍，提高技术水平；进一步改进企业管理，提高经济效益，较大幅度提高劳动生产率；更加协调工业内部关系，更加合理地配置大中小企业的专业协作。1963 年 12 月 16 日中共上海市第三届代表大会通过上海市进一步贯彻调整的奋斗目标和具体任务，"要把上海建设成为我国的一个先进工业和科学技术基地"，在 50 年代"老工业基地"定位的基础上，提出"老工业基地"和"科学技术基地"并举的方针，充分显示了上海工业要"依靠科学技术力量，向高、精、尖"发展的决心。

从 1960 年起，上海全市向各科研机构输送了大批优秀干部、科技人才，还从高等学校抽调了一部分在校高材生到从事新兴技术研究的科研机构去工作。到 1966 年，全市已有科技人员 15.69 万人，比 1950 年的 5

万人增加了 2 倍多；科研人员已达 2.35 万人。比新上海建立初期增加了 82 倍，其中高级、中级、初级科研人员的比例为 1∶3∶15。1963 年起，每年由地方拨出 2 000 万元作为科研经费，每年还给予 100 多万美元进口科技情报资料，包括图书、期刊、专刊和特种报告。1962—1963 年全市投资 1.25 亿元，用于新技术、新工艺、新设备、新材料，对 545 项生产技术进行了改进。[①]

"五五"（1976—1980）期间上海工业发展的重点包括：发展原材料工业、新金属材料、水泥和电子元件生产；建设金山石化工程；发展高精尖产品，重点是导弹航空、大型精密高效的机床和锻压设备以及高中档轻纺工业等 9 个方面；加强基础技术和基础元件的研究和生产。

简评　三种类型的创新及其组合

第一，表现为技术革新与发明层面的技术进步，既包括一些可见的革命性的科学技术进步，更多地则表现为局部的技术改良或技术推广。

1949—1978 年，尽管熊彼得的"创新理论"还未推广，但是以"技术革新、技术革命"为核心的技术改造、技术改革，新设备、新产品、新工艺的研发、生产，却一直贯穿在上海工业发展的整个进程中。熊彼特认为知识不同于资本，知识具有非竞争性，即便经济系统中的资源（劳动力、资本等）是有限的，并且没有外生化的技术进步，仍可以通过

---

① 孙怀仁：《上海社会主义经济建设发展简史（1949—1985 年）》，上海人民出版社 1990 年版，第 321 页。

知识的生产和积累来实现经济持续增长。[①]

回顾历史，这种以独立自主、自力更生为指导思想的全民性"技术革新、技术革命"运动，不断掀起高潮，不断创造奇迹，不断推动着上海工业向前发展，我们有理由认为新中国成立 29 年来上海工业发展过程中，实际存在着强有力的"创新"机制，或者说"技术革新、技术革命"运动就是社会主义计划经济时期工业发展的"创新"机制。从 20 世纪 50 年代初的"生产竞赛运动"和"增产节约运动"，是旨在提高劳动生产率，推动生产发展的一种方式，提高劳动生产率是一定程度上技术进步、技术发展的表现，而在"生产竞赛运动"和"增产节约运动"中，已经开始提出"技术改造""技术革新"的口号，从 20 世纪 50 年代中期至 60 年代，"技术革新""技术革命"已在各车间、工厂广泛开展，由厂领导工人群众、技术人员组成的"三结合"小组积极投入到"技术革新""技术革命"中，出现了人人搞革新、处处搞革新、事事搞革新的新气象，工艺改革、工序改革、设备改造、产品改造层出不穷。20 世纪 70 年代的特点，发挥单位协作的力量，"技术革新""技术革命"不仅仅是一个车间，一个工厂内的小打小闹，而是厂与厂之间，厂与科研单位之前的协作，还有上级单位的支持或直接参与，在这样的共同努力下产生的创新成果，更为科学、有效。

第二，表现为组织创新层面上的群众运动与多"结合"，并将技术创新与组织创新融合在一起，实现了现有资源的更优配置。

新中国成立后 29 年间上海工业创新的基本内容，主要表现为"技术革新"，以及提高劳动生产率，最基本特点有如下两方面：

---

① 严成樑、龚六堂：《熊彼特增长理论：一个文献综述》，《经济学家（季刊）》2009 年第 8 卷第 3 期。

首先是发动全民性的群众革新运动。从 1954 年 4 月开始，"技术革新"运动就以全民性群众运动的形式不断展开，每隔一段时间就结合当时的政治形势发动群众运动，在大搞群众运动中号召全体工人、技术人员进行技术革新，掀起深入开展"技术革新"运动新高潮。在群众性的"技术创新"运动的同时还突出党的领导，施行群众运动与党的集中领导相结合，每次"技术革新""技术革命"运动新高潮都是从领导干部到工人群众，从生产工人到辅助工人，从现代化大厂到设备落后的小厂，从生产一般产品的部门到生产高级、精密产品的部门，从原来先进的部门的单位到原来落后的部门和单位，发动和依靠广大群众自力更生，大家动手，人人搞革新、处处搞革新、行行搞革新。及至 20 世纪 60 至 70 年代更是以"大会战""各行各业造机器"等群众运动的形式掀起全民性"技术革新"。

其次是政府组织的"三结合"革新形式，在群众性"技术革新"运动中，政府始终提倡大力组织工厂企业领导人员、工人群众和工程技术人员的"三结合"，各车间、各厂基本都成立以工人为主体的"三结合"技术革新小组，进行技术攻关，通过"三结合"，一方面强调党在生产中的领导作用，另一方面可以把工人群众、技术人员的力量调动起来，以工人的实践经验和技术人员的理论优势相结合，运用土办法、创造土设备，积极进行技术改造、改革，进行机械化、半机械化、自动化、半自动化改造，使新工艺新技术不断产生。"三结合"革新形式不断出现拓展，第一是"三结合"的主体扩大，从开始时厂内"三结合"（领导干部、工人和技术人员），发展到厂外"三结合"（工厂、科研机关、高等院校），再发展到全社会的各方面大协作（大会战）；第二是在实践中形成更好的"五结合"，即边研究、边设计、边试制、边运用、边改进的方法，实践证明这些比较小尺度的技术改进与进步产生了良好的效益。

第三，表现为在国家战略主导下的顶层设计下，结合上海的工业与科技基础，通过技术创新与组织和制度创新，形成了创新引领工业经济增长的能力。

1949—1978年间，在计划经济时代有限度、低水平的经济开放条件下，上海形成了相对较有活力的"老工业基地"，上海工业发展以其独特的方式，走出一条卓有成效的创新之路。技术方面的创新主要表现为从旧设备与技术的利用及群众性的革新，发展为跟进国家技术创新，在原有技术的基础上推进学习研究应用；组织方面的创新主要表现为利用群众性运动所进行的劳动效率的提高、群众性的合理化技术革新建议，以及政府、群众、技术人员相结合的技术进步，并进而演化到科学技术驱动的技术革新。

上海因其"老工业基地"的重要作用与地位，经济发展始终受到中央的高度重视，"文革"期间中央明确提出了"全国保重点，重点保上海"的方针，因此上海在原材料调入、生产性投资，以及进出口贸易的计划调拨等方面，都得到了基本保证，上海的经济体制和运行机制基本未受破坏，经济发展状况比之全国许多地区要有成效。发挥上海"老工业基地"作用的战略定位是新中国建立后，党中央在统筹全国社会主义经济建设的实践中，对上海经济发展方向的基本定位，也是整个计划经济体制时期，上海经济发展奉行的基本准则。

在国家战略的主导下，在技术创新与组织和制度创新的基础上，上海成为当时中国的科学技术与工业中心。在计划经济时期外部条件约束下，上海老工业基地通过创新性资源配置，获得了一个显著的经济增长。虽然经典创新理论文献中所描述的均为市场主导经济下的个人或企业创新，但改革开放前上海所形成的政府主导经济下的技术、组织或制度创新，取得了明显可见的成效。

第二部分：迈向全球城市时期的创新引领（1978—2019）

从一个比较长期的经济发展史的角度，新中国成立以来上海的经济发展历程中，创新因素与创新引领特征均非常显著。2017年3月5日习近平总书记参加十二届全国人大五次会议上海代表团审议时特别强调：上海需要解放思想、勇于担当、敢为人先，坚定践行新发展理念，深化改革开放，引领创新驱动，不断增强吸引力、创造力、竞争力，加快建成社会主义现代化国际大都市。新中国成立后上海成为全国的工业基地，在全国改革开放后，借助浦东开发开放，上海重新成为改革与创新发展的先行者，从传统的老工业基地一步步迈向全球城市的序列。

第一章　改革开放以来创新引领的四个阶段

从时间演化的维度上来看，改革开放以来，结合国内外经济发展阶段的变化，上海从经济调整中比较快速地找到了新的创新发展方向，在1978—2019 年的历程中，上海创新引领的形式、方向、节奏均出现了四次明显的阶梯性演化，比较快速地完成了从"老工业基地"的创新引领，演化为"迈向全球城市"的新模式。

第一节　创新引领的准备（1978—1989）

改革开放以前，上海经济之所以能够保持高速稳定增长，主要得益于上海在中央计划经济体制下老工业基地的创新引领发展。然而，改革开放战略实施后，内外部经济环境均出现了明显的变化与调整。鉴于中国的改革开放在内容、范围、地域上都是逐步推进、逐步深化，改革首先从安徽、四川等经济不发达的农村地区向全国范围内扩大；开放则首先从经济地位相对不重要的广东、福建等省沿海地区向整个东部沿海地区进一步梯度推进。在渐进式改革开放大思路的框架下，为了维护国家经济与财政的稳定，在 20 世纪 80 年代初期上海处在改革开放"后卫"的角色，大体上仍继续之前的发展路径，但也开始了新的调整。

一、创新引领经济增长能力的下落

1978—1989 年间，从整体而言，上海仍遵循新中国成立以来的经济发展惯性，由于国家对外开放与制度创新的试验被安排在更遥远的南方沿海地区，上海难以获得新的开放资源与新的创新机会，同时，上海老工业基地的创新引领经济增长能力显示为相对下降的趋势。具体表现在这些方面：

（一）老工业基地地位下降明显

改革开放以后，由于市场化改革的试点推进与企业生产自主权的逐步放开，各地区的工业建设也开始迅速兴起；此外，随着四个经济特区（深圳、珠海、汕头、厦门）的成立与其他沿海城市对外开放进程的加快，许多中外合资和外商独资企业在中国也发展迅速，原有的经济生态出现了显著的新变化。

如图 2-1 所示：1978 年全国工业总产值为 1602.9 亿元，其中上海市工业产值高达 207.47 亿元，占全国工业总产值比重高达 12.94%；然而至 1989 年，上海市工业产值为 432.92 亿元，仅占全国工业总产值的 6.69%。1978—1989 年间，虽然上海市工业产值仍保持着小幅上升的趋势，但与全国的工业发展水平相比，上海的工业增速相对更为缓慢，占全国工业总产值比重也呈下降的趋势。

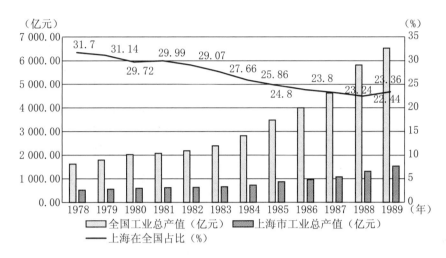

图 2-1　上海市工业产值及全国占比（1978—1989）

数据来源：《中国统计年鉴》《上海统计年鉴》。

（二）对外贸易份额下降更为明显

1980 年中央决定建立深圳、珠海、汕头、厦门四个经济特区，同时，广东、福建两省也获得特殊政策和灵活措施，在发展经济与对外贸易上拥有更多自主权，于是南方省份的对外贸易份额迅速提高，由于上海的对外开放与制度创新远不及南方，于是外贸的相对份额明显下降。

如图 2-2 所示，1978 年全国出口总额为 97.5 亿美元，其中上海市对外出口额即高达 28.83 亿美元，约占当年全国比重的 30％；到 1989 年，全国出口总额已升至 525.4 亿美元，然而上海市对外出口额却仅仅增至 50.32 亿美元，占全国出口总额比重也只有 9.58％，下降的趋势非常明显。

（三）经济增速同比明显放缓

由图 2-3 可见，1979—1984 年期间，上海 GDP 环比增速仅在 5％的水平上下浮动。在 1979—1989 年期间，上海 GDP 增速虽然呈现上升态势，但名义 GDP 环比增长率始终明显低于广东、福建两省。

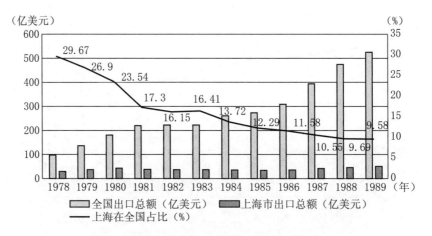

图 2-2　上海市对外出口额及全国占比（1978—1989）

数据来源：《中国统计年鉴》（2018）、Wind 数据。

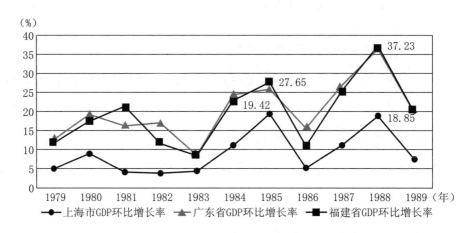

图 2-3　上海市与广东省、福建省 GDP 环比增长率（1979—1989）

资料来源：《上海统计年鉴》（2018）、《广东统计年鉴》（2018）、《福建统计年鉴》（2018）。

　　据图 2-4，1978 年上海市生产总值年增长率为 15.8%，尚且比同期全国平均水平高出 4.1%；然而，到 1979 年则下降至 7.4%，比同期全国平均水平低 0.2%；1981—1989 年间，上海市生产总值年增长率远落后于全国平均水平，1986 年最大差距达到 3.6%。

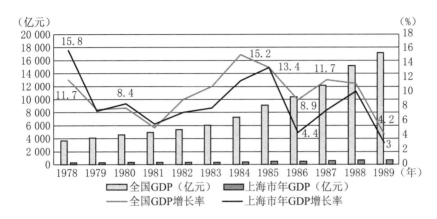

图 2-4　上海市年 GDP 值及增长率（1978—1989）

数据来源：《上海统计年鉴》（2018），《中国统计年鉴》（2018），《国民经济和社会发展统计公报》（2018）。

（四）多项经济指标的改善均比较缓慢

就产业结构而言（图 2-5），1978—1989 年间，第二产业从占比从 77.4％下降到 66.9％，第三产业占比从 18.6％上升到 28.8％。

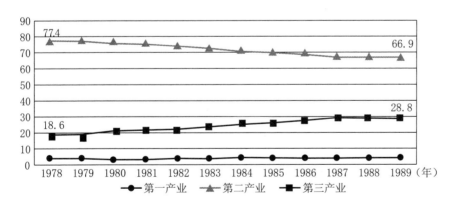

图 2-5　上海市产业结构变化（1978—1989）

数据来源：《上海统计年鉴》（2018）、《上海市国民经济和社会发展统计公报》（2018）。

如图 2-6 所示，1978—1990 年上海工业利润总额稳步小幅增长，但在全国的占比趋于下滑，从 19.4％下降到 10.6％，1988 年最低达到 10.4％。

同时，1978—1990年上海市工业企业全员劳动生产率也是缓慢小幅增长（图2-7）。

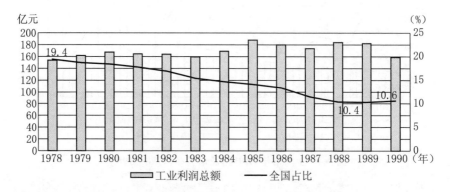

图2-6　上海市工业利润总额及全国占比(1978—1990)

说明：表中统计数据为全民所有制独立核算工业企业。

资料来源：《上海通志·第十七卷工业（上）·第一章工业经济规模》。

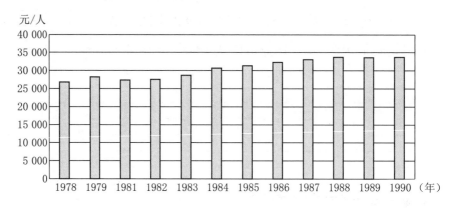

图2-7　上海市工业企业全员劳动生产率(1978—1990)

说明：1.表中统计，1978—1990年为全民所有制独立核算工业企业，1991—1995年为全市独立核算工业。2.全员劳动生产率，1978—1990年按1980年不变价格计算，1991年按1990年不变价格计算，1993—1995年当年价格计算。3.1992年全员劳动生产率按当年净产值计算。

简而言之，在1978—1989年间，上海经济增长虽然仍呈现发展的趋势，但在全国同比中相对位置出现了明显下降，上海的创新能力与创新经济增长下落。

二、为再造创新引领能力的调整

"六五"（1981—1985）期间，上海贯彻调整、改革、整顿、提高的方针，将全部经济工作转到以提高经济效益为中心的轨道。1981年提出需要从对外贸易、技术改造、提高经济效应和体制改革方面走出新路子。为了支持上海引进技术改造中小企业，国务院对上海实行了引进技术扩权试点，在"六五"计划后3年用10亿美元引进先进技术，改造现有企业，并相应扩大上海更新改造措施规模以及项目审批和对外贸易的权限。上海成立市技术引进领导小组负责该项工作。1984年6月市政府建立上海利用外资联合办公会会议制度，推进上海对外开放工作。在重要科技发展上，完成试验通信卫星发射重大科研项目，"运十"大型客机设计、制造和成功试飞。"六五"期间有中外合资企业97家，中外合作经营项目61项，外商独资企业6家，1983—1985年签订引进技术项目858项，签订合同金额8.93亿美元。完成重要科研成果5 487项，科研成果引用推广率由30%提高到57%。

"七五"（1986—1990）期间，上海经济发展思路主要是理顺经济关系，调整产业结构，改善投资环境，加强基础设施建设，依靠科技进步，增加出口创汇和利用外资，发展外向型经济。利用外资方面设立出口代理制和"双线承包"的政策，组建和形成一批生产经营一体的出口企业集团；推行有利于鼓励出口、减少亏损补贴的外汇分成办法；发展以工业项目为主的对外承办工程和劳务合作；加紧重点建设项目和重点行业改造，吸收外商投资等。1986年8月，国务院原则批准上海市第一批利用外资总规模为32亿美元，并且对上海市单独实行9条优惠政策和措施。1987 年起上海市企业普遍试行承包经营责任制、租赁经营制或股份制，改革行政性公司。"七五"期间完成宝山钢铁总厂一期工程、上海石油化工总厂二期工程、石洞口第一电厂、桑塔纳轿车、30 吨乙烯、益昌薄钢板、永新彩色显像管等一大批大型骨干项目。利用外资 42.53 亿美元，比"六五"期间增长 17 倍多。取得科技成果 10 087 项目，比"六五"增长 83.8%，科技成果推广应用率从 1985 年 57.1% 提高到 1990 年 82.9%。

1978—1989 年上海为再造创新能力的调整，主要表现在两个方面：

(一) 跟进国家战略的调整

国家"六五"（1981—1985）计划的主要任务和目标：进一步调整国民经济各部门之间以及各部门内部的比例关系，调整产业结构、产品结构、技术结构、企业结构、组织结构，使之逐步合理化，同时对各种经济管理体制逐步进行全面的改革。上海根据国家战略，结合自身的情况，所进行的调整主要表现在国民经济调整、国有企业扩大自主权试点与全面加强企业管理三个方面。[①]

第一，国民经济调整。主要在两个方面：第一是缩短基本建设的战线，提高经济效益。从 1979 年 4 月至 12 月，上海共关停缓建 320 个基建项目，压缩投资 19.1 亿元。其中最为突出的是对宝钢建设工程方案的调整。同时，在计划安排上加快轻纺、手工业和电子工业的发展，加强能源、建材等薄弱工业，增加非生产性建设投资。同时在企业中挖掘生产潜力活动，努力增加适销对路产品的试制与生产，并根据宝钢建设项目配套的需要，重点抓好一批尖端技术攻关和大型成套设备的完善化、

---

① 当代上海研究所编：《当代上海历史图志》，上海人民出版社 2009 年版，第 393—400 页。

定型和批量生产，为煤、油、电、运等薄弱环节提供先进的技术装备和新型材料。第二是调整固定资产投资方向。首先增加城市建设的投资，以加快城市建设的发展，其次增加农林、水利、建筑业和资源勘探等部门在投资中的比例。在服务方向首先调整重工业的服务方向，调整产品结构，限制高能耗产品，努力增加纺织工业所需要的短线原材料，使重工业为轻纺工业服务、为现有企业服务、为外贸出口服务、为国家重点建设项目和国防工业服务。经过国民经济调整，上海的工业结构与城市建设出现好转。

第二，国有企业扩权试点。1979 年，国家经济委员会在北京、天津、上海三大城市中选择 8 个企业进行利润留成启动扩大企业自主权试点，其中，上海有三家工业企业（上海柴油机厂、上海汽轮机厂、彭浦机器厂）被选中作为试点单位。到 1982 年底，上海全市 11 个工业局共计有 1 839 家工业企业进行扩大自主权试点，全面实行以单位的利润留存，占全市国有企业总户数的 75%，产值、利润占全市工业总产值和利润的 80%。国营企业自主权的扩大，是工业经济体制改革的起步。改革国有企业出现了两个显著的变化：首先，企业有了生产与销售的自主权，改变了过去行政管理的办法，企业在国家指导下可以根据市场灵活地安排与组织生产。其次，企业有进行内部管理体制改革的动力与可能，实行工资与企业效益挂钩。再次，企业初步有了自主发展的条件。在改革国企的同时，对计划经济下的商业体制进行了改革。

第三，全面加强企业管理。上海的企业改变了原来通过评比大庆式企业运动来加强企业管理的方法，而是把学习先进管理经验纳入日常企业管理中，在全市积极开展质量管理科学的普及与提高活动，开展以学习日本企业管理方法为主要内容的企业整顿。经过 2 年，全部完成了规划预算内 2 034 家国营企业的整顿。

（二）积极探索城市经济体制改革

根据 1985 年 2 月国务院批准的《上海经济发展战略汇报纲要》："在新的历史条件下，上海的发展要走改造、振兴的新路子，充分发挥中心城市多功能的作用，使上海成为全国四个现代化建设的开路先锋。上海市充分利用对内对外开放的有利条件，发挥优势，引进和采用先进技术，改造传统工业，开拓新兴工业，发展第三产业，逐步改善基础设施和投资环境，在 1990 年以前尽快转上良性循环，目标是在 20 世纪末把上海建设成为开放型、多功能、产业结构合理、科学技术先进、具有高度文明的社会主义现代化城市。"

城市经济体制改革方面探索取得积极进展，第一，企业"放利让权"改革。主要内容为改革计划管理体制，缩小指令性计划与物资统配的范围；改革技改审批权限，企业留存折旧基金，增强自我改造能力；改革外贸体制，扩大企业外贸自主权；制定政策法规，落实企业自主权。第二，改革计划管理体制。在产品价格改革方面，调整原来不合理的价格关系，使价格能反映供求关系。对价格管理体制进行改革，下放与放开一部分价格管理权限，保证改革的顺利进行。此外，上海还在中央的支持下，从中央对上海、政府对企业两个方面对财政体制进行改革。第三，制定上海发展规划。规划明确上海是我国最重要的经济、科技、贸易、金融、信息、文化中心，更好地发挥上海在全国经济改革中的作用。第四，对内对外开放。对外经济技术交流和合作改变了以往主要依靠外贸出口的格局，拓展了利用外资、引进技术、劳务出口、海外承包等多种形式，先后建立了闵行、虹桥、漕河泾三个经济技术开发区，并取得了良好的成效。第五，发展多种经济成分。在坚持公有制为主体的前提下，发展集体经济、个体经济、中外合资合作经济等经济形成。[①]

三、思想创新与经济体制创新

1978—1989 年期间，上海经济发展比较缓慢，在全国同比竞争中趋向于下滑，在这一进程中，上海开始从制度创新与体制创新两个方面积极进行探索。

（一）思想创新：国家改革开放下的上海调整

十一届三中全会后，中共中央、国务院指出要集中三年时间贯彻落实"调整、改革、整顿、提高"国民经济方针，上海市计委随即调整上海市 1979 年年度经济发展计划，要求贯彻调整农、轻、重比例，发展国民经济方针。此后两年间，上海市国民经济继续贯彻中共中央、国务院的"调整、改革、整顿、提高"方针，调整上海市工业管理体制与工业产业结构，加强能源管理与综合利用，逐步调整生产性投资与非生产性投资的比例关系，坚持国有企业整顿，扩大企业自主权试点，试行经济体制改革，力争提高经济效益，转变政府管理职能，发展横向联合经济。1984 年上海市委、市政府和国务院调研组提出《关于上海经济发展战略的汇报提纲》，指出上海发展要走改造、振兴的新路子，并制定《上海市城市总体规划方案》。"七五"（1986—1990）期间，上海市提出要理顺经济关系，调整产业结构，加强基础设施建设，依靠科技进步，努力增加出口创汇，保持全市经济持续、稳定、协调发展，并创新性地提交了

---

① 当代上海研究所编：《当代上海历史图志》，上海人民出版社 2009 年版，第 433—448 页。

《关于深化改革扩大开放加快上海经济向外向型转变的报告》，力争成为我国改革开放与四化建设的开路先锋，实现转型发展。

（二）经济体制创新：由计划模式向市场模式的转型

1978—1984 年，上海在农业、工业、财贸等领域重点围绕所有制形式、计划管理形式、经营管理形式、分配形式等方面积极践行经济体制改革，充分有效地扩大企业经营管理自主权，改革分配关系，实行企业利润留成制度，完成两步利改税。从 1982 年起，上海逐步缩小指令性计划的范围，放开部分日用小商品价格，使其完全由市场调节，并建立全国第一家生产资料交易市场，开设一批生产企业自销门市部。由此，在上海经济中由市场调节的部分和范围逐步扩大。1984—1987 年，上海根据《中共中央关于经济体制改革的决定》贯彻落实增强企业活力的指导方针，促使企业成为独立的商品生产者和经营者，进一步适当缩小指令性计划范围。[1]1985 年起，上海实行"核定基数、总额分成、六年不变"，给上海市国民经济增加了 15 亿元的支出基数，总额分成占上海地方财政收入 23.5％。同年，上海取消了 25 种主要农产品的指令性计划，对粮食、棉花、油料等 15 种主要农产品产量实行指导性计划，其他一般农产品实行市场调节，与此同时，还对粮食、棉花、油料的统购改为合同订购。1987 年，上海开始推行各种形式的经营责任制，实行按照社会和市场的需要来安排和组织生产活动。1988 年上海实行"基数包干上缴"确定上海市包干上缴基数为 105 亿元。[2]。由于引入了市场机制，使上海价格体系中国家定价的部分逐渐减少，从 1978 年的 97％下降到 1990 年的 30％；市场调节价格的比例从 1978 年的 3％增加到 1990 年45％。[3]

---

[1][2] 《上海通志》，第十五卷《经济综述》，"经济管理体制"。

[3] 当代上海研究所编：《当代上海历史图志》，上海人民出版社 2009 年版，第 439 页。

第二节 创新引领的新起步（1990—2000）

　　1990 年后，中国改革开放进入建立社会主义市场经济体制的新阶段，改革的目标和方向已非常明确，不再是完全"摸着石头过河"。1990 年浦东开发开放是中国改革开放以来，上海经济创新与创新引领能力再获取的重要时点，浦东开发开放带来的制度创新引领上海经济增长，并在 1999 年带动上海经济结构战略性调整，上海经济结构中第三产业的比例首次超过第二产业，老工业基地时代所形成的创新引领方式获得新生并形成了一种新的模式与机制，这是开放与创新下的社会主义市场经济的新时期。

一、创新引领经济增长能力的恢复

　　1990 年浦东新区开发开放以后，不仅使得浦东新区在短时期内迅速崛起，而且推动上海从全国改革开放的"后卫"走向了"前锋"位置，上海重新走上创新引领经济增长的轨道。

　　如图 2-8 所示，1990—2000 年间，上海处于经济发展加速时期。上海按照"一个龙头、三个中心"的战略目标和邓小平提出的"一年一个样、三年大变样"的要求，从 1992 年开始，上海市年 GDP 增长率超过全国值，且稳定在 10% 以上，其中 1993 年 GDP 增长率达到 15.1%。

　　如图 2-9 所示，1990—2000 年间，上海市对外出口额稳定增长，在全国占比大体比较稳定，约为 7.5%—9.64%，且整体上略呈上升趋势。

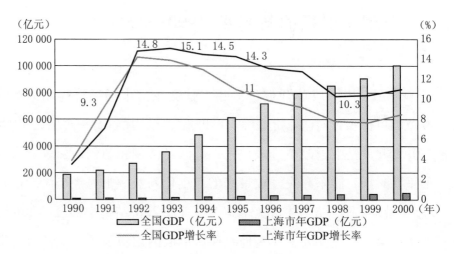

图 2-8　上海市年 GDP 值及增长率(1990—2000)

数据来源:《上海统计年鉴》(2018),《中国统计年鉴》(2018),《国民经济和社会发展统计公报》(2018)。

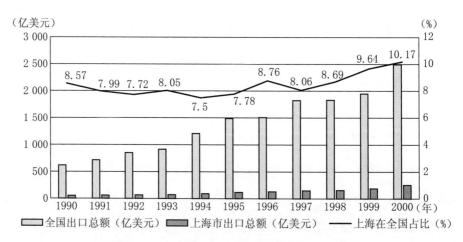

图 2-9　上海市对外出口额及全国占比(1990—2000)

数据来源:《中国统计年鉴》(2018)、Wind 数据。

上海也逐渐赶上甚至超过了南方省份，如图 2-10 所示，1990—2000 年间，上海市 GDP 环比增长率在逐渐赶上广东省、福建省，并在部分年份超越该二省。

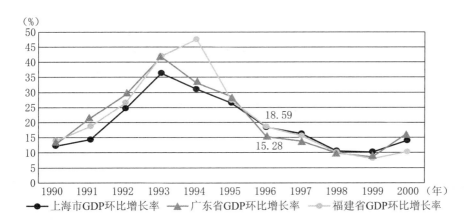

图 2-10　上海市与广东省、福建省 GDP 环比增长率（1990—2000）

资料来源：《上海统计年鉴》（2018）、《广东统计年鉴》（2018）、《福建统计年鉴》（2018）。

二、产业结构的战略性调整

"八五"（1991—1995）期间，上海经济发展的总目标是以提高经济效益为中心，积极调整经济结构，产业结构中第三产业比例从 1990 年 31.9％上升到 1995 年 40.1％。"九五"（1996—2000）期间，上海第三产业持续加快发展，2000 年第三产业占国内生产总值比重超过 50％。

如图 2-11 所示，1990—2000 年上海市第一产业维持小幅平稳下降，第二产业比重逐步降低，第三产业比重上升速度较快，1998 年第二、第三产业比较接近，在当代上海经济史上，1999 年第三产业占比首次超越第二产业，2000 年第三产业比重达到 52％。其中，"八五"（1991—1995）

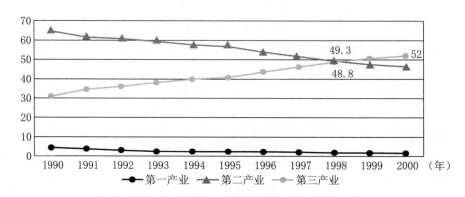

图 2-11　上海市产业结构变化(1990—2000)

数据来源:《上海统计年鉴》(2018)、《上海市国民经济和社会发展统计公报》(2018)。

期间,第二产业由劳动密集型的轻纺工业为主向技术、资金密集型的重化工为主发展,六大支柱产业(汽车、电子信息设备、电站成套设备、石油化工和精细化工、钢铁和家用电器)占全市工业总产值的比重由 34.5% 提高到 45.1%;高新技术产业占全市工业总产值的比重由 2%—3% 提高到 10% 左右。在"九五"(1996—2000)期间,高新技术产业产值在 1998 年占工业总产值的比重为 17%,进一步向工业开发区和高科技园区集中;同时,汽车工业继续保持领先优势,家电、电子、装备行业的市场竞争能力增强。①

上海市产业结构更加合理化、高级化和现代化,增强经济建设的发展后劲,强化经济中心城市的服务功能。1990—2000 年期间上海市产业结构初步形成了以第三产业、工业六大支柱产业和高新技术产业为增长点经济结构。上海工业产值稳步增长,在全国的占比略有下降,处在 [23.93∶16.88] 的区间。(图 2-12)

---

① 《上海人民政府志》,第二篇《经济建设》。

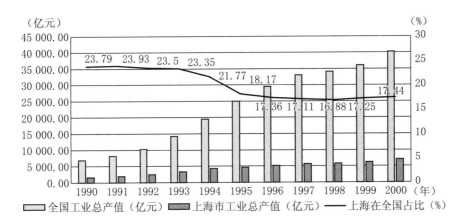

图 2-12　上海市工业产值及全国占比（1990—2000）

数据来源：《中国统计年鉴》（2018）、《上海统计年鉴》（2018）。

三、浦东开发开放的再创新引领

党中央和国务院于 1990 年对国内外正式宣布开发开放浦东的重大战略决策。开发开放浦东的目的是要促进浦西改革、振兴上海，重建上海全国多功能经济中心城市，带动长三角和长江流域发展。浦东开发开放是 20 世纪 90 年代国家发展战略，并非简单地照搬深圳等四个经济特区的发展模式，而是在更高的起点上，实现后来居上，发挥引领、带动、示范作用，浦东开发开放本身就是个创新与创新引领经济增长的进程，主要体现在三个方面：

第一，思想创新。关于上海的改革开放如何布局，一直是中央决策的重点。1990 年 3 月初，邓小平在同几位中央负责同志谈话时提出："机会要抓住，决策要及时，要研究一下哪些地方条件更好，可以更广大地开源。比如抓上海，就算一个大措施。上海是我们的王牌，把上海搞起来是一条捷径。"邓小平对上海的要求是"思想更解放一点、胆子更大一些，步子更快一些"。根据 1991 年邓小平在上海提出的"浦东是面向世界"的指示，提出了"开放浦东、振兴上海、服务全国、面向世界"的工作方针。

第二，体制与政策创新。浦东开发开放就是一个体制创新的进程，紧紧围绕"四个一"展开：一个核心，即建设社会主义市场经济体制和市场运行机制这个核心；一个根本问题，即以人为本，最大限度地调动所有市场主体的积极性和创造性；一个关键环节，即狠抓行政体制改革，转变政府职能，做到"小政府、大社会、大市场、大服务"；一个长远基础，即加强法制建设，确保新体制公平、公正、有序。此外，浦东新区在政策上进行创新，为经济发展提供了良好的投资建设环境。为了改善招商引资，新区行政机构在内外资项目的审批上实行"一门式"服务、"一口式"收费，提高了政府办事效率。①

第三，产业发展创新。浦东开发按照高起点优化产业结构的要求，坚持"三、二、一"的发展方向，坚持"金融、贸易、基础设施、高新技术产业三个先行"的方针，为上海的产业结构调整提供了发展空间、集聚了产业能量。通过金融先行，利用现代市场经济中金融系统的资金归集能力，将全国甚至全世界的资本汇集到上海浦东；通过高新技术先行，引进国内外先进的技术与产业，提升浦东产业发展的能级。

浦东开发开放深刻改变了浦东的面貌，也有力推动了上海的发展。开发开放浦东，推进"东西联动"，为浦西人口疏散、传统工业东迁提供

---

① 当代上海研究所编：《当代上海历史图志》，上海人民出版社 2009 年版，第 495、497 页。

了战略空间。"八五"（1991—1995）期间，上海进一步扩大对外对外开放，外商直接投资协议金额 314 亿美元，实际利用外资 97.6 亿美元。上海成为外商投资的热点地区之一，浦东新区国内生产总值成为上海经济发展的新增长点，连续年增长 30%。其中，陆家嘴金融贸易区、金桥出口加工区、外高桥保税区、张江高科技园区 4 个功能区已成规模，开发面积达 20 平方公里，浦东新区国内生产总值增长速度连续 3 年高达近30%。与此同时，上海对外开放进程也有了新发展，1995 年时上海已有"三资"企业 1.3 万多家，内资企业 1 万多家，200 多家跨国公司和 154 家金融机构及代表处进驻上海。到 2000 年，上海城市集聚辐射功能进一步增强。"九五"（1996—2000）时期上海累计外贸进出口商品总额达1 717 亿美元，吸收外资金额突破 2 300 亿美元，在沪企业达 1.5 万余家。至此，浦东新区由基础开发逐渐向功能开发、同时并举的新阶段迈进，上海外向型、多功能、现代化的全国经济中心城市发展格局初步形成。

四、现代市场经济体系的初步建立

随着浦东新区开发开放进程的启动与推进，带动并加快了上海市现代化市场体系建设的步伐，特别是针对证券、金融、房地产、生产资料等各类要素市场的重点建设。

"八五"（1991—1995）期间，在坚持公有制为主体前提下，上海进行了多种形式的企业改革。经济体制改革获得显著进展，主要表现为社会主义市场经济运行机制和现代化大市场体系初步形成，上海初步形成了以国家级市场为龙头、区域性市场为骨干、地方性市场为基础的市场体系。1995年，商品期货交易总额达到2.57万亿元，证券成交总额5.52万亿元。在经济体制改革方面，上海市积极探索建立现代企业制度，推进国有资产管理体制改革，在组建和培育企业集团、综合商社，以及发展连锁企业、股份制和股份合作制企业等方面取得明显进展。

"九五"（1996—2000）期间，上海改革的重心之一是推进以建立现代企业制度为中心环节的综合配套改革。围绕建立现代企业制度这个中心环节，整体推进"企业、市场、社会、政府"四位一体的综合配套改革，率先建立现代企业制度，形成新的市场发育机制，完善社会保障体系，加强和改善适应特大城市发展的经济调控体系，加快上海率先建立社会主义市场经济运行机制的进程。同时，全面推进以搞活国有企业为中心环节的综合配套改革，市场体系更趋完善，社会保障体系更加健全，加快政府职能转变，"两级政府、两级管理"体制不断完善，经济运行的市场化程度大幅度提高。健全完善以证券、外汇、期货、技术产权、人才等一批要素市场为核心的大市场体系。

建设现代市场体系主要体现在三个方面：第一，积极培育现代市场体系框架。经过10年建设，到2000年上海已初步形成了一个依托上海、服务全国、面向世界的市场体系框架，市场覆盖工业、农业、金融、贸易、房地产、科技等多个领域，建成了4个国家级市场、18个区域级市场、180个地区性各类市场及其他各类市场1 600多个。第二，发挥现代市场体系的资源配置作用。以技术市场发展为例，1993年底第一家国家级常设技术市场——上海技术交易所成立，到2000年会员单位已达146家，遍及全国数十个省区，从1990到2000年，全市各类技术交易所累计成交技术合同745 606多项，交易额86.6亿元。第三，规范市场体系秩序。1992年对证券交易、1994年对未经批准的外汇期货经纪业务、

1994 年对知识产权保护事项进行立法。[①]

第三节　创新引领的展开(2001—2011)

21 世纪以来，伴随着全球化与全球分工的进一步深入，上海迎来了新的战略机遇，GDP 增长率高于全国同期水平，上海经济增长与创新发展进入了相对比较平稳有序的时期。2001—2011 年间上海经济处在稳定增长之中，1900—2000 年间的上海创新引领经济增长不仅得以继续，而且从产业优化、科教发展、自主创新、地方综合配套改革等方面积蓄新的能量。

一、深度全球化下创新引领经济增长

2001 年中国加入世界贸易组织，为促进上海进一步融入世界市场、参与全球分工体系创造了良好的外部环境；2002 年上海成功获得 2010 年世界博览会主办权，为提升上海的国际影响力，促进经济增长，推动城市创新发展注入了新的活力。"十五"(2001—2005)期间，上海市 GDP 年均增长率达到 11.94%，远高于全国平均水平。及至 2008 年，由于全球金融危机波及上海，GDP 增长率跌落为 9.7%(图 2-13)。

2001—2008 年间，上海市进出口外贸值持续增长，进出口增长率呈现快速上升并略有趋缓的势头(图 2-14)。对外出口额在全国的占比相对稳定，处在 [9.84，12.39] 的区间。2009—2011 年上海对外出口额在全

---

① 当代上海研究所编：《当代上海历史图志》，上海人民出版社 2009 年版，第 578—583 页。

国的占比相对略有下降，处在 $[11.04，11.82]$ 的区间（图 2-15）。

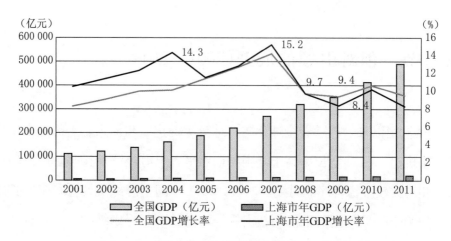

图 2-13　上海市年 GDP 值及增长率(2001—2011)

数据来源：《上海统计年鉴》(2018)，《中国统计年鉴》(2018)，《国民经济和社会发展统计公报》(2018)。

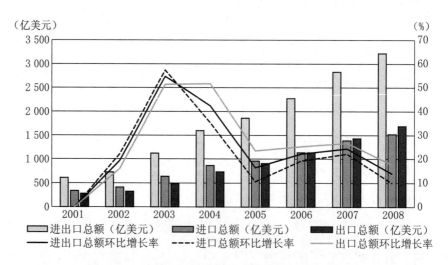

图 2-14　上海市外贸值及环比年增长率(2001—2008)

数据来源：《上海统计年鉴》(2017)。

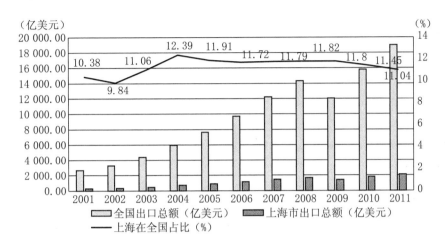

图 2-15 上海市对外出口额及全国占比（2001—2011）

数据来源：《中国统计年鉴》（2018）、Wind 数据。

2001—2011 年间，上海工业产值在全国的占比稳中略有升高，处在
［17.34，22.19］的区间（图 2-16）。GDP 增长率、进出口贸易额以及贸易
与工业产值的全国份额数据，都显示出 2001—2011 年间上海经济处在稳
定的增长之中，1900—2000 年间的上海创新引领经济增长得以继续。

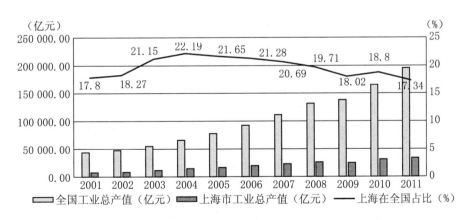

图 2-16 上海市工业产值及全国占比（2001—2011）

数据来源：《中国统计年鉴》《上海统计年鉴》。

二、进一步优化产业结构

进入 21 世纪以后，上海进一步优化产业机构，以现代服务业为突破口，优先发展现代服务业、先进制造业，重点探索二、三产业联动，先进制造业与现代服务业融合发展的态势不断深化。2002 年 5 月中共上海市第八次代表大会报告明确提出，继续调整和优化产业结构，保持经济发展的良好势头。2003 年上海市委、市政府确定了实施科教兴市的战略，提出了"长期坚持'三、二、一'产业发展方针，长期坚持二、三产业共同推进经济增长"和"优先发展先进制造业，优先发展现代服务业"的发展战略。2004 年上海市政府制定了《上海加速发展现代服务业实施纲要》，另外还制定出台了服务业重点领域三年行动计划、《关于加速发展现代服务业的若干政策意见》，有力地促进了服务业的发展，逐步形成向服务经济为主的产业结构的转变。

"十五"（2001—2005）期间，不仅先进制造业与现代服务业融合发展的格局逐步形成，而且，以信息化带动工业化发展，上海强化科技进步和信息化对产业升级和传统产业改造的推动作用，强化支柱产业对经济增长和结构升级的带动作用，强化不同产业融合发展对产业创新的促进作用，在发展中推进产业结构优化升级。"十一五"（2006—2010）期间，先进制造业与现代服务业并举成为上海产业发展指导思想，先进制造业的发展为现代服务业的新一轮发展提供了基础，现代服务业的发展也进一步为上海制造业提供坚实的支撑。

在产业结构优化方面（图 2-16），上海市第二、第三产业共同发展推动经济增长的格局进一步增强，第三产业占全市生产总值的比重基本稳定在 50% 以上，现代服务业和先进制造业发展加快，第二产业占比维持在 45％上下，工业产业结构和产业基地能级明显提升，2009 年现代服务业增加值为全市生产总值的 59.1％。

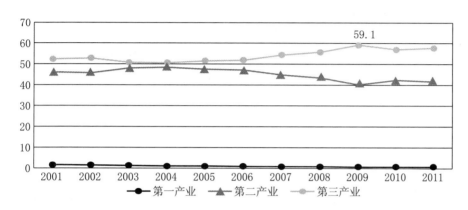

图 2-17 上海市产业结构变化（2000—2011）

数据来源：《上海统计年鉴》（2018）、《上海市国民经济和社会发展统计公报》（2018）。

这一时期上海市产业发展进入创新驱动发展阶段，表现在四个方面：（1）以服务经济为主的产业结构逐渐形成。一大批会展企业、物流企业、信息咨询服务企业、电子商务企业、创意广告企业、文化传播企业、娱乐休闲企业、公共关系等现代服务性企业出现，提升了现代服务业能级。（2）服务业集聚区逐步形成。在杨浦大连路、青浦赵巷、宝山钢铁物流、北外滩等五个集聚区，形成了一批以金融、信息、中介、商贸、会展等高端服务功能为特色的现代服务业集聚区。（3）先进制造业快速发展。电子信息技术、汽车、石化、钢铁、成套设备、造船等重点行业发展迅速。（4）高新技术产业化。新能源、民用航空制造业、先进重大装备、生物医药、电子信息制造业、新能源汽车、海洋工程装备、新材料、软件与信息服务业成为上海推进高新技术产业化的重点。[1]

---

[1] 当代上海研究所编：《当代上海历史图志》，上海人民出版社 2009 年版，第 621—624 页。

三、科教兴市与自主创新能力提升

按照中央关于实施科教兴国、人才强国战略和建设创新型国家的要求，以及"自主创新、重点跨越、支撑发展、引领未来"的方针，上海坚持将推动科技自主创新放在全国科技工作的突出位置，坚持将提高自主创新能力作为调整经济结构和转变经济增长方式的中心环节，采取一系列重大措施，不断提高自主创新能力。

（一）聚焦国家战略，开展部市合作。根据上海市经济社会发展的需求，与科技部密切合作，聚焦国家战略，加速上海市科技创新体系建设。2004 年 7 月上海市政府和科技部建立"部市合作"机制，从会商制度、科技创新体制改革综合时点、共同推进的若干重点工作三个层面推动部市合作。具体包括共同启动实施世博科技行动计划、启动"崇明生态岛建设科技支撑实施方法"。上海市积极组织优势力量参加国家"863"计划、"973"计划、国家自然科学基金等重大科技项目。为贯彻落实国家科技发展战略服务"十五"计划，上海累计争取到国家主要科技计划项目 6 844 项，获得国家经费资助 45.05 亿元。围绕半导体装备、磁浮列车、信息安全、燃料电池汽车等项目开展研究攻关，并取得明显进展；数字上海、清洁能源等领域的一批战略项目研发实现新突破；宽带通信、射频电子标签、超级电容车、太阳能等相关技术开展了应用示范。

（二）聚焦重大产业科技项目，提升产业创新能级。上海市政府专门设立了科教兴市重大产业科技攻关专项基金，用于支持符合国家和上海市产业发展战略需求且能迅速形成知识产权的研发项目，2004 年启动的首批 29 个项目，取得知识产权 406 项，其中专利 281 项。到 2006 年先后实施三批项目，重点聚焦电子信息、重大装备、生物技术、新材料新能源四大产业领域。其中，100万千瓦超临界火电机组、煤液化中试、高清晰数字电视、人源化单克隆抗体等重大产业攻关项目取得了积极进展和成效。同时，上海市进一步加强科技成果转化工作，市成果转化服务中心组建了7个服务小组和131家重点企业结对，通过与重点认定项目企业开展结对活动，实现了个性化的项目跟踪服务，至2008年末，全市共认定高新技术成果转化项目5 790项，其中71.9%的项目已经实现了产业转化，累计实现销售收入4 664亿元。

（三）聚焦创新基地，加快高新技术产业开发区建设。开展实施"聚焦张江"战略，推动张江等高新技术产业开发区建设，发挥上海国家生物产业基地、国家微电子产业基地、国家软件产业基地、国家软件出口基地的品牌优势，促进高技术产业的集聚发展。张江高新技术产业园区包括"一区六园"（即张江高科技园区、漕河泾新兴技术开发区、金桥现代科技园、中国纺织国际科学产业城、上海大学科技园、嘉定民营科技密集区），截至2008年"一区六园"共进驻企业1 026家，实现工业产值6 335.32亿元，入驻企业大多为高新技术企业。同时，在各园区和相关政府部门的培育和扶持下，一批具有自主知识产权和市场竞争力的企业成长，2004年和2005年全国53个高新技术园区综合评比中，上海高新技术园区均名列第一。

（四）加强人才队伍建设。实施科教兴市战略后，上海市同步推出"三支人才队伍"（高技能人才队伍、高科技人才队伍、高级管理人才队伍）建设。2004年制定了《上海实施人才强市战略行动纲要》，并颁布科技、教育、金融、港航等六大重点领域人才开发目录，出台一系列政策鼓励人才来沪工业和创业。同时，进一步强化创新骨干人才的培养。

不仅实施了"启明星""学科带头人"等科技人才计划,而且重点推进面向企业科技人才队伍建设(B类计划),加强企业科技人才队伍建设,提高企业自主创新能力和核心竞争力。此外,进一步加强聚集海外人才。在 2003—2007 年先后实施了"万名海外人才集聚工程""引进千名香港专才计划",成功引进 21 944 名海外人才,其中留学人员 15 420 名、外国专家 4 791 名、港澳台地区专才 1 733 名。2008 年启动"3100"工程,用三年时间引进 100 名处于国际前沿的科学家和技术专家、具有全球影响力的企业家和经济专家、著名学者、世界级艺术大师等领军人才;引进海外高层人才的重点领域包括现代服务业、先进制造业、高新科技领域、文化领域及上海世博会相关人才。①

四、地方制度创新试验

2005 年,国务院批准浦东新区进行综合配套改革试点时指出,"上海浦东新区进行综合配套改革试点是改革开放以后创办经济特区、推进浦东开发开放进入一个新阶段的新部署",同时也是全国改革开放实施共建突破的重要举措。浦东示范效应传导到天津市、深圳市、厦门市、重庆市、成都市、武汉市等地,相继进行综合配套改革试点。浦东综合配套改革试点,进一步发挥先行先试和引领示范作用,关键是结合国家战略和上海发展目标,进行深层次体制问题的改革试点:(1)制度创新是浦东综合配套改革试点的着力点和突破口;(2)综合配套改革试点的落

---

① 当代上海研究所编:《当代上海历史图志》,上海人民出版社 2009 年版,第 624—628 页。

脚点，在于转变政府职能，建设高效的公共服务型政府；（3）综合配套改革试点的目标，集中于着力转变经济运行方式。

"十一五"（2006—2010）期间，浦东综合配套改革试点深入推进，大浦东统筹发展格局初步形成。政府自身建设加快推进，调整和取消行政审批事项952项，取消和停止征收行政事业性收费312项。国资国企开放性、市场化重组加快推进。服务全国能力不断提高，与长三角及全国其他地区的交流合作不断深化。口岸通关效率不断提高，外商直接投资和吸引跨国公司地区总部取得明显进展。

2009年浦东新区编制《2009年浦东新区推进综合配套改革试点工作安排》，以项目制方式推进三大领域54项重点改革事项：（1）加快建立与经济社会转型相适应的行政管理体制，推进区级机构改革、三区三港联动、行政审批制度改革等重点改革事项；（2）加快建立适应国际金融中心、国际航运中心建设的机制和制度，启动外资股权投资管理企业试点、设立国际贸易示范区等主要改革事项；（3）加快推进一批重大改革事项，设立上海浦东机场综合保税区，建设国家质检管理创新示范区，开展跨境贸易人民币结算，张江高科技园区升级建设国家知识产权示范园区。

2010年是浦东综合配套改革试点五周年。浦东新区综合配套改革试点围绕国务院"三个着力"（着力转变政府职能，着力转变经济运行方式，着力改变城市二元经济与社会结构）的要求。改革工作涉及四个方面十项内容：（1）优化行政管理架构和创新政府管理方式为重点，提高政府公共服务效率与水平；（2）以"四个中心"（金融、贸易、航运、经济）建设领域的体制创新为重点，优化服务经济、创新经济和开放经济发展的体制环境；（3）以优化政府引导机制为重点，完善自主创新和高新技术产业化机制；（4）以农村要素市场化和公共服务均等化为重点，提升城乡统筹发展水平。

2011年浦东综合配套改革试点按照"聚焦五大重点、提升五个功能"的总体思路稳步推进,重点改革领域实现了新突破:(1)提升金融核心引领功能。完善金融市场体系,推进金融业务创新,优化金融制度环境;(2)提升航运贸易综合服务功能。促进航运贸易业务创新,完善航运贸易服务平台,拓展国际贸易服务功能;(3)提升创业对创新的带动功能。上海市委、市政府出台《关于推进张江国家自主创新示范区建设的若干意见》、浦东新区政府制定《关于推进张江核心园建设国家自主创新示范区若干配套政策》(张江创新十条)等文件;深化科技企业融资服务机制;完善人才创新制度建设;(4)提升城乡要素整合功能。加大土地管理制度创新,稳步推进国家现代农业示范区建设,加强城乡公共服务均等化建设;(5)提升政府公共服务功能。深化完善区域管理体制,深化行政审批制度改革,深化国资国企和投融资体制改革,促进社会组织培育发展。[1]

第四节 创新引领的深化(2012—2019)

党的十八大以来,党中央提出和推进全面深化改革,聚焦完善和发展中国特色社会主义制度、推进国家治理体系和治理能力现代化的总目标,坚决破除各方面体制机制弊端,书写了在新形势下将改革开放不断推向前进的历史新篇章,上海的创新引领进入深化的阶段,主要表现在综合创新引领下的经济增长、产业转型和升级、迈向科技创新的策源地,

---

[1] 《上海年鉴》,《六、浦东开发开放·(二)浦东综合配套改革》,2010、2011、2012年。

以及制度创新与城市综合服务功能的提升。

一、综合创新引领下的经济增长

上海市"十三五"规划中的经济社会发展奋斗目标是：到 2020 年，形成具有全球影响力的科技创新中心基本框架，走出创新驱动发展新路，为推进科技创新、实施创新驱动发展战略走在全国前头、走到世界前列奠定基础。适应社会主义市场经济发展，建立健全更加成熟、更加定型的国际化、市场化、法治化制度规范，基本建成国际经济、金融、贸易、航运中心和社会主义现代化国际大都市，在更高水平上全面建成小康社会，让全市人民生活更美好。

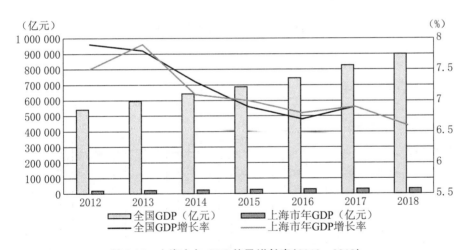

图 2-18 上海市年 GDP 值及增长率（2012—2018）

数据来源：《上海统计年鉴》（2018），《中国统计年鉴》（2018），《国民经济和社会发展统计公报》（2018）。

2012—2018 年上海市年 GDP 值持续增长，年增长率与全平均值一样呈现下降趋势（图 2-18），正对应着我国进入了创新驱动与转型发展的关键期。上海市外贸出口额缓慢增长,但在全国的占比持续略有下降,处在 [8.32,10.09] 之间(图 2-19)。上海市工业产值总体上仍缓慢增长,但在全国的占比有所下降,处在 [11.95,15.89] 之间(图 2-20)。

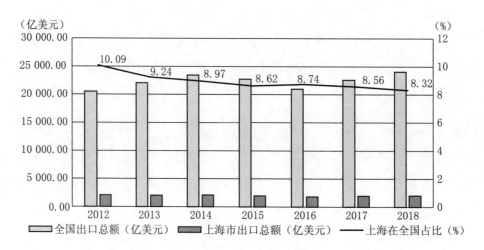

图 2-19　上海市对外出口额及全国占比(2012—2018)

数据来源:《中国统计年鉴》(2018)、Wind 数据。

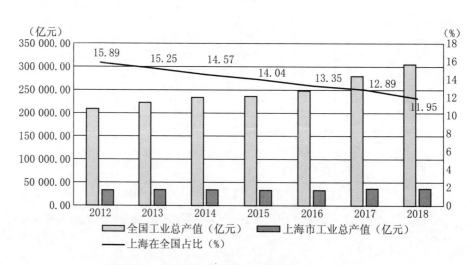

图 2-20　上海市工业产值及全国占比(2012—2018)

数据来源:《中国统计年鉴》《上海统计年鉴》(2018)。

不过，这与1978—1989年间上海经济增长放缓与创新引领能力下降完全不同，无论是下文即将论述的上海产业结构继续趋于优化，还是上海科技创新能力增强，或者是上海城市综合服务功能的提升等方面，均表明这是上海创新引领经济增长的一个提升期，经济增长质量不断提高，而非1978—1989年间创新引领形式与内容的调整期。

二、产业转型和升级

"十二五"（2011—2015）期间，上海经济在转型升级中保持平稳较快增长，全市生产总值年均增长7.5％，2015年达到2.5万亿元，人均生产总值突破10万元。服务经济为主的产业结构基本形成，第三产业增加值占全市生产总值的比重超过67％。消费对经济增长的拉动作用进一步增强，最终消费支出占全市生产总值的比重接近60％。经济发展的质量和效益不断提高，一般公共预算收入年均增长13.9％左右。城市创新能力进一步提高，全社会研发经费支出相当于全市生产总值比例达到3.7％。同时，建设具有全球影响力的科技创新中心迈步启程。

针对如何提升发展质量和效益，上海市"十三五"（2016—2020）规划中的对策为坚持以经济建设为中心，大力实施创新驱动发展战略，加快经济发展方式转变和产业结构调整。根据规划，按照高端化、智能化、绿色化、服务化要求，促进产业融合发展，不断完善以现代服务业为主、战略性新兴产业引领、先进制造业支撑的新型产业体系，不断提升服务经济特别是实体经济发展的质量和水平。到2020年，服务业增加值占全市生产总值比重达到70％左右，制造业增加值占全市生产总值比重力争保持在25％左右。截至2018年的数据，第三产业增加值在全市占比已经升到 69.9％（图 2-21）。

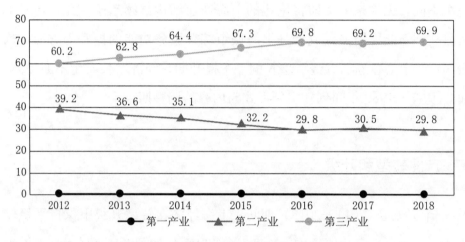

图 2-21　上海市产业结构变化（2012—2018）

数据来源：《上海统计年鉴》(2018)、《上海市国民经济和社会发展统计公报》(2018)。

上海市推动产业的转型升级，主要体现在三个方面：第一，提升现代服务业能级水平。以扩大开放合作、公平市场准入、创新制度供给为重点，推动生产性服务业向专业化和价值链高端延伸，生活性服务业向精细化、高品质转变。提升以下服务业产业的能级：金融；基础软件与行业应用软件等信息服务业；法律、会计、审计、咨询等专业服务业；文化创意、体育健身、旅游休闲、时尚等产业；康复医疗、远程医疗、医疗旅游等新型业态。第二，落实"中国制造 2025"战略。结合科技创新中心建设，推进信息技术与制造技术深度融合，发展基于工业互联网的新型制造模式，向高端制造、智能制造迈进，成为世界级新兴产业创新发展策源地。实施战略性新兴产业重大项目，突破一批国家急需、具有国际影响力的关键核心技术，在半导体装备材料、工业机器人、深远海洋装备等领域填补国内空白，加快形成产业化能力。进一步提升自主发展能力和国际竞争力，发展壮大新一代信息技术、生物、高端装备等产业。实施工业强基工程，夯实制造业基础，全面提升上海极限制造、精密制造、成套制造能力。第三，改造提升传统优势制造业。实施"＋互联网"行动，推动传统制造业拥抱互联网，实施设施装备智能化改造，加快生产方式向数字化、网络化、智能化、柔性化转变。推动汽车、船舶、钢铁、石化等传统制造业运用现代设计理念和先进设计手段，使用绿色、节能和多功能多用途新型材料，加快向价值链高端转型，提高产品附加值率。第四，加快发展新技术新产业新业态新模式。顺应产业跨界融合大趋势，大力培育新技术、新产业、新业态、新模式，形成经济增长新动能。实施"互联网＋"行动计划，加快分享经济发展，推动"新硬件"制造。破除制度性瓶颈，创新监管方式，促进平台经济、移动互联网、大数据、云计算、物联网等加速发展。第五，实现农业现代化。转变农业发展方式，提升农业科技和信息化水平，整建制建成国家现代农业示范区。

三、迈向科技创新的策源地

根据上海市"十三五"规划，在建设具有全球影响力的科技创新中心这一关键性举措上，把握科技进步大方向、产业变革大趋势、集聚人才大举措，面向经济社会发展主战场，破除体制机制障碍，强化企业创新主体地位，营造良好的创新生态环境，以重大创新改革举措为抓手，加快向具有全球影响力的科技创新中心进军，为形成国际性重大科学发展、原创技术、高新科技产业重要策源地和全球重要创新城市打好框架。其中，主要着力点如下：

（1）建设张江综合性国家科学中心。瞄准世界科技前沿和顶尖水平，汇聚各类创新资源,力争在基础科技和关键核心技术领域取得大的突破。依托张江地区已形成的国家重大科技基础设施,积极争取超强超短激光、活细胞成像平台、海底长期观测网、高效低碳燃气轮机试验装置等一批科学设施落户上海,打造高度集聚的重大科技基础设施集群。建设世界一流科研大学和学科,汇聚培育全球顶尖科研机构和一流研究团队。大力吸引海内外顶尖实验室、研究所、高校、跨国公司来沪设立全球领先的科学实验室和研发中心。聚焦生命、材料、环境、能源、物质等基础科学领域,发起设立多学科交叉前沿研究计划。探索实施科研组织新体制,建立符合科学规律、自由开放的科学研究制度环境,探索改革国家重大科技基础设施运行保障制度。

(2)推进重大战略项目、基础前沿工程和创新功能型平台建设。聚焦国家战略布局、上海自身有基础、有望突破且能填补国内空白的领域,实施航空发动机与燃气轮机、高端医疗影像设备、高端芯片、新型显示等一批重大战略项目,实施脑科学及人工智能、量子通信等一批基础前沿工程,率先突破一批关键技术,代表国家参与国际科技合作与竞争。在信息技术、生命科学和医学、高端装备等领域,重点建设若干开放式共性技术研发支撑平台。围绕技术转移、成果孵化、军民融合等领域加快建设科技成果转化和产业化服务支撑平台。

(3)加快推进国家全面创新改革试验。建立符合创新规律的政府管理制度,政府职能加快从研发管理向创新服务转变。改革政府支持方式,加大创新产品和绿色产品的政府采购力度。建立财政科技投入统筹联动机制,提高财政资金用于人力及软投入比例,对基础前沿类科技计划,建立持续稳定的财政支持机制。扩大科研院所自主权,赋予创新领军人才更大的人财物支配权、技术路线决策权。构建市场导向的科技成果转移转化机制，完善科技成果的使用权、处置权、收益权归属制度，探索实施科技成果转化普惠税制。实施激发市场创新动力的收益分配制度，大幅提高科技成果转化收益中科研人才收益的比例，建立职务发明法定收益分配制度，探索完善股权激励机制和配套税征制度。健全企业主体的创新投入制度，探索进一步扩大高新技术企业认定和研发费用加计扣除范围，激发企业创新投入动力。在上海证券交易所建立"战略新兴板"，加快发展股权托管交易中心科技创新板。探索设立国有资本和民间资本共同参与的非营利性新型产业技术研发组织。改革药品注册和生产管理制度，试点推进创新药物上市许可持有人制度。

（4）建设各具特色的科技创新中心重要承载区。着力打造全球化的创新创业生态系统，推进国家全面创新改革试验、国家自主创新示范区、自贸试验区联动发展，把张江国家自主创新示范区建设成为创新环境开放包容、创新主体高度集聚、创新要素自由流动的国际一流科技园区。把紫竹国家高新技术产业开发区打造成为科技成果转化示范区。推进杨浦国家创新型试点城区产城融合、学城融合，建设万众创新示范区。在嘉定新兴产业发展示范区建设半导体芯片和传感器、新能源汽车、高端医疗装备等领域产业研发平台。建设漕河泾科技服务示范区，打造临港智能制造示范区。鼓励各区县因地制宜，主动作为，闯出各具特色的创新发展新路。

（5）加快形成大众创业万众创新蓬勃发展局面。激发企业家创新创业热情，鼓励敢于承担风险、勇于开拓创新、志于追求卓越，推动全社会形成鼓励创新、宽容失败的氛围。开展降低实体经济企业成本行动，优化企业发展环境。促进众创、众包、众扶、众筹等创新模式的支撑平台发展，打造专业化、市场化的众创空间。研究探索鼓励天使投资等创新创业的普惠税制。发挥政府创业投资引导基金作用，鼓励更多社会资本发起设立创业投资、天使投资和股权投资。探索开展投贷联动等金融服务模式创新，形成创业投资和天使投资集聚活跃、科技金融支撑有力的创新投融资体系。健全科技中介等创新创业服务体系。支持科技型中小企业健康发展，培育领军型创新企业。实行严格的知识产权保护，推进创新主体运用国际知识产权规则的能力建设，提升知识产权质量和效益，深化知识产权领域改革，发展知识产权服务业，加强知识产权交易平台建设，推进上海亚太知识产权中心城市建设。

四、制度创新与城市综合服务功能提升

"十二五"（2011—2015）期间，上海坚持先行先试，聚焦制度创新，建立中国（上海）自由贸易试验区，在加快政府职能转变、促进贸易投资便利化、营造国际化市场化法治化营商环境方面取得了一系列成果，为我国深化改革扩大开放探索了新途径，积累了新经验，树立了新标杆。实施营业税改征增值税、国资国企改革、教育综合改革、司法体制改革试点、文化体制改革等取得突破。"十二五"期间，上海市对外开放水平进一步提升，外商直接投资实到金额820亿美元，是"十一五"时期的近1.8倍；跨国公司地区总部达535家，比"十一五"（2006—2010）末增加230家；走出去步伐明显加快，对外直接投资额达到600亿美元，是"十一五"时期的14倍。

就建设更高水平的自贸试验区，"十三五"（2016—2020）规划中提出：（1）坚持以制度创新为核心，不断建立健全与国际投资贸易规则相衔接、与现代市场经济相适应的制度规范，努力把自贸试验区建设成为

开放度更高、便利化更优的自贸试验区，进一步发挥好扩大开放破冰船、深化改革掘进机的示范引领作用。深化与高水平开放相适应的投资管理制度创新，提高市场准入的透明度和可预期性。进一步创新"一线放开、二线安全高效管住"的贸易监管制度，全面建成国际贸易"单一窗口"，完善货物状态分类监管模式。大力促进自贸试验区金融开放创新试点与上海国际金融中心建设联动，率先实现人民币资本项目可兑换，不断扩大金融服务业对内对外开放，加快建设面向国际的金融市场。深入推进事中事后监管制度创新，完善信息共享和服务平台应用，建立综合监管体系，提升监管效能。（2）对接国际投资贸易规则新变化，加快信息公开、公平竞争、权益保护等制度创新，不断拓展自贸试验区制度创新领域，加快知识产权、创新要素流动、竞争政策、争端解决等制度探索，形成一整套适应国际规则新要求的制度体系。发挥好浦东新区的示范带动作用，建立综合配套改革试验区与自贸试验区改革联动机制，全面探索作为一级地方政府转变职能的改革，提高全方位开放环境下的政府治理能力和服务水平，率先建立符合法治化、国际化、便利化要求的营商环境和制度规范。不断形成可复制可推广的试点经验，为在全市面上推开、为全国扩大开放深化改革作出新贡献。

"十三五"（2016—2020）时期，上海进入创新驱动发展、经济转型升级攻坚期。"十三五"时期是上海基本建成"四个中心"和社会主义现代化国际大都市的冲刺阶段，也是创新转型的攻坚期。上海顺应世界多极化、经济全球化深入发展的趋势，把握人民币国际化进程加快、中国经济与世界经济继续深度融合的机遇，在全面参与国际科技经济合作与竞争中加快"四个中心"建设。上海着眼于为国家全面建成小康社会作出更大贡献，全面落实国家战略，转换发展动力，优化经济结构，提高发展水平。上海把握重要改革先行先试、创新发展率先探索的机遇，走出创新驱动发展的新路。

关于上海的"四个中心"建设，已经明显加快。金融开放取得实质性进展，人民币跨境支付系统上线运行，"沪港通"、跨境 ETF 启动实施，上海金融市场非金融企业直接融资占全国社会融资规模的比重达到18％左右；上海口岸货物进出口总额突破 1 万亿美元，占全国的比重保持在 25％以上，服务贸易进出口额占全国的比重达 30％，钢铁、能源化工等大宗商品"上海价格"加快形成；上海港国际集装箱吞吐量保持世界第一，上海机场货邮吞吐量保持世界第三、国际旅客吞吐量占全国机场的三分之一以上；经济中心城市的集聚辐射功能明显增强。上海作为长三角城市群核心城市的服务功能不断强化，服务全国能力进一步提升。

关于上海提升城市综合服务功能，以总部经济发展为例，势头良好。首先是完善跨国公司总部经济支持政策，吸引跨国公司地区总部、研发中心等功能性机构集聚，推动已有跨国公司总部拓展贸易、研发、物流和结算等功能，向亚太总部、事业部全球总部升级，鼓励外资研发中心升级为全球研发中心和开放式创新平台。其次为吸引国际经济、金融、科技、文化、体育、知识产权等国际组织在沪设立机构。再次是加快引进国内各类企业总部，支持"两头在沪"企业发展。根据"十三五"规划预期到 2020 年，新增在沪跨国公司地区总部超过 200 家。

第二章 迈向世界城市的创新引领

在上述时间演化之外，从功能逻辑更替的维度来看，1978—2019年，上海从"老工业基地"迈向"世界城市"之旅的创新引领，主要表现在三个方面：一个概览，即创新引领下迈向全球城市的轨迹；两个有机组成部分，即改革开放进程中的创新引领与科技创新成长中的创新引领。

第一节 创新引领下的城市功能演化

上海兴起于晚清的开埠通商，从一个普通城市快速成长为民国时期中国的经济之都，成为贸易、航运、工业、金融中心。全国解放后逐渐被调整为单一的工业基地，大量撤并商、饮、服务业营业机构，内贸商业网点与机构逐步减少，第二产业占比一度在 70% 以上。1948 年以前第三产业占比曾为 58%，至 1978 年降至 18%，零售网点减少到 42%，金融机构只剩下 4 家，私营进出口企业全部并入国营外贸公司。最近 40 年来，经过数次创新性的规划与调整，上海重新回归为经济中心，依托

"四个中心"建设，发挥中心城市的集聚、辐射、创新、信息功能，在此基础上更进一步迈向全球城市的序列。

一、从工业城市转向多功能城市（1978—1989）

当 1979 年中国启动渐进式对外开放之后，南方的闽粤成为"前锋"，国有大中型企业最集中、经济能量最大的城市——上海，处在改革开放"后卫"地位，肩负着国家经济稳定的重任。其时，上海的工业优势正在逐步衰退，与东南沿海省市的差距日益缩小，与国际水平的差距不断扩大，经济增长速度缓慢，1978—1989 年 GDP 增长比全国同期低 1.27%；GDP 排名由全国第一下降到第六（位居粤、鲁、苏、辽、浙之后）；占全国经济总量的比重也由 7.1% 下降至 4.1%，城市创新引领能力同比明显下滑。如何科学合理地发挥上海应有的城市经济功能？如何对老工业基地时有效的创新引领能力再发挥？成为上海发展与未来走向的中心议题。

（一）城市功能的战略转折与创新

当中国南方沿海地区经济崛起、江浙两翼隆起之际，上海却正在塌陷，成为沿海经济的低谷，经济效益下降，财政收入连年减少，外贸出口徘徊不前（至 1990 年，外贸出口仅为广东的 50%），仅存的生产优势也在逐渐丧失。1980 年代，上海理论界开始反思优先发展工业的城市建设方向，"上海向何处去，建设什么样的上海？"如何使上海重新成为国际国内重要的中心城市，恢复与发展上海城市的新功能，一时成为讨论的热点。

1981 年中央要求上海在对外对内经济中发挥作用，利用新技术，实行科研与生产相结合，实现现有企业的技术改造。1984 年姚锡棠等学者在撰写《新技术革命与上海经济结构调整》预测性论证报告时认为，"只有走新的路子，按照新技术革命的要求调整自身的产业结构……才能真正发挥上海在知识水平、经营管理水平和社会文化水平方面比较高的优势，才能在全国四化建设中发挥先锋作用和基地作用，在世界经济之林处于强有力的地位"。同时，建议上海在调整工业内部结构的同时，加速发展交通运输、邮电通讯、建筑、商业以及其他服务业，建议上海经济发展的重心转回到第三产业，引起强烈的反响。

1984 年上海在递交国务院的《上海经济发展战略汇报提纲》中提出，"上海应成为利用外资、引进技术的主要门户，以及消化吸收后向内地转移资金、技术和管理方法的桥梁；成为全国的商品集散地和重要的外贸口岸，成为全国最重要的金融市场和经济技术信息中心；成为面向全国培训技术人员、经营管理人员、高级技工的培训中心"。《汇报纲略》中提出了一些合理的改革建议，获得国务院的同意与批复。

1986 年国务院批复了《汇报纲略》的升级版——上海城市整体规划，认为"上海是我国最重要的工业基地之一，也是我国最大的港口和重要的经济、科技、贸易、金融、信息、文化中心"，"同时，还应当把上海建设成为太平洋西岸最大的经济贸易中心之一"，在社会主义建设中，上海要发挥"重要基地"和"开路先锋"作用。上海应该"着重发展知识密集、技术密集型的高精尖新兴工业，用新技术改造量大面广的传统工业"，调整产业结构和工业布局，引进先进技术，改造传统工业，发展第三产业。规划回复中建议，对于一般产品，应积极组织向郊县、上海经济区的城镇或其他省市扩散；同时，积极地、有计划地建设中心城、卫星城、郊县小城镇和农村集镇，有计划地建设和改造浦东地区。

至 1990 年，根据整体规划的思路，上海城市建设从单纯的基础设施，转向城市形态的改造，已经形成了由"中心商业区""外围工业区"和"市郊二级市"组成的框架。规划中的"中心商业区"与浦东新区，将形成三大功能区：（1）中心商务区（从浦东陆家嘴到浦西外滩约5平方公里），布局国内外银行、国内外金融证券网点、跨国公司（财团）、综合商社等；（2）商业贸易中心区（沿黄浦江两岸约10平方公里），建立期货交易市场、大型超级市场与购物中心；（3）涉外功能区（在浦东外高桥地区约10平方公里），建设综合性自由贸易区，建立延伸到长江三角洲的保税通道。至此，这表明一般意义上的上海城市功能转向与目标，正在转化为可行的蓝图，并开始设定进度表。

（二）思想创新尚未形成显著成效

在改革开放的早期，由于依然重视发挥上海的"基地"作用，尤其是工业基地的作用，忽视了上海作为沿海大城市的"中心"与"领导"作用。因此，直到1980年代初，上海在生产力布局上仍然是不断扩大工业规模，使得城市功能单一，对外服务功能不足，缺乏城市活力与经济辐射力。

当时进行的开放有两种，一种是对外开放，一种是对内开放（地区之间、部门之间的开放）。伴随着国家分权的推行，在观望南方的对外开放之际，针对计划经济"条块分割"的弊端，为了消除地区之间壁垒，1982—1988年沪江浙尝试成立以上海为中心的长江三角洲经济区，借鉴民国时期的经验，称之为"上海经济区"。但由于计划经济下的条块分割等因素，这种松散的区域经济协作，不能走远，最后无疾而终。

1984年的《汇报纲略》及其后的整体规划中，曾提出了一些合理的改革建议，但由于思想观念与国家治理体制的束缚，还只能暂时搁置。当时仍然是计划经济为主、市场经济为辅，宏观经济的决策中心在北京，再加上30年来的地区与部门分割，因此上海仅仅是中国的主要经济中心，在改革开放的语境下，时人称上海为"我国对内对外开放的主要中心"。①

1986年在上海成立了新中国第一个证券营业部。作为中心城市，上海如何建立高等级的市场，推动商品要素流转量的快速增长，提升市场组织的集中度，获得广义价格的定价权数，还不清晰。回顾1980年代上海的对外开放，尚未从数量型转变为质量型，也就自然无从形成枢纽型的中心城市功能。只有上海的服务业充分发展，才能对长江流域扩大开放、提高利用外资总量提供更好的环境，发挥枢纽城市的作用。当时上海有关方面对服务贸易的问题曾进行了专门的调研，总共归纳了26个行业，包括金融保险、运输代理、工程承包、转口贸易、法律服务、跨国商业批发、视听传媒等等，由于开放度不高、服务水平低、竞争力弱，无法形成区域中心城市功能。②不过，同时也要客观地看到，相比较于1978年，上海市第三产业的比重已经从18.6%提升到30.9%。

简而言之，1980年代在改革开放的氛围中，开始反思上海城市发展的未来。在单一的生产功能之外，部分地还原、恢复、发展了上海的其他城市功能（经济、金融、贸易等），推动了城市功能的演进，提出了上海城市现代化建设的战略选择，指引了城市经济功能合理化的方向。

二、从工业城市转向经济中心城市(1990—2005)

邓小平曾评论过"上海是我们的王牌，把上海搞起来是一条捷径"，

---

① 沈峻坡、钟哲、王亚平：《科学地合理地发挥上海城市功能——上海应成为我国两个开放的主要中心》，《社会科学》1984年第9期。

② 余曦：《用新机制催化新的城市功能——上海加大力度构筑"三个中心"》，《上海经济》1994年第5期。

"开发浦东，这个影响就大了，不只是浦东的问题，是关系上海发展的问题，是利用上海这个基地发展长江三角洲和长江流域的问题"。1990 年启动的浦东开发开放成为上海城市功能转向的分水岭，体制创新逐渐打破了计划经济时代遗留下来的藩篱，新区的成立以及新上海城区的出现，实现上海城市功能的一次历史性转折。浦东的开发开放就是一次创新驱动的过程，因为它几乎是在一张白纸上画出来的，从一片农田变成了今天的浦东。在这个过程中，创新驱动起到了很大作用，[①]更确切地说是创新引领能力的作用。正如前述，浦东大量外资的引进，优化了上海产业布局，提升了城市综合功能；高强度的基础设施建设，构建了辐射周边、联通全球的网络通道，推动上海从传统工业城市向经济中心城市升级。

(一) 回归经济中心的城市功能

1. 浦东开发与三个中心（经济、金融、贸易）的设想

1988 年 5 月，上海就曾专门召开了浦东新区开发国际研讨会。浦东开发前，党中央领导专程到深圳进行考察，得出两点结论：浦东不能搞特区只能搞新区，不能搞单纯的经济技术开发区，要搞新城区。这使浦东整个开发按照行政城区来建设，所以形成多功能、现代化、外向型的城区定位。

1990 年 2 月，中共上海市委、市政府正式向中共中央、国务院上报了《关于开发浦东的请示》，提出了浦东开发开放的基本构想，2 个月后中央做出了开发开放浦东的战略决策，标志着上海城市经济发展转折的实现。1992 年中共十四大报告提出"以浦东开发开放为龙头，进一步开放长江沿岸城市，尽快把上海建成国际经济、金融、贸易中心之一，带

---

① 王战：《浦东开发开放是创新驱动的过程》，《开发杂志》2013 年第 5 期。

动长江三角洲和整个长江流域经济的新飞跃"。1995 年中共中央十四届五中全会上,明确提出以上海为龙头的长江三角洲及沿江地区的经济带。"一个龙头、三个中心"的战略定位确立,意味着上海浦东的开发开放上升为国家发展战略,以上海为中心的长江三角洲,成为中国新一轮改革开放与经济发展的示范区域。

开发浦东,更多的是因势利导,推进市场开放与体制改革。允许外国企业在浦东开办超市等第三产业,允许外商投资兴办银行、财务、保险等金融机构。鼓励区内原有内向型企业转轨变型,引进"三来一补"外向型项目,利用外汇留存、关税减免、出口自主等优惠政策鼓励兴办一大批商品零售、批发、咨询、广告等第三产业,为商品流通创造条件,提高第三产业的比重。浦东逐渐形成了以跨国公司投资与服务贸易开放为主的显著特征,吸引 98 个国家与地区 1 万多家外资企业落户,全球 500 强跨国企业中的近 200 家,56 家外资金融机构,8 家跨国公司总部,服务贸易开放有序推进,逐步扩大到金融、商贸、房地产、电讯、中介服务、教育、医疗等诸多领域,对外贸易逐渐占据上海外贸的 50%。

浦东开发进程中,按照"组团布局"的思路建立了陆家嘴、张江、外高桥、金桥四个国家级开发区,这些重点开发区形成了各具特色的产业群,成为上海综合功能的重要载体,发挥上海中心城市的功能。陆家嘴金融贸易区,已经建成 400 多万平方米的现代化办公楼宇,引进 123 家中外金融机构、25 家跨国公司总部、34 家国内外大企业集团总部,成为建设上海国际金融中心的重要功能区。张江高科技园区成为科技创新区、国家生物医药基地、国家信息产业基地、国家软件园。外高桥保税区引进 3 400 多家贸易公司,建立 10 个保税市场,促进了上海国际贸易与航运功能的提升。金桥出口加工区引进 400 多家中外企业,工业产值超过 700 亿元,成为上海建设工业新高地的功能区。

四个国家级开放区以及一批现代化生活园区基本形成,浦东城市功能开发与新区形象建设取得令人瞩目的成绩,随着南浦大桥、杨浦大桥等一批越江工程建成与基础设施建设的初步完成,进一步扩大对外开放、增强上海城市的综合功能,中心城市的集聚、辐射功能得到进一步加强,上海正逐步从传统的工业主导城市转向现代经济中心城市,城市的能级显著提升。

2. 新一轮城市规划与四个中心(经济、金融、贸易、航运)的提出

由于积极推进"三、二、一"的产业调整方针,1990 年代上海产业结构得到优化,与 1978 年相比,2000 年第二产业比重从 77.4％下降到 46.3％,第三产业比重从 18.6％增加到 52.1％。鉴于 GDP 年均 12.2％的快速增长,第三产业的持续发展,以及中心城区的"退二进三",增强了城市总体经济实力与中心城区的综合服务功能,促进了现代服务业的发展,以浦西外滩和浦东小陆家嘴为核心的中央商务区初步建成,一批跨国企业地区总部落户上海。同时,第二产业中,工业新高地建设取得重大进展,形成了二三产两轮驱动经济发展的格局,六大支柱工业的支撑作用日趋明显,高新技术产业占全市工业增加值的 21.8％;形成四大产业基地,都市型工业,"1＋3＋9"国家级、市级工业区布局基本形成。传统城郊型农业向现代都市型农业转变的步伐加快,郊区在城市发展中的地位和作用显著提高。

同时,城市基础设施建设,正朝向枢纽型、功能性层面快速提升。"三港两路"骨干工程相继建成,为扩大对外交往和经济辐射奠定了基础;以"申"字型高架道路、"半环加十字"的轨道交通、"三横三纵"地面主干道路为骨架的中心城立体综合交通体系基本形成,以莘奉金、沪青平、外环线为先行的郊区高速公路网络初步构成,沪宁、沪杭、同

三国道等高速公路相继建成，为上海城乡一体化的全面发展提供了有力支撑。至此，上海已经初步形成了地方性、国家级多层次的市场体系，促成了商品流、资金流、人才流、信息流、技术流的集散与流通，发挥着区域性中心城市的功能。

2001 年初通过的《上海市国民经济和社会发展第十个五年计划》中，又为上海的城市功能定位描绘了新的蓝图：调整优化经济结构，不断提高城市的国际化、信息化、市场化、法制化水平，发挥城市综合优势，增强城市综合竞争力，实施科教兴市和可持续发展战略，初步确定社会主义现代化国际大都市的地位。2001 年 5 月国务院批复《上海市城市整体规划（1999—2020 年）》，新一轮城市总体规划明确提出，上海的城市建设以技术创新为动力，全面推进产业结构优化和升级，重点发展以金融保险为代表的服务业和以信息产业为代表的高新技术产业，不断增强城市功能，将上海建设成为现代化国际大都市与国际经济、金融、贸易、航运中心之一。

（二）"经济中心"城市功能的提升

浦东开发基础设施先行，城市化地区从原来的 44 平方公里扩大到 100 多平方公里。世界 500 强跨国公司有 140 多家落户浦东，投资了 200 多个项目。浦东开放成为上海经济的新增长极，使得上海成为中国沿海与沿江地区两个经济带交相辉映的"T"型开发格局，带动了 3 亿多人口、180 万平方公里的长江流域的发展，来自全国 30 个省市的 120 多家外贸子公司进入浦东。浦东坚持金融、贸易、高新技术先行，依托上海在经济、科技、人才等方面的综合优势，培育与发展现代新型产业，提升产业结构。浦东十年来 GDP 年均增长 20％，占上海全市比重从 8.1％增加到 22％，第三产业的比重由 20.1％上升到 46.7％，2001 年新区的外贸占全市的 40％，工业总产值中高新技术产业占 48.4％。

经过十多年的建设，浦东开发开放取得了重大进展，已经从基础开发为主，转向基础开发与功能开发并举，一个多功能、外向型、现代化新城区的雏形初现。同时，上海发展中的很多矛盾和问题通过浦东开发得到解决或化解，如老城改造解决住房问题、老企业重组、老职工再就业。浦东开发引进大量外资、内资企业，提供了很多老企业重组改造与职工就业的机会，推进浦东、浦西一体化发展。

浦东开发不是简单地照搬深圳等特区模式，而是在更高的起点上后来居上，发挥新区的引领与示范作用。开发的定位是面向世界与国际接轨，建设新区不是特区，建设功能开发区不是经济技术开发区，将上海经济中比较适合在浦东发展的功能位移到浦东，而不是独立建设一个工业经济体，跨过黄浦江，再打造"上海经济中心与对内外枢纽"的功能。通过开发开放浦东，恢复上海国际都市功能，将上海建成为西太平洋的国际贸易、金融中心，为中国的金融、证券、贸易、商业、信息业改革开放进行综合试点积累经验。

依托浦东新区形成上海"龙头"，1990 年代以来，上海先后建成了中国第一家证券交易所（1990）、第一家国际级期货交易所（1992）、上海技术交易所（1993）（2004 年与上海产权交易所合并为上海联合产权交易所）、中国外汇交易中心（1994）、上海航运交易所（1996）、上海钻石交易所（2000）、上海黄金交易所（2002）等十大要素市场，发挥中心城市的集散、配置、辐射作用。不过此时，将上海建设成为长江流域的龙头与国际经济、金融、贸易、航运中心的战略定位虽然已经初步奠定了基础，但还远未完成。

由于 1982 年提出的"计划经济为主、市场调节为辅"的经济原则，越来越不利于市场经济改革，终于在 1992 年初，根据"计划多一点还是市场多一点"不是经济制度的本质区别这一论断，提出来社会主义市场经济的概念，才基本冲破计划经济的桎梏。城市化相关的研究表明：直到 1990 年代中期，中国的城市规划原则与城市化道路，基本上仍然是以城市规模为取向，这才是原因之所在。随着市场经济改革的深入、第三产业的兴起，对于城市土地利用、城市交通等方面认识的增加，对城市功能的理解开始深入，推动上海城市建设从工业主导型城市转向现代经济中心城市，从相对封闭转向对内对外全方位开放。

三、从多中心城市迈向全球城市(2006—2019)

在城市史的经验中，城市化的起始阶段是人口向城市的转移，随着城市的发展，更多地表现为要素的转移，先进生产要素流向城市，尤其是经济中心城市。企业的总部及其研发中心、营销中心聚集在中心城市，可以便捷地获取信息、降低交易成本、取得聚集效益。所以，衡量经济中心城市要素聚集能力，不是城市人口的多寡、经济总量的数额，而是城市功能的强弱、城市能级的层次。对于崛起中的全球城市来讲，在全球化与信息化的背景下，促进城市全面转型，关键在于激发城市内部个体和机构的创新活力，在体制改革、机制完善、市场功能培育、相关产业发展、组织机构及人员配备等方面创新。因此，创新是至关重要的，是全球城市崛起之灵魂。[1]

---

[1] 周振华：《崛起中的全球城市——理论框架及中国模式研究》，上海人民出版社 2017 年版，第 270 页。

（一）创新驱动与转型发展中城市功能提升

1. 创新导向与城市的再生产

在全球经济危机发生之后，在中国经济转型的大背景下，上海提出率先转型发展战略，上海的城市功能不断地调整、提升和转变。在中国市场化改革日益深入的情境下，在追赶全球城市的浪潮中，上海的城市经营已经由资金导向转向创新导向。在资本的容量、结构之上，进行市场集聚与重组，实现城市资本在功能上的最优。通过创新导向的城市经营，提升产出效益与城市竞争力，实现城市发展模式的战略转变。

从生产经济向服务经济转型的上海发挥城市的创新功能，大力发展以综合服务为核心的总部经济，但也不能偏废主体经济，这些跨国制造业企业总部的入驻，有效带动了上海生产性服务业、商贸业、金融业等第三产业的发展。

为了配合城市建设，2005 年 6 月 21 日，国务院批准浦东新区进行综合配套改革试点。作为首个国家级综合配套改革试点地区，开始了以体制创新为核心内容的"二次创业"。浦东综合配套改革是为从根本上实现国家管理方式的改善所进行的改革，不是浅层次的放权让利，不是一些支持性的政策，而是要探索与管理已经转型或正在转型的国际中心城市的方法与机制。此后，浦东的经济管理体制和社会管理体制正在发生着深刻的变化。

此外，在上海中心城市建设的同时，从空间生产再循环的角度，上海需要从新农村建设、发展主导产业、城中村改造等方面推进城乡一体化，推动城乡基础设施、劳动就业、社会事业一体化，实现城乡规划产业统筹发展，以基本服务均等化为目标，逐步消除城乡二元结构。

2. 创新中的城市功能：从单一生产转向服务经济

上海经济结构调整与转型的一个方面是制造业能级的提高，另一个方面就是服务业的快速发展。上海面临的土地、能源等要素资源约束日益显现，商务成本不断上升；扩大服务业规模、提升产业能级，是增强城市国际竞争力的必然选择，把加快发展现代服务业作为实现"创新驱动、转型发展"总方针的战略举措。

"服务经济"不仅包括服务业，还包括部分制造业的延伸，以及三次产业融合发展中形成的以提供服务为主的新兴产业和新业态。包括三个层面的内容：一是从产业结构角度，服务业占主导地位；二是从产业融合角度，三二一产业高度融合、互相服务；三是从服务对象看，不仅仅是本地，包括全国与国际市场。上海经济结构转型的路径与目标：加快形成服务经济为主的经济结构。

2011 年上海第三产业同比增长 11.6％，对经济增长的贡献率达到 76.7％，占生产总值的比重达到 59.3％，比 2010 年底提高 2 个百分点；同时，城乡居民收入明显快于经济增长，地方财政收入也在 2010 年同期高基数的基础上实现同比增长，经济发展趋向优化。"十一五"期间，上海服务业的增加值年均增速达到 12.3％，服务业增加值占全市生产总值的比重从 52.1％提高到 57.3％。"十二五"期间，上海服务业总量规模稳步提升，到 2015 年服务业增加值占全市生产总值比重提高到 65％左右。这一比例与全国其他城市相比，相对较高，但与国际同类城市相比，却相对较低。以此作为参照，还有巨大空间和潜力，成为上海新的增长动力。"十二五"末，"四个中心"核心功能初步形成，服务业综合服务功能进一步增强，基本形成以服务经济为主的产业结构。

2011 年上海的研发（R&D）经费支出达到 597.7 亿元，较 2010 年

（481.7亿元）增长24.1％，占全市生产总值的3.1％。其中，企业研发投入占全市的比例高达69.6％。全市战略性新兴产业总产出10 194.85亿元，比上年增长12.2％。为强化企业的研发主体地位，政府出台政策引导创新资源向企业集聚，其中不乏迅速长大的中小型科技企业。2011年市政府出台了《关于推进上海张江国家自主创新示范区建设的若干意见》，重点聚焦股权激励、人才特区、财税改革、科技金融和政府管理创新五个方面，改革突破、先行先试。

按照服务经济、创新经济发展对制度环境提出的客观需求，以陆家嘴金融贸易区、张江高科技园区、虹桥商务区、上海综合保税区为主要载体，从税制、管制、法制等关键环节，学习借鉴全球先进经验和国际通行规则，在贸易便利化、科技投融资体系、服务经济税制改革、土地二次开发等方面取得了一系列的改革突破。

3. 资源配置：围绕四个中心的建设

2008年的国际金融危机打破了全球经济的平衡格局，也对中国经济的发展模式提出了考验，原来的发展依赖于外部市场，将转向依赖国内市场，上海城市功能的定位也必须要适应这个转型战略。以前的经济发展方式依赖低端要素（低廉充足的劳动力、土地、环境）驱动，需要转变为依赖科技创新与服务经济驱动。同时，借助于建设上海"四个中心"的国家战略，建成沟通国内外、服务国内外的经济平台，形成大区域的资源配置能力。

2009年上海南汇与浦东合并，三港三区联动、功能互补，形成上海综合保税区。2011年，借助于国际贸易技术服务中心、有色金属类大宗商品集散平台、融资租赁特别功能区、空运货物服务中心，集贸易、航运、金融功能为一身的服务平台启动，上海综合保税区正在转型发展为国际一流自由贸易区。洋山保税港区、外高桥保税区、浦东机场综合保税区与相应的港区，以及陆家嘴金融区、虹桥商务区等，构成了上海建设国际航运中心的核心功能区、国际贸易中心的重要平台、国际金融中心的重要突破点。此外，上海黄浦、卢湾两地汇集了金融证券、现代服务、商贸物流、休闲旅游和文化创意等产业的优势资源，2011 年位于浦西"心脏"地带的这两个区合并，在较大区域内统一产业规划与功能布局，拓展核心城区的辐射面，将催生出一个世界级的中央商务区，与浦江对岸的"大浦东"形成良性互动，进一步均衡上海东西部发展，浦西将成为上海建设国际金融中心的又一核心力量，推动上海中心城市的发展。

金融方面：金融集聚区建设方面，陆家嘴金融城范围进一步扩大，外滩金融功能拓展延伸。陆家嘴金融城已建成商务楼宇 1 006 万平方米，未来五年将新增 350 万平方米。同时，推进一批功能性项目，以及金融城管理体制创新，建设上海股权托管交易中心。① 陆家嘴区域将成为上海国际金融中心的核心区域、上海核心中央商务区的重要组成部分和具有重要影响的高端航运服务集聚区。据 2011 年度"伦敦金融城全球金融中心指数"和"新华—道琼斯国际金融中心发展指数"最新排名，上海分别居全球第五位和第六位，金融影响力进一步提升。

总部经济方面：入驻上海的跨国公司地区总部共有 347 家（以及 237 家投资总部、332 家研发中心），其中亚太级别以上总部占比达 15％左右（或者正在设立事业部全球总部），制造业总部占比高（在跨国公司地区

---

① 2011 年一批高能级金融机构入驻，新增各类监管金融机构 43 家，累计达到 692 家，引进新兴非监管类金融机构 303 家，新增金融专业配套服务机构 36 家。

总部中，制造业总部占比达 70％以上）。①总部集聚区日益增多，除了陆家嘴、徐家汇、淮海中路、南京西路等传统集聚区外，包括市北高新技术园区、普陀长风生态集聚区、大连路国际总部集聚区、世博园区西侧的前滩地区等新兴总部基地，以及张江、金桥、虹桥、漕河泾等开发区、世博园央企总部集聚区。

航运方面：随着洋山深水港与外高桥港货物集散功能的进一步提升，2011 年洋山深水港成为世界第一个集装箱吞吐量超过 3 000 万标准箱的港口，港口货物和集装箱吞吐量世界第一；浦东机场连续三年货邮吞吐量位居全球机场第三；全球排名前 20 家班轮公司都有分支机构入驻上海。航运企业和机构加快集聚，新增航运机构 300 余家，成功引进国内唯一海损理算专业机构中国贸促会理算中心，国际航运服务中心正式启用。

贸易方面："十一五"（2006—2010）期间，上海社会消费品零售总额累计完成，年均增长 15.2％、外贸进出口年均增长 14.6％。上海正在推进十大国际贸易平台建设，包括建设大型会展设施平台，建设覆盖全球、服务全国的贸易服务平台，建设中国技术进出口交易平台，打造网上国际贸易中心平台，优化现代服务业集聚区平台，建设近悦远来的消费平台，构建内外贸一体化平台，建设财经信息发布国际信息港平台，建设国际贸易机构集聚平台，加强贸易中心枢纽功能。

上海以浦东的四个国家级开发区为原点，形成中国规模最大、起点最高的城市开发，发展形成了陆家嘴、张江、外高桥、金桥国家开放区与洋山保税港区、临港产业区、康桥工业区、南汇工业园区等。除了继

---

① 沈晗耀：《上海：聚焦总部经济》，《上海经济》2012 年 3 月。

续深化开放、增强配套改革以外，更从国际中心城市的视角，形成合理的城市功能区布局，完成从开放区到城市功能区的转变，形成现代化的国际大城市区。在长江三角洲地区，上海是产业附加值最高的中心城市，服务业尤其是生产性服务业的优势地位最为明显；苏州、无锡属于高附加值制造业最为集中的地区；南京、杭州、宁波是区域中具有生产性服务业优势地位的次中心城市。①

当前，上海正在构建一批重大的功能性项目和相应的制度平台，利用中国经济在全球份额中日益增大的权重，构建起适应和引领全球经济的国际经济信息发布与管理平台，逐步形成全球资源配置力。例如，国际贸易平台与总部经济区，推动了浦东从传统国际贸易集聚区，向具有全球资源配置能力的国际贸易中心核心功能区演进。利用上海的区位优势吸引企业总部集群布局，通过"总部（头脑）—制造（躯干）"方式辐射带动相关区域经济发展，通过"总部企业对产业链资源的跨区域集中配置，建立覆盖区域乃至全球的生产、营销网络"，通过"增强企业的采购、研发、投资和运营能力，促进产业链集聚发展"，形成总部集聚效应，既有利于提升主体经济的能级，又有利于通过集聚与扩散效应促成中心城市与周边的良性互动，推动形成可持续创新的世界级城市群。

（二）正在迈向的目标：全球中心城市建设

根据上海市"十三五"规划，到 2020 年形成具有全球影响力的科技创新中心基本框架，走出创新驱动发展新路，为推进科技创新、实施创新驱动发展战略走在全国前头、走到世界前列奠定基础。适应社会主义市场经济发展，建立健全更加成熟、更加定型的国际化、市场化、法治

---

① 赵渺希：《全球化进程中长三角区域城市功能的演进》，《经济地理》2012 年第 3 期。

化制度规范。

第一，基本建成国际经济、金融、贸易、航运中心和社会主义现代化国际大都市。

关于具有全球资源配置能力的国际经济、金融、贸易、航运中心的发展目标与要求，包括：①国际经济中心的目标与要求为：综合经济实力雄厚、产业能级高、集聚辐射能力强，需要金融、贸易、航运和科创等重要功能有机融合、互为促进。②国际金融中心的目标与预期为：基本确立全球性人民币产品创新、交易、定价和清算中心地位，基本形成国内外投资者共同参与、国际化程度较高的多层次金融市场体系和具有国际竞争力、行业影响力的金融机构体系，金融监管和风险防范能力有效提高。③国际贸易中心要求为：具有国际国内两个市场资源配置功能、与中国经济贸易地位相匹配的，目标与预期为基本形成在全球贸易投资网络中起枢纽作用的重要城市，货物贸易、服务贸易和离岸贸易能级进一步提高，基本形成与高标准国际贸易投资规则衔接的制度体系。④国际航运中心的建设要求为：航运资源集聚、航运服务功能健全、航运市场环境优良、现代物流服务高效，具有全球航运资源配置能力。目标与预期为基本形成以上海为中心、以江浙为两翼、以长江流域为腹地的国际航运枢纽港，基本形成现代化港口集疏运体系和国际航空枢纽港，基本形成现代航运服务体系，形成便捷、高效、安全、法治的口岸环境。

第二，基本建成具有全球影响力的科技创新中心。预期目标为基本形成符合创新规律的制度环境，基本形成科技创新中心的支撑体系，基本形成大众创业、万众创新的发展格局，创新人才和成果不断涌现，基本形成科技创新中心城市辐射能力，张江国家自主创新示范区加快进入国际高科技园区先进行列。

第三，基本建成社会主义现代化国际大都市与全球城市。预期目标为形成经济活跃、法治完善、文化繁荣、社会和谐、城市安全、生态宜居、人民幸福的社会主义现代化国际大都市，市民对"城市，让生活更美好"的感受度进一步提升。

1. 从中心城市到全球城市

中央政府已明确上海建设"四个中心"和现代化国际大都市的战略定位，并从各个方面予以持久性的支持，从浦东开发开放到国际金融、航运、贸易中心建设等，迅速提升上海在全球网络中的战略定位，正是为了抓住这一重要机遇，将上海打造成一个具有综合性功能的高层次的全球城市。[①]与传统的经济中心城市、国际大都市相比，全球城市除了一般的经济中心功能之外，还具有几个突出功能：一是世界经济组织（机构）高度集中的控制；二是金融机构和专业服务公司的主要集聚地；三上海高新技术产业的生成和研发基地；四是产品及创新活动的市场。[②]

2014年5月23日至24日，中共中央总书记、国家主席习近平在上海考察调研时强调，上海作为全国最大的经济中心城市，在国家发展大局中占有重要位置，要抓住机遇，锐意进取，继续当好全国改革开放排头兵、科学发展先行者，不断提高城市核心竞争力，开创各项工作新局面。

就提高上海全球城市的国际影响力，上海市"十三五"（2016—2020）规划中提出，增强城市国际交往能力，打造高水准的国际交流平台，积极开展公共外交和民间外交，全方位推进国际城市交流合作，学习国际先行城市在创新、转型、城市规划、社会治理等方面的经验，加

---

①　周振华：《上海迈向全球城市战略与行动》，上海人民出版社2012年版，第31页。

②　周振华等：《上海：城市嬗变及展望（下卷）》，上海人民出版社2010年版，第10—25页。

强上海城市品牌在国际上的传播推介。围绕国际人士的医疗、教育、出入境等便利化需求，营造国际化的服务环境。改善医疗机构涉外服务，鼓励引进国际知名品牌的医疗服务机构，完善国际人士在沪就医的国际医疗保险结算制度。提高教育国际化水平，支持社会力量兴办外籍人员子女学校。改善外籍人士就业、居留许可等行政事务服务水平，加强窗口单位、公共场所的外语信息服务，提高便利化程度。提高市民国际交流能力。打造高品质公共活动空间和国际社区，营造多元包容、融合东西的文化氛围。

上海在全球城市的四个指数排名中榜上有名（前100名），且排名处于中上位（16—35名不等），属于排在前列的全球领军城市。分别为："全球城市目的地指数"（第16位）、"全球城市指数"（第18位）、"全球城市状态指数"（第26位）、"创新城市全球指数"（第35位）。①

2. 以"创新"为驱动的全球城市

上海市"十二五"（2011—2015）规划中，对标国家对上海的战略定位，到2020年上海要基本建成与中国经济实力和国际地位相适应，具有全球资源配置能力的国际经济、金融、贸易、航运中心，基本建成经济繁荣、社会和谐、环境优美的社会主义现代化国际大都市，为建设具有较强国际竞争力的长三角世界级城市群作出贡献。在"十二五"期间，上海城市功能定位的目标为："四个中心"和社会主义现代化国际大都市建设，转变经济发展方式，提高人民生活水平与质量。落实"四个中心"国家战略，以提高全球资源配置能力为着力点，全力推进国际金融、航

---

① 朱敏、冯翔：《全球城市指标体系应用对上海的重要启示》，《合作经济与科技》2018年第20期。

运和贸易中心建设，不断提高经济综合实力，全方位提高对内对外开放水平，全面提升经济中心城市的国际地位，为 2020 年基本建成国际经济、金融、贸易、航运中心奠定基础。

在阐释经济工作的科学发展思路时，十八大报告重点提到加快转变经济发展方式，加快形成新的经济发展方式，着力增强创新驱动发展新动力，着力构建现代产业发展新体系，着力培育开放型经济发展新优势。上海是中国经济的核心区，是长三角龙头的眼睛，正在进行的城市功能转向与提升，促成上海迈向全球的经济高地，从而"率先转变经济增长方式，率先提高自主创新能力，率先推进改革开放，率先构建社会主义和谐社会"，有望不负中央的期许、梦圆上海的夙愿。

上海市"十三五"（2016—2020）规划提出，到 2020 年形成具有全球影响力的科技创新中心的基本框架，走出创新确定发展的新路，为推进科技创新、实施创新驱动发展战略，建立健全更加成熟、更加定型的国际化、市场化、法制化制度规范，基本建成国际经济、金融、贸易、航运中心和社会主义现代化国际大都市，在更高水平上全面建成小康社会，从而形成与中国经济实力和国际地位相适应、具有全球资源配置能力的经济中心。

制度安排与技术条件一起共同构筑起一个框架，在此框架内，特定的经济结构和空间形式得以发展，由此形成全球城市的功能及其形式。全球城市具体功能的演变是技术、制度和经济变化共同的结果。因此，在全球城市崛起中，创新城市涵盖了技术、制度和经济以及社会等方面的创新，以及它们之间互动和综合作用的创新。①

---

① 周振华：《崛起中的全球城市——理论框架及中国模式研究》，上海人民出版社 2017年版，第 275 页。

（三）简评：创新引领下的城市功能演化（1949—2019）

历史见证了上海创新性发展的一个个脚印，以及伴随期间上海城市功能的一次次演进：从国家工业基地、单一的工业城市，转向多功能的经济城市，提出两个中心、三个中心、四个中心、五个中心、全球城市的设想与努力的方向（图 2-22）。

			全球城市 （2020—　）
		经济中心城市 （1991—　）	可持续发展创新的城市；全球经济中心之一；世界级城市群的中心；全球资源配置与话语权；以服务业为主体的经济结构
	工业主导的多功能城市 （1978—1990）	具有大区域性资源配置与创新能力；具有集聚与扩散功能；第三产业比重较高或超过 50%	
工业城市 （1949—1977）	小区域性中心城市，第二产业占比超过 50%；同时转移落后产业与产能；第三产业比重不再微不足道		
国家重要工业生产基地；第二产业一枝独秀			

图 2-22　上海市城市功能的演化（1949—2019）

1978—2019 年创新引领下的上海城市功能的演化，合乎上海迈向世界城市演化的四个进程。（1）在城市能级方面：1978 年来上海城市功能的每一次转向与递进，无不与城市经济发展与制度创新发展息息相关，尤其是 1990 年代浦东开发开放与 2008 年国际金融危机之后的上海转型，通过制度创新形成了一类新的功能城区，并促成城市经营逐渐从资金导向转向城市功能升级导向，逐步形成了城市的区域性资源配置与创新能力，形成中心城市显著的集聚与辐射效应。（2）在创新驱动力方面：上海城市功能演进的历史中，逐渐重视城市的原创新力，发挥中心城市科技创新的潜力，构建以企业为主体、市场为导向、产学研相结合的技术创新体系，实施城市创新驱动发展战略，凸显中心城市的价值，提升上海经济发展的质量与效益。（3）在产业经济发展方面：当前上海正处于从工业化后期向服务经济加快演进的时期，及时改变工业时代的体制，建立适合服务经济发展的机制，建立以现代服务业为主体、战略性新兴产业为引领、先进制造业为支撑的新型产业体系，实现产业调整、经济转型与城市功能优化。（4）在城乡一体发展以及提升开放型经济水平方面：上海城市功能的转向与提升的进程，也就是乡村城市化与城乡一体化的进程，也是区域之间、产业之间深度开放与合作的进程，上海的产业结构高度化与上海作为新的经济高地，离不开高层次的区域分工合作、互利共赢多元平衡的开放型经济格局。

关于"上海率先转型发展"，更多地转化为创新驱动转型发展，率先转变经济增长方式、率先提高自主创新能力、率先推进改革开放。从上海城市功能演进的视角，可以看到产业结构调整与城市功能定位的改变如影相随，可以看到上海的经济发展与城市功能的转向息息相关。上海的城市功能转向与提升，利用上海在全国经济中的战略高度，利用中国经济在全球份额中日益增大的权重，逐步形成全球资源配置力，在实现"四个中心"，走向全球城市，以实现创新驱动转型发展，实现创新驱动与创新引领。由此观之，上海经济创新驱动、转型发展能否或多大程度上成功，取决于上海城市的发展定位、城市能级，以及上海与周边城市，甚至参与全球化产业分工中所处的层次，但这些现象的背后，其内在动力仍在于上海创新引领能力的大小。

第二节 改革开放进程中的创新引领

20 世纪 70 年代末，当中国南方沿海地区对外开放，并取得显著成绩之际，传统经济中心的上海却面临持续的发展危机。1990 年开启的浦东开发开放，更多地是因势利导，做大增量，推进市场开放、体制改革，及至 2000 年第三产业占比上升到 50.2％，上海的开放经济进入了一个新的阶段。

一、从局部试点转向普遍化的深度开放

2001—2005 年一般被视为中国加入 WTO 的过渡期，就开放的内涵而言，从局部、有限、相对封闭的开放试点，正式推向普遍化，推向制度化，不仅促成了商品、资本、人才等要素的流动，也间接影响到下一步的改革。

（一）从局部试点到转向普遍化的开放

一般而言，改革开放以来，在实行对外开放的战略中，中国把握了国际产业结构调整带来的机遇，在扩大进出口贸易、利用外商直接投资等方面取得显著成效，促成了国内经济的高速、稳定增长。及至世纪之交，全球经济呈现信息化发展趋势、服务贸易国际转移加速，国家间贸易摩擦激增，经济全球化从功能性走向制度化，既有开放战略亟待调整。中国加入 WTO 以后，对外开放不失时机地从以试点为特征的政策性开放阶段转入以法律框架下可预见的体制性开放阶段；开放的重点领域也

从地域开放转向产业开放、货物贸易开放转向服务贸易开放。在 WTO 确定的多边、稳定、无条件最惠国待遇原则下，享受 WTO 各成员贸易投资自由化的便利，促进经济融入世界经济体系，发展对外贸易、吸收外资和参与国际经济合作。

加入 WTO 标志着中国对外开放进入新阶段，将在更大范围、更深程度上参与国际经济合作和竞争。2002 年 3 月全国人大上海代表团讨论政府工作报告时表示，"上海要在开放的市场中竞争"，依据 WTO 承诺中将上海列为先行开放城市的有利条件，进一步扩大金融保险、信息服务、商贸、旅游、会展等领域的对外开放，积极引进世界著名的跨国公司、航运集团、中介机构来努力促进上海高增值服务业的发展。

主要体现在以下四个方面：

（1）完善招商引资政策。着重引进规模大、技术高、信用好的企业，发挥上海金融、区位、人才等方面的综合优势，消除各种政策障碍，创造良好的投资环境，使上海不仅成为长江三角洲地区，而且成为中国乃至亚太地区的跨国公司研发中心、管理中心和营运中心。（2）对外开放与产业结构的优化升级紧密结合。通过对外开放，大力发展附加值高、关联带动大的产业，促进产业结构优化升级，迅速提高工业的现代化水平和国际竞争力。重点建设张江集成电路和微电子产业基地、上海化学工业区、上海国际汽车城和宝钢精品钢基地，形成分别位于上海近郊东、南、西、北的四大产业基地。（3）扩大以金融业为重点的服务业领域的对外开放。扩大金融业对外开放，增强金融中心的辐射、服务功能。推进现代物流业等新型产业，着力吸引国际著名物流公司进驻上海，发展现代物流、电子商务等新型业态。（4）推进投融资体制改革。大力吸引外资参与城市基础设施和其他方面的建设。扩大多元化、市场化筹融资渠道。

上海的对外开放走过了一个从被动到主动、从必然到自由的过程。把上海定位成为国际经济、贸易、金融、航运、科创五大中心，是上海在对外开放中先行一步的表现。2001年初通过的《上海市国民经济和社会发展第十个五年计划》，又为上海的城市功能定位描绘了新的蓝图：调整优化经济结构，不断提高城市的国际化、信息化、市场化、法制化水平，发挥城市综合优势，增强城市综合竞争力，实施科教兴市和可持续发展战略，初步确定社会主义现代化国际大都市的地位。2001年5月国务院批复《上海市城市整体规划（1999—2020年）》，新一轮城市总体规划明确提出，上海的城市建设以技术创新为动力，全面推进产业结构优化和升级，重点发展以金融保险为代表的服务业和以信息产业为代表的高新技术产业，不断增强城市功能，将上海建设成为现代化国际大都市与国际经济、金融、贸易、航运中心之一。

随着市场经济改革的深入、第三产业的兴起，上海从相对封闭转向对内对外全方位开放。从局部区域的开放型发展战略，转向开放战略下的普遍化发展。及至2005年，上海在国际经济、金融、贸易、航运中心、服务、旅游、文化传播等领域取得重要突破，城市的全球综合竞争力显著增强，并逐步成为全球时尚流行前沿发布中心。

（二）借力 WTO 与 FDI 的深度开放

入世以后，中国呈现出全方位、多层次和宽领域的对外开放。上海立足转变外贸增长方式，着力提高对外经济贸易，依据"大外贸、大口岸、大通关"的思路，形成了货物贸易与服务贸易并举、本市贸易与口岸贸易并举、一般贸易与加工贸易并举、进口贸易与出口贸易并举的指导思想，在发展规模、运行质量、管理体制等方面都取得了显著的进展。

2008 年，上海外贸进出口为 2000 年的 6.07 倍，年均增长 25.3%（其中出口、进口年均增长 26.8%、22.9%）。

入世之初，"总部经济"还是停留在少数文件中的一个朦胧的文字组合，而现在，沪上总部经济集聚区已经不下 10 个。这样的新词汇还有"全球研发中心""现代服务业集聚区""跨国采购平台""枢纽港""创意产业园"，市场开放成为上海经济活力的新源泉。购物中心、均价折扣店、奥特莱斯、药妆店、SBD（郊外商业中心），这些发达国家用 50 年时间才完成的商业业态演进过程，上海只用了 15 年。作为先进业态示范的连锁业，在 2005 年上海社会消费品零售总额中占 27.3%，在上海，平均每 1 360 人占有一家连锁门店，已经接近发达国家水平。

截至 2004 年底，集聚上海的跨国公司地区总部达到 86 家，批准的外商直接投资公司和外资研发中心项目累计分别达到 105 家和 140 家。投资主要以先进制造业和现代服务业领域为主，除了 IT 制造业、汽车、金融、旅游、房地产等之外，设立了一批担保、会展、综合性医院、金融、贸易等服务业外资项目。

服务市场的变化更为明显。2002 年，花旗银行网点在外滩开业的场景，曾在国际上引起轰动。因为，这是数十年来在中国境内出现的第一个外资银行零售业务网点。但是，仅仅 4 年之后，浦江两岸，已经出现了 340 多家各类外资和中外合资金融机构，上海成为中国引进外资金融机构数量最多的城市。截至 2005 年，上海外资保险公司保费收入已占市场份额 17.45%。根据央行上海总部的货币运行报告，2006 年前三季度，外资银行在新增人民币贷款中的市场份额已经超过五分之一。上海成为国内外资金融机构最密集、开放度最高的城市，上海正在从国内金融中心迈向亚太金融中心。

据上海市外经贸委统计，2005 年《财富》全球 500 强中共有 260 家在上海投资，投资项目数达 1 282 个，其中地区总部 20 个、投资性公司 25 个、研发中心 32 个、跨国采购中心 45 个，金融机构 56 个、代表处 136 个。中国社科院的一项调查表明，世界 500 强企业中有 300 家选择在中国建立总部或地区总部，其中 45％选择上海。外资总部经济集聚效应初步显现。

2006 年 12 月，世界贸易组织过渡期结束，意味着中国完成向市场经济转型的最后阶段刚刚开始。扩大开放，充分发挥上海综合环境较好、比较效益较高、综合竞争力较强的优势，进一步推进政府管理创新，在经济运行上加快与国际通行做法相衔接，切实保护外商合法权益，为各国投资者在上海发展营造更好的环境，创造更多的机会，开辟更广的前景。

上海率先研究应对中国加入世界贸易组织有关对策，紧紧围绕"四个中心"战略目标建设，率先建立和完善与国际通行规则相一致的运行规则，以制度优势构建改革开放新优势。加快经济发展方式转变，优先发展现代服务业和先进制造业，构建以服务经济为主的产业结构；扩大对外开放的广度和深度，加快建立与国际接轨的运行规则，推动服务贸易发展，为中国顺利完成世界贸易组织过渡期作出了贡献，也推动了上海向全球城市转型。加入世界贸易组织成就了十年辉煌的经济增长，也初步理顺了国内市场经济的运行机制，但也有太多改革未尽的领域，如政府采购、服务业准入许可、市场竞争政策。

除了借力于世界贸易组织，发展完善市场之外，另外一个关键点即为引入 FDI（外国直接投资），推动产业升级。2001 年以来是上海利用外资的第二个加速期，中国加入世界贸易组织以后，上海吸引外资进入新一轮加速发展期，不仅数量持续增加，而且外资在三次产业中占的比重也发生了变化。直至 2004 年，第二产业一直是外商在上海投资的主要产业，当年占实际利用外资额的比例达到 55%。此后，伴随上海产业结构的调整，第二产业吸收外资所占比例逐步下降，第三产业成为外商投资最重要的部门。20 世纪 90 年代以来，上海外资企业在分布上表现出明显的郊区化和向近郊区局部地区（尤其是园区和新城）集聚的特征，并形成了沪西南、浦东和沪西北 3 大集聚区。[①]

上海实际利用外资为：2000 年 31.6 亿美元，2002 年 50.3 亿美元，2004 年 65.41 亿美元，2006 年 71.07 亿美元，2008 年 100.84 亿美元，2010 年 111.21 亿美元，2012 年 151.85 亿美元。据测算，就短期弹性而言，FDI 每增加 1 个百分点，将使 GDP 年增加 0.048 个百分点；就直接的长期影响而论，FDI 每增加 1 个百分点，可使 GDP 年增加 0.295 9 个百分点。[②]

2006 年，上海服务业吸收合同外资占全年吸收合同外资的 67%，服务业实际吸收外资也占全市实到外资的 60% 以上；同年，上海服务贸易进出口总额同比增长近 30%，占全国服务贸易进出口总额的 22%。FDI 的引进，优化国际贸易的商品结构，外商直接投资更多流向高新技术产业，加强本土企业与跨国公司之间前后向的联系，提升在全球化价值链中的位置。

2018 年 11 月 5 日，首届中国国际进口博览会在上海开幕，这是迄今为止世界上第一个以进口为主题的国家级展会。首届进博会以"新时代，

---

① 赵新正等：《上海外资生产空间演变及影响因素》，《地理学报》2011 年第 10 期。

② 萧政、沈艳：《外国直接投资与经济增长的关系及影响》，《经济理论与经济管理》2002 年第 1 期。

共享未来"为主题,共吸引了多达 172 个国家、地区和国际组织参会,
3 600 多家企业参展,超过 40 万名境内外采购商到会洽谈采购,展览总
面积达 30 万平方米。首届进博会累计进场达 80 万人,交易采购成果丰
硕,按一年计,累计意向成交 578.3 亿美元。分析显示:在 578.3 亿美元
意向成交额中,智能及高端装备展区成交额最高,为 164.6 亿美元;其
次是食品及农产品展区,成交 126.8 亿美元;汽车展区成交 119.9 亿美
元;医疗器械及医药保健展区成交 57.6 亿美元;消费电子及家电展区成
交 43.3 亿美元;服装服饰及日用消费品展区成交 33.7 亿美元;服务贸易
展区成交 32.4 亿美元。

首届进口博览会是为了"面向全球、面向未来,主动适应生产和消
费升级需要,加快在结构调整中提高供给体系质量,持续扩大高品质服
务和产品供给,努力走出一条符合超大城市特点和规律的高质量发展新
路"。习近平总书记不仅出席了首届进博会并发表了全球瞩目的重要演
讲,视察了上海且进行了引领性的战略部署。习近平总书记评价"开放、
创新、包容已成为上海最鲜明的品格,这种品格是新时代中国发展进步
的生动写照"。

二、从浦东综合配套改革到自贸区创新

当上海新开放的格局基本形成之际,原有的经济发展方式、市场规
制、资源配置越来越不适应现实的需要,中央将局部、微观的经济改革
实践探索,再度下放到地方,促成了上海浦东综合配套改革试验新特区
的出笼,开放再次反推改革,促成了新上海经济中心的成长。当改革推
进不及预期之际又重启对外开放,并促成了上海自由贸易试验区的出现

与发展。

（一）新特区：综合配套改革试验

改革开放以来的所进行的特区开放，包括浦东开发开放，主要还是迎合了改革初期所需要的渐进和慎重特点，希望使改革能在短时期内取得突破性进展。随着中国加入WTO、经济全面融入国际竞争体系、社会经济改革进入"全面、系统"的深化改革阶段，已有的开发开放已经远远不够。需要在先行地方，通过地方政府试验一些具有国家层面意义的重大改革开放措施，以综合配套改革推进区域经济的发展。需要将经济体制改革与其他方面改革结合起来，探索建设和谐社会、创新区域发展模式、提升区域乃至国家竞争力。需要实现重点突破与整体创新，率先建立起完善的社会主义市场经济体制，为全国其他地区的综合改革起示范作用。

2005年6月21日国家批准成立上海浦东新区综合配套改革试点，目的是以制度创新为主要动力，以全方位改革试点为主要特征，顺应经济全球化与区域经济一体化趋势和完善社会主义市场经济体系的期许，进行一项以全面制度体制建设的方式推进改革的系统工程。

与以往的经济特区、经济开发区相比，国家综合配套改革试验区的特点有三：（1）改革的驱动力从国家政策支持转向地方制度自主创新。改革试点的主要驱动力，从国家政策优惠转向制度的自主创新，中央不再给予试验区更多的实体优惠政策，而是赋予其"先试先行权"。比如，中央对浦东综合配套改革试点采取的是"三不"政策，即一分钱不给，一个项目都没有，一条财税优惠政策都没有。国家给予浦东的"最大特权"就是在制度创新方面先行先试的优先权，使地方能在完善市场经济体制乃至行政体制的探索中拥有更大的自主性。在这一过程中，地方更多地从各自区域经济社会发展现状和特点出发，通过区域性的体制机制的率先创新，推动面上的改革。（2）改革从单纯的经济发展转向复杂的综合改革。以往的改革试点主要表现为经济对外开放，着重吸引外资，以增进当地税收，从而带动经济增长。基本上还是停留在促进经济发展层面，尚未涉及深层次的体制改革，浦东综合配套改革试验区则注重社会经济各个层面的体制改革和创新，既关注经济增长的质量，也关注行政管理体制改革，同时关注社会发展和公共服务。（3）改革的广度从单一的城市发展转向整体的区域进步。以往的改革试点以城市为聚焦点，对城市与区域、国家之间的关联性和协调性缺乏关注，这次试图推动城乡之间、城市与区域之间、城市与国家整体战略之间的协调。

浦东综合配套改革试点借鉴国际经验，先行先试、攻坚破冰，把改革引向深入，进一步克服制约经济社会发展的制度性障碍，推动符合浦东实际的体制机制建设，为浦东在更高层次上实现快速发展提供动力，为上海增创发展新优势创造良好的体制环境。主要体现在两个方面：（1）在综合性制度创新上取得突破。从政策创新为主转向制度创新为主，从单项突破转向综合创新，在推进行政管理体制改革、推进经济运行方式转变、探索城乡一体化的发展模式和农村综合改革等方面进行制度创新，进一步构建符合经济全球化、竞争国际化要求的社会主义市场经济体制。（2）在改革的重点领域和关键环节取得新突破。抓住浦东重点领域和关键环节进行先行先试，突破瓶颈，体现改革先发效应。以张江高科技园区为载体推动自主创新，以陆家嘴金融贸易区为载体推进金融改革和创新，以及在建设"服务政府、责任政府、法治政府"等方面取得突破。

作为首个国家级综合配套改革试点地区，由于浦东综合配套改革是为从根本上实现国家管理方式的改善所进行的改革，不是浅层次的放权让利，不是一些支持性的政策，而是要探索与管理已经转型或正在转型的国际中心城市的方法与机制。近年来，浦东新区综合配套改革试点重点改革任务，围绕综合配套改革试点，抓重大政策突破，抓功能性项目先行先试，作为加快转型发展的强大动力。坚持"三个导向"原则，以改革促转型为主线，紧紧围绕浦东在发展服务经济和创新经济，提升产业功能、市场功能、城市功能过程中遇到的瓶颈问题，加大改革力度，真正使改革创新成为浦东"二次创业"的根本动力，同时也为转型发展提供体制机制和制度保障。

浦东综合配套改革以来，涉及金融领域改革、开放经济领域、枢纽港功能培育、口岸监管模式创新、科技创新体系、优化人才发展环境、土地管理制度改革、行政管理体制改革、社会领域改革和改变城乡二元结构。浦东的经济管理体制和社会管理体制发生了显著的变化。不过，仍需要回到当年的原点再反思：（1）制度创新是浦东综合配套改革试点的着力点和突破口；（2）综合配套改革试点的落脚点，在于转变政府职能，建设高效的公共服务型政府；（3）综合配套改革试点的目标，集中于着力转变经济运行方式。

（二）缘起：改革与开放的互动

20世纪70年代以来，传统产业和劳动密集型产业从发达国家和新兴市场经济体向发展中国家转移，其中也包含着各种高技术产品价值链中的制造环节，特别是低附加值制造环节从前者向后者的转移，从而构成了今日全球"研发—生产"的分工格局，这一进程大约在2008年前后已经基本完成。随着又一批发展中国家的崛起与中国沿海劳动力成本的上升，新一轮产业转移正在开始，劳动密集型产品正在流向成本更低的国家和地区，包括中国内地。这一潮流中出现一系列值得关注的重要的问题，其中之一是中国沿海，尤其是上海，能否承接各种高技术产品的高附加值价值链，在国际化产业中占据微笑曲线的高端，完成近十年来的夙愿，促成经济增长方式的转变与经济转型升级。一般认为，转变经济增长方式的力度、广度和深度是衡量上海发展最重要的指标。

大约自 2006 年初，中央期许上海能够"率先转变经济增长方式，率先提高自主创新能力，率先推进改革开放"，这也是上海面临的最直接任务。"我们将不遗余力，把转型推向深入。"这表达了上海政府对转型发展的决心。对于上海而言，只有坚定不移地推进经济增长方式转变，坚定不移地扩大开放，才能加快实现"四个率先"，加快建设"四个中心"。20 世纪 90 年代以来，正是浦东新区的开放开发带动了上海的发展，推动了上海的率先转型发展。如何实现上海产业结构高度化，以及与周边的协调发展问题？如何形成新的经济发展高地，培育并形成具有创新能力的本土企业？这是上海下一阶段能否承载国家战略、实现改革创新的关键之所在。

从有利的因素看，陆家嘴地区的建设得以加快，张江、金桥地区的转型力度加大将释放出更大发展空间，大虹桥、前滩、迪士尼、临港等重点区域开发建设不断加强并相继进入建设高峰。金融、航运、信息服务、商务服务、会展旅游、文化创意仍将保持较快增长态势。从不利的因素看，率先进行的经济转型，意味着将率先涉足改革的深水区。

诚如"创新驱动、转型发展"所示，上海经济发展的出路在于创新与转型，如果要保持高质量的经济增长，必须深化改革开放。如何深化？似乎是一个由来已久的话题。从改革的目标来看，需要深化重点领域和关键环节改革，进一步完善市场体系，加快建立能够充分反映市场供求关系和稀缺程度的资源要素价格形成机制。用改革的办法解决前进中的困难与问题，以改革开放促进经济发展，更好地发挥市场在资源配置中的基础性作用，充分调动和激发各方面的创造潜能，增强经济发展的动力与活力。例如，改变单纯的廉价劳动力战略有利于提高劳动者的收益，使劳动者更多享受发展的成果；以更规范透明、服务良好的投资环境吸引外资，而不是靠不断增加的政策优惠。

众所周知，创新是长期经济增长的重要源泉之一，改革是保持长期经济创新的动力之一，当改革进入攻坚阶段，必须形成促进改革的压力机制。这个时候，促成经济短期活力的要素——开放，可以更好地发挥作用，将改革与开放更好地结合起来，提高开放型经济水平，促进经济的有效增长。当前，上海经济的实情也是如此。要积极应对全球化竞争的世界格局，上海必须要率先转变对外贸易增长方式，优化引资结构，支持有条件的企业对外投资和跨国经营，形成参与国际经济合作和竞争新优势，全面提高开放型经济水平，为对外开放注入新的内涵。同时，优化调整产业结构，加快改造传统产业，大力发展服务业特别是现代服务业，积极发展先进装备制造业和高新技术产业，提高整体经济发展的质量，促成经济增长方式的转变。

故而，上海开放型战略亟须提升，而不是低水平开放模式的延续，不是与沿海其他地区或内地的低水平竞争，而是在开放中创新，发挥上海作为长三角的龙头和重要的国际大都市的作用，在东部率先发展中有更大作为，增强上海服务长三角、服务长江流域、服务全国的能力，进一步发挥辐射带动作用，培育新的经济增长点。

此外，加入 WTO 十余年来，中国在世界贸易格局中的地位日益提高，但近年来，全球贸易开始了新一轮竞争，出现了更高标准的自由贸易谈判（TPP、TIIP 等），国际贸易投资规则体系面临重塑。一系列区域性自由贸易投资协定的加快推进，使 WTO 规则和发展中国家日益边缘化，反映了国际贸易投资规则正在发生重大变革，并将深刻影响中国对外贸易和投资形势。

另一方面，世界上主要的自由贸易区也正在发生一系列改变：从货物贸易为主，向货物贸易、服务贸易并重转变，且更加注重服务贸易发展；由贸易功能为主，向贸易功能与投资功能并重转变，更加注重投资自由化、便利化。一般而言，自贸区在市场准入、外资国民待遇、业务经营、投资服务等方面营造高度开放宽松的投资环境；由在岸业务为主，向在岸业务与离岸业务并重转变，更加注重离岸功能的拓展；由贸易自由政策为主向贸易自由、投资自由、金融自由政策联动转变，体现国际贸易投资新规则。"面对这一系列变化，我们不主动对接，就面临'再次入世'的可能"。只有通过先行先试，调适国际经贸新规则新标准，积累新形势下参与双边、多边、区域合作的经验，才能为我国参与国际经贸规则的制定提供有力支撑。目前来看，以开放促进改革的新推动抓手就是自贸区。自贸区还将在促进外贸及投资便利化进程，为中国外贸"突围"破题，同时也将在中国加入 TPP 谈判中起到至关重要的作用。

正是国内外两方面间接、直接的缘由，促成了上海自由贸易试验区的迅速出笼。

(三) 自贸区：是什么？做什么？

建设中国（上海）自由贸易试验区是党中央、国务院在新形势下全面深化改革和扩大开放的战略举措。自贸试验区建设三年多来取得重大进展，总体达到预期目标。为贯彻落实党中央、国务院决策部署，对照国际最高标准、最好水平的自由贸易区，全面深化自贸试验区改革开放，加快构建开放型经济新体制，在新一轮改革开放中进一步发挥引领示范

作用，

2013年9月29日，中国（上海）自由贸易试验区正式挂牌。上海自贸试验区范围涵盖上海市外高桥保税区、外高桥保税物流园区、洋山保税港区和上海浦东机场综合保税区等4个海关特殊监管区域，总面积为28.78平方公里。这是浦东开发开放以来，上海又一项重大的事件，有力推动上海新一轮的对外开放战略。自正式挂牌运作以来，自贸试验区按照国家要求，在各方的支持和努力下，以制度创新为核心，突出与国际通行规则相衔接，实施了一批改革措施，落实了一批开放举措。经过实践运行，目前的自贸试验区建设良好、运行有序，基本制度框架初步建立，改革开放效应开始显现。与此同时，自贸试验区建设中存在的若干深层次问题也逐步显现，亟待研究解决。

中国已有的保税区在外汇管理、货物进出港监管、转口贸易等方面，还有较多限制。"上海自由贸易区的试验，绝对不是一般意义上为园区争取一些优惠政策，也不是招商引资的一些突破。这是顺应全球经济治理新秩序，主动对接国际规则，主动塑造中国新红利的战略举措。"上海自贸区的设立，肩负着对内市场化改革，对外市场开放，为全面深化改革和进一步扩大开放，实现制度创新，

《中国（上海）自由贸易试验区总体方案》2013年9月27日正式发布。国务院的宗旨是："要扩大服务业开放、推进金融领域开放创新，建设具有国际水准的投资贸易便利、监管高效便捷、法制环境规范的自由贸易试验区，使之成为推进改革和提高开放型经济水平的'试验田'，形成可复制、可推广的经验，发挥示范带动、服务全国的积极作用，促进各地区共同发展。"

根据《总体方案》，上海自由贸易区主要聚焦于服务业的改革与开

放，扩大开放措施涉及金融、航运、商贸、专业服务、文化、社会服务6大领域18个方面。上海的出口量占全国的1/4，服务贸易占到全国的1/3，因此服务贸易的开放应当成为上海自贸区的重中之重。在这些领域暂停或取消投资者资质要求、股比限制、经营范围限制等准入限制措施（银行业机构、信息通信服务除外），营造有利于各类投资者平等准入的市场环境。

根据《总体方案》，在金融领域，在风险可控前提下，可在自贸区内对人民币资本项目可兑换、金融市场利率市场化、人民币跨境使用等方面创造条件先行先试。在自贸区内实现金融机构资产方价格实行市场化定价。探索面向国际的外汇管理改革试点，建立与自由贸易自贸区相适应的外汇管理体制，全面实现贸易投资便利化。鼓励企业充分利用境内外两种资源、两个市场，实现跨境融资自由化。深化外债管理方式改革，促进跨境融资便利化。深化跨国公司总部外汇资金集中运营管理试点，促进跨国公司设立区域性或全球性资金管理中心。建立试验区金融改革创新与上海国际金融中心建设的联动机制。同时增加金融服务功能。逐步允许境外企业参与商品期货交易。鼓励金融市场产品创新。

在贸易领域，实施促进贸易的税收政策。将自贸区内注册的融资租赁企业或金融租赁公司在自贸区内设立的项目子公司纳入融资租赁出口退税试点范围。对设在自贸区内的企业生产、加工并经"二线（境内关）"销往内地的货物照章征收进口环节增值税、消费税。根据企业申请，试行对该内销货物按其对应进口料件或按实际报验状态征收关税的政策。

除金融、贸易领域改革外，自贸区的主要任务和措施包括转变政府职能、扩大服务业开放、探索建立负面清单管理模式、构筑对外投资服务促进体系、提升国际航运服务能力等方面。

同时，为适应建立国际高水平投资和贸易服务体系的需要，上海自由贸易区将着力营造相应的监管和税收制度环境。

（1）创新监管模式。促进试验区内货物、服务等各类要素自由流动，推动服务业扩大开放和货物贸易深入发展，形成公开、透明的管理制度。在自贸区内推进实施"一线放开"的同时，坚决实施"二线安全高效管住"。其次，营造相应的监管和税收制度环境，包括探索与试验区相配套的税收政策、实施促进投资的税收政策、实施促进贸易的税收政策等。

（2）突破行政审批管理体制。现有体制中行政审批制度改革难度较大，而设立自贸区就是要按照国际规范来突破这一难点。根据国务院常务会议讨论的草案，自贸区内暂停实施外资、中外合资、中外合作企业设立及变更审批等有关法律规定。在自贸区内将会按照内外资一致的原则，对涉及固定资产投资的内外资项目实行备案管理，而不再实施行政审批。具体而言，对于外商投资，对于特殊准入限制以外的行业，行政机构取消合同章程审批，实行备案管理。对于确需保留的限制行业，则将探索负面清单管理模式（上海自贸区在进一步降低内外资企业投资门槛、扩大投资领域、扩大服务业开放、金融领域改革方面先行先试。暂时停止实施一些法律的有关规定，实施负面清单管理。有鉴于12项开放措施，与现行外资企业法等4部法律的有关规定不一致。全国人大常委会授权国务院在自贸区内暂时停止实施这些法律的有关规定）。对于中国企业投资境外而言，一般投资项目的管理方式也由过去的核准制改为备案制。这是行政审批制度的重大改革，是简政放权的重大突破。

（3）创新金融服务业模式。上海自贸区在金融方面的先行先试将是重中之重，包括利率市场化、汇率市场化、离岸金融和外汇管理等。金融体系封闭、缺乏创新一直是中国金融业的软肋,近年频繁出现的资金市场异常波动提醒我们,金融业不能简单靠资产规模的扩张过日子,必须在开放和创新上有所作为。

围绕金融为实体经济服务、促进贸易和投资便利化的目标,自贸区将推进金融市场的开放与改革,在风险可控的前提下,在自贸区内对人民币资本项目可兑换、金融市场利率市场化、人民币跨境使用等方面创造条件进行先行先试。除了利率市场化在自贸区的继续推进,还将在自贸区内实行金融机构资产价格市场化定价。改革开放至今,中国一般商品和服务都已实现市场化定价,但资金等核心要素价格却仍然受到管制,这方面的放开意义重大。自贸区内的金融改革创新将与上海国际金融中心建设形成联动机制,对上海国际金融中心建设具有重要意义。

这些金融领域制度创新和改革的成功,将彻底改变中国金融业乃至经济发展的制度环境。由于长期管制的原因,市场分割,包括国内市场分割,国内与国际市场分割,是中国经济金融的重要特征,也是造成很多经济金融问题的原因,亟待解决。这些领域的改革,将启动金融领域的价格闯关,让市场决定资金的价格,包括利率和汇率。2001年加入世贸组织,推动了中国商品市场的价格市场化和一体化,带来了十年的黄金发展期。时隔12年,自贸区金融制度创新,着力于推动资本这一重要生产要素的价格市场化和一体化,解放出来的生产力将大于加入世贸组织。

就贸易开放程度看,中国当前货物贸易及制造业大多已对外资开放,但服务贸易(比如金融、建筑、传媒、能源、电力等领域)开放程度较低。只有考虑提高这些领域的开放程度,才能吸引新一批外资企业进入,这将引领中国对外开放进入新的历史时期。上海目前进行的服务贸易存在一些结构上的不合理，阻碍了贸易自由化和便利化。比如这些贸易大部分是在香港结算的，所造成的局面是，物流在上海而资金流和现金流却不在这里。从全球化观点来看，服务业是衡量一国经济发展水平的重要标志。目前，服务业占世界经济的比重接近 70％，服务贸易占世界贸易总额的 20％以上，服务领域跨国投资占全球跨国投资的近 2/3。伴随经济全球化深入发展和产业结构深刻调整，新兴服务业和服务贸易蓬勃发展，成为推动世界经济和贸易增长的重要动力。

从已公布的方案看，上海自由贸易区的试点内容和举措与世界自由贸易区的发展方向高度契合。通过新的国际贸易规则，推进中国的新一轮开放，提升中国经济转型速度和质量，其意图非常明显。世界主要自贸区的趋势显示，服务贸易正快速成长，在国际贸易中的地位不断上升，已占全球贸易总额的约 20％。通过自贸区的建设提升服务贸易，促进服务业发展和贸易转型，这是一条有效路径。

除关系国计民生的军事、电信、特殊资源、能源会进入禁止类目录外，教育、制造业、部分服务业预计都将从现有的禁止类目录中逐渐取消，对外资开放。自贸区将试行人民币交易等金融自由化措施，吸引海外投资，使之成为中国经济增长原动力。《经济学人》引用相关人士预测说，上海自贸区有望成为泛亚地区的供应链枢纽，建成世界领先的大宗商品交易中心。对中国经济可起到"试金石"作用，有助于中国经济体制改革和市场进一步开放。创新就是培养新利益，培养新体制，而新利益和新体制的产生和成长，有利于改革旧利益与旧体制。

此外，2013 年 12 月 2 日中国人民银行发布《关于金融支持中国（上海）自由贸易试验区建设的意见》，从探索投融资汇兑便利化、扩大人民币跨境使用、稳步推进利率市场化、深化外汇管理改革四个方面支持自贸区建设。

自贸区能"特"到什么程度，"实施细则"很重要。自贸区总体方案中，服务业扩大开放的六大领域共23项开放措施。其中，15项现在已经可以实施，4项在相关行政法规和国务院文件调整后实施（游戏游艺设备生产销售、演出经纪、娱乐场所、增值电信），还有4项需进一步协调推进（国际运输管理、国际船舶管理、有限牌照银行、律师服务），将会有进一步的细化。

三、自贸区制度创新试验及其效应

（一）自贸区的制度创新

2014年12月28日全国人大常务委员会授权国务院扩展中国（上海）自由贸易试验区区域，将面积扩展到120.72平方公里。扩展区域包括陆家嘴金融片区、金桥开发片区和张江高科技片区。上海自贸区扩区以后，按照"完善、优化、升级、再创新"的思路，着手进行制度创新。2015年6月推出深化自贸区海关改革创新8项制度包括：海关执法清单式管理、离岸服务外包全程保税监管、大宗商品现货市场保税交易、"一站式"申报查验作业、"一区注册、四区经营"、美术品便利通关、归类行政裁定全国适用、商品易归类服务制度。这八项制度涵盖了深化简政放权、完善功能拓展和推动通关便利化。

（1）支持建立张江空运货物服务中心。实现空运进口货物在浦东机场、张江园区之间直接分拨和快速集拼，为张江科技创新企业的进口试剂、样品、耗材、设备等提供通关便利，服务推动张江综合性国家科学中心和若干重大创新功能型平台、张江国家自主创新示范区建设。

（2）实施科技创新企业个性化通关服务。建立科技创新重点项目海关管理人制度，提供点对点的咨询服务和业务指导。设立科技创新企业办事专窗，建立科技创新企业海关业务全领域服务通道。对有特殊时间要求的货物实施"7×24"全天候预约通关，确保实现"随时通"。对受环境影响不宜在海关监管区内实施查验的货物，可向海关申请实施上门查验放行。

（3）优化科技创新企业海关监管模式。对经过相关政府部门认定的科技创新企业，参照高资信企业待遇给予各项通关便利，原则上查验率不高于0.5％。探索建立减免税货物担保验放模式，由以进出口货物为导向的逐票担保机制转变为以企业为单元的"总额担保"机制和账册管理模式。探索实施集成电路行业反复使用包装容器联网监管，采取"一次担保、一次审批、随机抽核、年度稽核"模式，简化审批手续，实现无纸通关。

（4）支持各类创新主体开展协同创新。加快海关与科技创新企业、科研单位信息联网，运用物联网技术对海关监管货物实行信息化管理，推动建立开放性的科研进口设备共享服务平台。利用全程保税监管政策，将产业链上、中、下游企业纳入保税监管链，实现海关监管服务从单个产品延伸至产业链各环节。在关企信息联网的基础上，允许研发设计等企业开设电子手册、自主进行外发加工，推进科技创新企业产、学、研联动发展。

（5）支持科技创新中心设立保税仓库。针对中小型科技创新企业的保税仓储、保税物流等综合服务需求，支持设立符合企业发展需求的公共型、自用型保税仓库，进一步提升通关便利化水平，助推科技创新中心研发外包等服务贸易发展。

(6) 完善离岸服务外包保税监管措施。突破原有离岸服务外包保税监管政策中"技术先进型服务企业"的资质限定，降低企业准入门槛，鼓励中小型企业参与服务外包，促进科技创新企业聚集。

(7) 加强科技创新企业知识产权保护。积极推动科技创新企业知识产权海关备案，设立科创企业知识产权预确认特别通道，加快合法授权进出口企业通关速度。在重点企业设立知识产权海关保护联系点，建立健全知识产权侵权状况动态沟通机制，适时组织开展专项行动打击侵权行为，为科技创新企业"走出去"保驾护航。

(8) 落实税收优惠政策支持重大科创项目建设。宣传国家减免税相关政策，指导帮助企业落实科技重大专项和科技开发用品等税收优惠政策。进一步简化减免税办理手续，更有力地支持促进大飞机、新能源汽车、核电机组、城市轨道交通等"中国制造2025"企业，"集成电路制造装备""重大新药创制"等科技创新产业群，以及高校、科研机构、研发中心、国家中小企业公共技术服务示范平台等科技创新主体发展。

自贸区改革的方针是深化简政放权、释放市场活力，海关执法清单式管理制度，通过编制、公布自贸区海关行政权力和行政责任"两张清单"，明晰权力与职责，做到"法定职责必须为""法无授权不可为"。通过制度创新推动自贸区功能拓展，其中，离岸服务外包全程保税监管制度将更好地对接上海自贸区扩区后的功能拓展和产业发展需求，促进科创产业在自贸区以及上海全市范围聚集；大宗商品现货市场保税交易制度，有助于通过协调相关海关协同监管，有效对接国内外两个市场，支持自贸区建成具有国际竞争力的重点商品和产业交易中心。

自贸区改革的重点是提升贸易便利化水平、优化营商环境。上述八项制度中有五项针对通关便利化，分别是"一站式"申报查验作业制度、"一区注册、四区经营"制度、美术品便利通关制度、归类行政裁定全国适用制度以及商品易归类服务制度。这些制度创新有助于发挥企业的主体地位，进一步提升进出境便利程度和物流效率，帮助企业降低成本，营造可预期的、透明稳定的贸易环境。

按照国务院批准的自贸试验区总体方案，截至 2014 年 9 月底，自贸试验区重点进行了多个方面的制度探索，并已形成若干成果，"可复制、可推广"的溢出效应正在显现。具体如表 2-1 所示：

表 2-1　中国（上海）自由贸易试验区的制度创新

制度创新	具体内容与措施
投资管理制度创新	对标国际通行规则，突出制定和完善负面清单；实施外商投资备案管理和境外投资备案管理制度；深化商事登记制度改革。
贸易监管制度创新	创新"一线放开、二线安全高效管住、区内自由"监管制度；启动实施国际贸易"单一窗口"管理制度；探索建立货物状态分类监管制度。
金融制度创新	在坚持宏观审慎、风险可控的前提下，人民银行、银监会、证监会、保监会推出 51 条创新举措，在自由贸易账户体系、投融资汇兑便利、人民币跨境使用、利率市场化、外汇管理改革 5 个方面形成了"一线放开、二线严格管理的宏观审慎"的金融制度框架和监管模式，为国家金融改革做好"压力测试"。 87 家有金融牌照的机构和一批金融服务企业已入驻区内，启动实施了一批服务实体经济和投资贸易便利化的金融创新业务。同时，面向国际的金融市场平台建设正在有序推进，上海国际能源交易中心、国际黄金交易中心已批准成立。
政府管理方式创新	加快转变政府职能，由注重事前审批转为注重事中事后监管，形成 6 项制度为主体的事中事后监管制度框架，加强对市场主体"宽进"以后的过程监督和后续管理。 建立安全审查制度；建立反垄断审查制度；健全社会信用体系；建立企业年度报告公示和经营异常名录制度；健全信息共享和综合执法制度；建立社会力量参与市场监督制度。

资料来源：《市政府新闻发布会通报自贸试验区运行一年以来的情况》，2014 年 9 月 27 日，http://www.china-shftz.gov.cn。

　　根据 2017 年 4 月 1 日发布的《全面深化中国（上海）自由贸易试验区改革开放方案》，上海自贸区建设的指导思想为坚定践行新发展理念，坚持以制度创新为核心，继续解放思想、勇于突破、当好标杆，进一步对照国际最高标准、查找短板弱项，大胆试、大胆闯、自主改，坚持全方位对外开放，推动贸易和投资自由化便利化，加大压力测试，切实有效防控风险，以开放促改革、促发展、促创新；进一步加强与上海国际金融中心和具有全球影响力的科技创新中心建设的联动，不断放大政策集成效应，主动服务"一带一路"建设和长江经济带发展，形成经济转型发展新动能和国际竞争新优势；更大力度转变政府职能，加快探索一级地方政府管理体制创新，全面提升政府治理能力；发挥先发优势，加强改革系统集成，力争取得更多可复制推广的制度创新成果，进一步彰显全面深化改革和扩大开放的试验田作用。

　　作为一项制度创新，重要的目标是在上海率先试验，形成创新引领经济增长的效用。预期到 2020 年，率先建立同国际投资和贸易通行规则相衔接的制度体系，把自贸试验区建设成为投资贸易自由、规则开放透明、监管公平高效、营商环境便利的国际高标准自由贸易园区，健全各类市场主体平等准入和有序竞争的投资管理体系、促进贸易转型升级和通关便利的贸易监管服务体系、深化金融开放创新和有效防控风险的金融服务体系、符合市场经济规则和治理能力现代化要求的政府管理体系，率先形成法治化、国际化、便利化的营商环境和公平、统一、高效的市场环境。增强自贸试验区改革同上海市改革的联动，各项改革试点任务具备条件的在浦东新区范围内全面实施，或在上海市推广试验。

　　《全面深化中国（上海）自由贸易试验区改革开放方案》，设立自由贸易区的要旨在设立一个开放和创新融为一体的综合改革试验区，实行系统性的改革创新。在自贸区内，重点是加强制度创新的系统性、整体性、协同性，围绕深化投资管理体制改革、优化贸易监管服务体系、完善创新促进机制，统筹各环节改革，增强各部门协同，注重改革举措的配套组合，有效破解束缚创新的瓶颈，更大程度激发市场活力。相关的改革创新点在以下九个方面：

（1）建立更加开放透明的市场准入管理模式。实施市场准入负面清单和外商投资负面清单制度。在完善市场准入负面清单的基础上，对各类市场主体实行一致管理的，进一步优化、简化办事环节和流程，对业务牌照和资质申请统一审核标准和时限，促进公平竞争。进一步提高外商投资负面清单的透明度和市场准入的可预期性。实施公平竞争审查制度，清理和取消资质资格获取、招投标、权益保护等方面存在的差别化待遇，实现各类市场主体依法平等准入清单之外的行业、领域和业务。

（2）全面深化商事登记制度改革。保障企业登记自主权，尊重企业自主经营的权利。开展企业名称登记制度改革，除涉及前置审批事项或企业名称核准与企业登记不在同一机关外，企业名称不再预先核准。放宽住所（经营场所）登记条件，有效释放场地资源。优化营业执照的经营范围等登记方式。推行全程电子化登记和电子营业执照改革试点。探索建立普通注销登记制度和简易注销登记制度相互配套的市场主体退出制度。开展"一照多址"改革试点。

（3）全面实现"证照分离"。深化"先照后证"改革，进一步加大探索力度。把涉及市场准入的许可审批事项适时纳入改革试点，能取消的全部取消，需要保留审批的，按照告知承诺和加强市场准入管理等方式进一步优化调整，在改革许可管理方式、完善风险防范措施的基础上，进一步扩大实行告知承诺的领域。加强许可管理与企业设立登记管理的衔接，实现统一社会信用代码在各许可管理环节的"一码贯通"。实施生产许可"一企一证"，探索取消生产许可证产品检验。

（4）建成国际先进水平的国际贸易"单一窗口"。借鉴联合国国际贸易"单一窗口"标准，实施贸易数据协同、简化和标准化。纳入海港、空港和海关特殊监管区域的物流作业功能，通过银行机构或非银行支付机构建立收费账单功能，便利企业办理支付和查询。实现物流和监管等信息的交换共享，为进出口货物质量安全追溯信息的管理和查询提供便利。推动将国际贸易"单一窗口"覆盖领域拓展至服务贸易，逐步纳入技术贸易、服务外包、维修服务等，待条件成熟后逐步将服务贸易出口退（免）税申报纳入"单一窗口"管理。与国家层面"单一窗口"标准规范融合对接，推进长江经济带跨区域通关业务办理，加强数据衔接和协同监管。

（5）建立安全高效便捷的海关综合监管新模式。深化实施全国海关通关一体化、"双随机、一公开"监管以及"互联网＋海关"等举措，进一步改革海关业务管理方式，对接国际贸易"单一窗口"，建立权责统一、集成集约、智慧智能、高效便利的海关综合监管新模式。综合应用大数据、云计算、互联网和物联网技术，扩大"自主报税、自助通关、自动审放、重点稽核"试点范围。深化"一线放开""二线安全高效管住"改革，强化综合执法，推进协同治理，探索设立与"区港一体"发展需求相适应的配套管理制度。创新加工贸易出口货物专利纠纷担保放行方式。支持海关特殊监管区域外的企业开展高附加值、高技术、无污染的维修业务。深入实施货物状态分类监管，研究将试点从物流仓储企业扩大到贸易、生产加工企业，具备条件时，在上海市其他符合条件的海关特殊监管区域推广实施。

（6）建立检验检疫风险分类监管综合评定机制。完善进口商品风险预警快速反应机制，加强进口货物不合格风险监测，实施消费品等商品召回制度。建立综合应用合格评定新机制，设立国家质量基础检验检疫综合应用示范园区。在制定发布不适用于第三方检验结果采信目录清单基础上，积极推进扩大商品和项目的第三方检验结果采信。探索扩大检验鉴定结果国际互认的范围。

（7）建立具有国际竞争力的创新产业监管模式。优化生物医药全球协同研发的试验用特殊物品的准入许可，完善准入许可的内容和方式。完善有利于提升集成电路全产业链国际竞争力的海关监管模式。研究制定再制造旧机电设备允许进口目录，在风险可控的前提下，试点数控机床、工程设备、通信设备等进口再制造。探索引入市场化保险机制，提高医药生产等领域的监管效率。

（8）优化创新要素的市场配置机制。完善药品上市许可持有人制度。允许自贸试验区内医疗器械注册申请人委托上海市医疗器械生产企业生产产品。健全完善更加符合社会主义市场经济规律、人才成长规律和人才发展流动规律的人才认定标准和推荐方式，标准统一、程序规范的外国人来华工作许可制度及高效、便捷的人才签证制度，吸引更多外籍高层次人才参与创新创业，为其提供出入境和停居留便利，并按规定享受我国鼓励创新创业的相关政策。根据法律法规规定，支持持有外国人永久居留证的外籍高层次人才创办科技型企业，给予与中国籍公民同等待遇。深化上海股权托管交易中心"科技创新板"试点，完善对科创企业的金融服务。支持外资企业设立联合创新平台，协同本土中小微企业开展创新成果产业化项目推进。深化推进金融中心与科技创新中心建设相结合的科技金融模式创新。

(9) 健全知识产权保护和运用体系。充分发挥专利、商标、版权等知识产权引领作用，打通知识产权创造、运用、保护、管理和服务的全链条，提升知识产权质量和效益。以若干优势产业为重点，进一步简化和优化知识产权审查和注册流程，创新知识产权快速维权工作机制。探索互联网、电子商务、大数据等领域的知识产权保护规则。建立健全知识产权服务标准，完善知识产权服务体系。完善知识产权纠纷多元解决机制。支持企业运用知识产权进行海外股权投资。创新发展知识产权金融服务。深化完善有利于激励创新的知识产权归属制度。

(二) 自贸区发展的表现

事实上，上海最初设立保税区的目的是鼓励两头在外的业务，但现在情况已经发生了变化，也需要向包括研发、服务、结算、融资租赁等"微笑曲线"两端的业务发展，通过自由贸易区的平台，进行功能创新。

建设中国上海自由贸易试验区，是党中央作出的重大决策，是在新形势下推进改革开放的重大举措。上海自贸区建设肩负着为中国新一轮开放探路的重要使命，也必将引领中国新一轮变革。2014 年习近平总书记在上海自由贸易试验区考察时认为，试验区是块大试验田，要播下良种，精心耕作，精心管护，期待有好收成，并且把培育良种的经验推广开来。习近平希望试验区按照先行先试、风险可控、分步推进、逐步完善的原则，把扩大开放同改革体制结合起来，把培育功能同政策创新结合起来，大胆闯、大胆试、自主改。要切实把制度创新作为核心任务，以形成可复制、可推广的制度成果为着力点，努力创造更加国际化、市场化、法治化的公平、统一、高效的营商环境；切实把防控风险作为重要底线，在建设全过程都掌控好风险，努力排除一切可能和潜在的风险因素；切实把企业作为重要主体，重视各类企业对制度建设的需求，鼓励企业积极参与试验区建设。此次自贸区试点涉及贸易自由化、投资自由化、离岸金融、管理体制改革等诸多领域，功能突破、体制突破、制度突破的色彩鲜明。上海要紧紧抓住这一重大机遇，着力推进新一轮开放战略，以开放破解转型难题，以开放倒逼改革，以开放促进新一轮跨域式发展。

（1）加快贸易转型升级。借鉴 TPP、TTIP、BIT、TISA 等贸易投资协定理念和新加坡自由港、迪拜自由贸易区等经验，以上海综合保税区为依托，着力推进制度、政策、理念和功能创新。一是推动贸易多元化发展并进一步提升贸易功能。二是实行与国际惯例接轨的外汇管理和税收政策。三是创新海关监管方式，简化通关手续，推动通关通检业务流程再造，简化预归类审单流程，全面实施区内企业分类监管，推动国际中转集拼和国内空运便捷转关。四是深化融资租赁试点改革，打造国内最大的融资租赁特别功能区。

（2）加快发展服务贸易。抓住自贸区服务业扩大开放契机，以服务贸易自由化和便利化为导向，加快贸易制度改革和贸易领域对外开放，着力塑造服务业开放新优势。一是加快提升服务贸易规模和能级；二是稳步推进服务领域市场开放先行先试；三是深化贸易管理体制改革。

（3）加快外资管理体制改革。以 BIT 为参照，加快推进外资管理体制改革，不断完善"负面清单"制度，逐步形成与国际规则相衔接的外商投资环境。一是积极探索外资管理体制改革试点；二是进一步下放外资项目核准和企业设立审批权限；三是探索创新外资利用方式。

（4）完善境外投资管理和服务机制。鼓励投资机构、个人投资者和产业类企业以上海自贸区为跳板，积极开展境外投资。一是发挥好人民币海外投资基金的作用；二是鼓励和支持企业开展境外投资；三是健全境外投资支持服务体系；四是改革上海市境外投资项目管理体制。

（5）积极发展离岸金融。抓住自贸区机遇，加快在上海综合保税区特定监管区域开展离岸金融试点，打造人民币离岸金融中心。一是完善离岸金融市场体系；二是完善离岸金融管理体系；三是完善离岸金融法律体系；四是完善离岸金融监管体系。

（6）稳步推进资本账户可兑换。以扩大人民币跨境流通和使用为重点，加快人民币跨境产品和业务创新，稳步拓宽跨境人民币投融资渠道，吸引全球人民币资产加速向上海集聚。一是实施灵活的资本项目开放政策；二是扩大人民币跨境投融资渠道；三是加快提升人民币投融资市场国际化水平；四是不断夯实人民币跨境支付清算体系基础；五是加强跨境人民币投融资风险监管。

自由贸易区发展呈现四大趋势特征：一是由货物贸易为主向货物贸易与服务贸易并重转变，更加注重服务贸易发展。二是由贸易功能为主向贸易功能与投资功能并重转变，更加注重投资自由化便利化。三是由在岸业务为主向在岸业务与离岸业务并重转变，更加注重离岸功能拓展。四是由贸易自由制度安排为主向贸易自由、投资自由、金融自由制度联动创新转变，顺应国际贸易投资新规则。上海自贸试验区的核心制度安排可概括为"三自由、一保障"：货物进出自由就是，不存在关税壁垒和非关税壁垒，凡合乎国际惯例的货物进出均通畅无阻，免予海关惯常监管。投资自由就是，投资没有因国别差异带来的行业限制与经营方式限制，包括雇工自由、经营自由、经营人员出入境自由等。金融自由就是，外汇自由兑换、资金出入和转移自由、资金经营自由，没有国民待遇与非国民待遇之分。法律法规保障就是，自由贸易区依法设立，法律明确规定自由贸易区的区域性质和法律地位，保障自由贸易区的发展。

随着上海自贸试验区版图的渐次铺开，这里将发生金融创新与改革的重大突破，并释放出强有力的集聚、辐射和带动效应。

（1）在金融方面，对于在沪金融机构来说，自贸区的设立将带来更多业务，市场也可以扩大到为国际资本市场提供金融服务。不过，与机遇并存的，将是国际金融机构同台竞争的冲击。但是竞争也有利于在沪金融机构更快更好地与国际机构接轨。

自贸区建设对上海建立成为国际金融中心、经济中心产生重要的推动作用。在金融领域严格管制（例如金融机构设立、资本流动的管制）之下，上海难以成为真正的国际金融中心。上海自贸区有望允许符合条件的外资金融机构设立外资银行、允许民营资本与外资金融机构共同设立中外合资银行、允许区内符合条件的中资银行从事离岸业务，有望率先实现资本项目可兑换以及利率市场化等。借助于金融领域的这些改革推动，上海将加速成为名副其实的国际金融中心。

（2）在贸易方面，更多贸易活动和高端服务业聚集到上海，这对推动上海经济转型尽快完成非常重要。利用自贸区这种更为高级的自由贸易活动，包括加工制造的功能，能为上海乃至华东和全国进行的产业发展和升级方面起到示范性效应。

上海自贸区的发展将辐射到整个长三角地区甚至更大的范围，这有利于长三角城市群的发展，加快中国的新型城镇化的进程。放眼周边，上海自贸区还将对长三角经济起到巨大带动作用。自贸区的核心是自由贸易，即在这个区域之间的相关贸易管理是相对宽松的，自由化程度高。跨进这个自由贸易区，就等于走到了国际市场。因而一个地方设立自贸区，将给周边地区的经济发展带来辐射和聚集效应。比如，对于与贸易关系非常密切的航运业，周边地区的航运需求在其他城市可能得不到很好的解决，但在这里能就近释放。这对于中国经济进一步融入国际市场，尤其是长三角这个中国经济最发达、最富庶的地区，国际化的经济、贸易等各方面的需求会很好地得到解决，给中国经济带来更多活力，对推动经济改革很有帮助。

(3) 在要素集聚方面，凭借政策配套资源集中等优势，上海也可以通过打造一批具有带动力和国际影响力的龙头型平台企业，使平台经济成为上海经济转型的重要抓手和国际贸易中心承载区建设的重要突破口。

上海进一步扩大对内开放的战略定位是：实施转移合作战略，使上海成为内外开放联动的前沿阵地；实施市场主导战略，使上海成为生产要素进出自由流动地；实施"两高三少"战略，使上海成为对内开放的综合成本洼地；实施优先开放战略，使上海成为总部经济发展的福地；实施援建可持续战略，使上海成为对口支援工作示范地。促进国际国内要素有序自由流动、资源高效配置、市场深度融合，加快培育参与和引领国际经济合作竞争新优势，以开放促改革，促进保税区、保税物流园区、保税港区等功能创新，促进审批制度改革、投资体制改革等重点领域攻坚，改革释放新的制度红利。

(4) 在经济改革方面，上海自贸区要引领新一轮中国改革开放。不能简单地将上海自贸区看成经济特区，或者对外开放窗口，更应该看到它起着对全国改革开放的示范引领作用。在这里，开放不仅包括对外开放，更包括对内开放，开放本身重要，开放带来的改革更重要。过去深圳特区建设中的"深圳速度"、"深圳精神"这些词，至今人们耳熟能详。在未来十年里，上海自贸区应在更高的起点和平台上起到引领作用，探索符合升级版中国经济的上海理念、上海制度、上海机制、上海模式，从而服务、辐射全国。

上海自贸区是新一轮市场化改革的试验田和先行者，在这个自贸区中推进改革，取得经验，然后在全国复制推广。从这个意义上来说，上海自贸区的真正突破不是对外开放，而是对内改革。这将是以开放倒逼改革的新起点。在自贸区内推出新的改革措施，进行新的制度调整，将为中国经济转型发展寻找新的改革红利或制度红利。可以引领中国金融市场的改革，一方面它对上海国际金融中心的建设意义非凡，另一方面，它还可以通过金融创新来降低实体经济的成本，把金融改革与实体经济导向有机结合起来。

升级版的中国经济需要升级版的改革开放，上海自贸区启动了升级版改革开放。经过 40 年的改革开放，中国市场经济制度逐步完善，对外开放水平有了明显的提高。由于脱胎于计划经济，实行先易后难的渐进式改革，进一步深化改革开放的难度、阻力、风险都变大，在很多核心、关键领域难以推进。从上海自贸区方案来看，就是要改变过去重局部、重增量、重面上的方式，而着眼于市场经济和对外开放本身的需要，从根本上、全局上、整体上再次启动改革开放。

（三）自贸区试验的效应

2017 年 3 月 5 日，习近平总书记参加他所在的十二届全国人大五次会议上海代表团审议时认为，要努力把上海自由贸易试验区建设成为开放和创新融为一体的综合改革试验区，成为服务国家"一带一路"建设、推动市场主体走出去的桥头堡。要树立系统思想，注重改革举措配套组合，同时要强化区内改革同全市改革的联动、同上海国际金融中心和科技创新中心的联动，不断放大政策集成效应。要发挥先发优势，率先建立同国际投资和贸易通行规则相衔接的制度体系，力争取得更多可复制可推广的制度创新成果。要加强同其他自由贸易试验区试点的合作，相互学习、相互促进。2018 年 10 月 24 日，习近平总书记对自由贸易试验区建设作出重要指示,指出建设自由贸易试验区是党中央在新时代推进改革开放的一项战略举措,在我国改革开放进程中具有里程碑意义。5年多以来,各自由贸易试验区认真贯彻党中央决策部署,锐意进取,勇于突破,工作取得重大进展,一大批制度创新成果推广至全国,发挥了全面深化改革的试验田作用。国务院总理李克强作出批示指出:5年来,有关地方和部门密切配合,推动自贸试验区在改革开放的"深水区"积极探索创新,勇于攻坚克难,在多方面取得重大进展,成绩应予充分肯定。望以习近平新时代中国特色社会主义思想为指导,认真贯彻党中央、国务院决策部署,坚持新发展理念,更大力度推动自贸试验区改革开放创新。要着眼解决深层次矛盾和结构性问题,强化改革统筹谋划和系统集成,继续狠抓制度创新,加快形成发展和竞争新优势。积累更多可在更大范围乃至全国复制推广的经验,进一步发挥改革开放"排头兵"的示范引领作用。国务院副总理韩正强调,自贸试验区是国家的试验田,不是地方的自留地,要一切服从服务于国家战略进行探索和试验。自贸试验区是制度创新的高地,不是优惠政策的洼地,要紧紧依靠制度创新激发市场活力。自贸试验区是"种苗圃",不是"栽盆景",要加快形成更多可复制可推广的制度创新成果。自贸试验区是"首创性"的探索,不是简单优化程序,要坚持大胆试、大胆闯、自主改,彰显改革开放试验田标杆示范带动引领作用。①

根据 2018 年 12 月 11 日对上海自贸试验区挂牌五年来经济运行情况的统计,上海自贸试验区累计新设立企业超过 5.7 万户,新设企业数是前 20 年同一区域企业数的 1.6 倍。新设外资企业超过 1 万多户,占比从

---

① 《人民日报》2018 年 10 月 25 日 01 版。

自贸试验区挂牌初期的 5％上升到 20％左右。境外投资管理方面，改核准为备案管理，办结时间从 3—6 个月缩短至 3 天，至 2018 年 10 月底，累计办结境外投资项目 2 278 个，是自贸试验区设立前的近 4 倍。

表 2-2　上海自贸区主要经济指标（2012—2014）

指　标	年　份		
	2012	2013	2014
经营总收入（亿元）	12 849.72	14 424.44	16 094.55
♯总部经济（亿元）	6 497.29	7 129.86	7 794.71
利润总额（亿元）	464.53	559.48	637.90
商品销售额（亿元）	10 998.09	12 373.36	13 879.41
航运物流服务收入（亿元）	849.16	1 033.47	1 203.69
工业总产值（亿元）	727.78	646.16	572.70
期末企业从业人员（万人）	26.90	28.61	29.61
固定资产投资额（亿元）	48.40	51.03	30.42
进出口总额（亿美元）	1 130.52	1 134.33	1 241.00
进口额（亿美元）	867.10	839.30	909.54
出口额（亿美元）	263.42	295.03	331.46
税务部门税收（亿元）	428.96	508.27	576.39
海关部门税收（亿元）	988.78	937.73	982.55
新设企业（家）	788	4 416	11 440
外商直接投资项目（个）	164	359	2 057
外商直接投资合同金额（亿美元）	16.16	19.09	117.95
外商直接投资实际到位金额（亿美元）	5.40	6.95	6.21
内资企业注册资本（亿元）	56.26	853.62	3 328.87
港区集装箱吞吐量（万标箱）	2 951.3	3 058.5	3 236.6
外高桥港（万标箱）	1 536.3	1 622.0	1 716.4
洋山港（万标箱）	1 415.0	1 436.5	1 520.2
浦东国际机场货邮吞吐量（万吨）	295.0	291.5	318.2
外高桥港区口岸进出口货值（亿元）	—	22 511.1	23 848.9
洋山港区口岸进出口货值（亿元）	—	17 235.3	18 274.5
浦东机场口岸进出口货值（亿元）	—	19 829.1	21 372.3

　　注：①税务部门税收为全口径数据。根据市税务局要求，税收数据中应包含增值税"免、抵、调"的数据。②关于上述各口岸进出口货值的计价单位，经国务院批准，海关总署自发布 2014 年海关统计数据起，全面发布以人民币计价的各类海关统计数据。

　　数据来源：《上海统计年鉴》（2015）。

表 2-3　上海自贸区主要经济指标（2015—2018）

指　标	年　份			
	2018	2017	2016	2015
税收总额(亿元)	2 680.20	—	—	1 022.20
一般公共预算收入(亿元)	648.16	578.48	559.38	444.74
外商直接投资合同项目(个)	—	1 192	2 760	3 072
外商直接投资合同金额(亿美元)	—	219.42	350.56	396.26
外商直接投资实际到位金额(亿美元)	67.70	70.15	61.79	48.21
新增内资企业注册户数(个)	—	7 283	10 298	10 901
新增内资企业注册资本(亿元)	—	3 153.50	6 423.38	7 362.79
全社会固定资产投资总额(亿元)	638.07	680.31	607.93	563.11
工业总产值(亿元)	4 965.00	4 924.95	4 312.84	3 901.03
社会消费品零售额(亿元)	1 515.67	1 494.62	1 396.76	1 051.35
商品销售总额(亿元)	40 874.86	37 042.67	33 609.23	26 866.48
服务业营业收入(亿元)	5 723.97	5 157.74	4 167.59	3 599.06
外贸进出口总额(亿元)	14 600.00	13 500.00	7 836.80	7 415.46
♯出口(亿元)	4 542.50	4 053.10	2 315.85	2 027.02
经认定的企业研发机构(个)	—		527	555
发明专利授权数(个)	—	4 202	4 578	2 843
期末监管类金融机构(个)	887	849	815	758
新兴金融机构(个)	—	4 630	4 651	4 154
跨境人民币结算总额(亿元)	—	13 877.40	11 518.00	12 026.40
跨境人民币境外借款金额(亿元)	—	16.76	40.70	69.82

注：①自贸区按注册地口径统计，统计范围为 120.72 平方公里；②一般公共预算收入按开发区财力结算口径；③2016 年前的外贸进出口总额仅包括自贸区保税片区。

数据来源：《2018 年上海市国民经济和社会发展统计公报》《上海统计年鉴》（2016—2018）。

截至 2018 年 9 月底，已有 56 家商业银行、财务公司和证券公司等金融机构直接接入自由贸易账户监测管理信息系统，开立自由贸易账户 71 666 个，通过自由贸易账户获得本外币境外融资总额折合人民币 1.3 万亿元。人民币跨境使用和外汇管理创新进一步深化，今年 1—9 月，人民币跨境结算总额累计 1.9 万亿元，占全市的 48％。截至 2018 年 9 月底，累计有 877 家企业发生跨境双向人民币资金池业务，资金池收支总额超过 1.3 万亿元。

上海自贸试验区带动浦东新区经济持续稳定快速发展。浦东新区外贸进出口五年来持续保持增长，2018 年 1—10 月，浦东新区完成进出口总值 1.7 万亿元，同比增长 6.3％，占上海全市比重 60.6％。洋山港和外高桥港区合计完成集装箱吞吐量 3 148 万标箱，同比增长 4.2％，推动上海港连续 8 年位居全球第一大集装箱港。2018 年前三季度，浦东新区地区生产总值增长 7.8％，财政总收入增长 10.3％。

上海自贸试验区以 1/10 的面积创造了浦东 3/4 的生产总值、70％左右的外贸进出口总额；以 1/50 的面积创造了上海市 1/4 的生产总值、40％左右的外贸进出口总额。

第三节 科技创新成长中的创新引领

根据《中共上海市委上海市人民政府关于加快建设具有全球影响力科技创新中心的意见》，对上海发展的定位是，建设成为世界创新人才、科技要素和高新科技企业集聚度高，创新创造创意成果多，科技创新基础设施和服务体系完善的综合性开放型科技创新中心，成为全球创新网络的重要枢纽和国际性重大科学发展、原创技术和高新科技产业的重要策源地之一，跻身全球重要的创新城市行列。

2018 年 5 月 28 日，习近平主席在中国科学院第十九次院士大会、中国工程院第十四次院士大会开幕式上的讲话中强调："要矢志不移自主创新，坚定创新信心，着力增强自主创新能力。只有自信的国家和民族，才能在通往未来的道路上行稳致远。树高叶茂，系于根深。自力更生是中华民族自立于世界民族之林的奋斗基点，自主创新是我们攀登世界科技高峰的必由之路。中国广大科技工作者要有强烈的创新信心和决心，既不妄自菲薄，也不妄自尊大，勇于攻坚克难、追求卓越、赢得胜利，积极抢占科技竞争和未来发展制高点。要以关键共性技术、前沿引领技术、现代工程技术、颠覆性技术创新为突破口，敢于走前人没走过的路，努力实现关键核心技术自主可控，把创新主动权、发展主动权牢牢掌握在自己手中。"

一、加速中的科学技术创新

（一）科学技术工作的恢复与发展（1978—1989）

1978 年围绕"加强生产技术的研究和开发，改造传统技术和发展新兴技术，改善产业结构和提升产业能级"，上海市委制定《上海市 1978—1985 年重点科学技术发展规划纲要》，在大规模电路集成、计算机技术及应用、光纤通信、超导电技术、环境保护、肿瘤防治、水稻良种选育、催化剂筛选技术、精密仪器和遥感科学及应用 10 项重点项目科研会战。1984 年又推出包括机器人、生物工程、工程塑料等第一批十个重大科技战役。伴随着传统工业技术改造项目的组织实施，上海的科研机构也得到蓬勃发展，各学科各行业的研究所纷纷成立。截至 1985 年全市已有各类自然科学研究和开发机构 1 063 个，科研人员 6.4 万人。1984 年第一批启动的八个国家重点实验中二个在上海。1988 年上海开展重点科学技术攻关，市委和市政府组织各路科研力量投入桑塔纳汽车国有化、程控电话机、超临界电站等十四项重点工业项目攻关会战，这是上海市产业技术的一次大规模升级，也是以企业为主体，动员各方科技资源进行合作的一次全市的产学研合作。①

在科学技术进步的同时，进行发展体制的改革与调整。1979 年下半年，上海在部分开发型科研机构进行了扩大自主权和实行有偿合同制的试点，允许承接委托科研、试制和技术服务等合同任务；实行技术有偿转让与计划推广并行的办法；在扩大试点的基础上，推行"预算包干"经费管理办法，实行新的经费分配原则；鼓励科研院所与企业加强横向联系，建立科研生产联合体和联营企业。一些科研人员走出研究所创办了第一批民营科技企业。1985 年上海市科技开发交流中心开设第一家以技术成果展示和交易为主的常设技术市场。1986—1990 年前后，市政府颁布有关管理办法和技术合同登记暂行办法，上海的技术市场已经初现雏形。1988 年起，为了深化科研院所内部管理体制改革，上海选择七个改革基础较好、有经济自立能力的开发型科研单位进行了科技呈报经营责任制的试点。科研单位与上级有关部门以签订契约的形式，明确双方的责任权利关系，并且把这些科研单位承包指标的完成情况与工资总额挂钩，以探索科研单位所有权与经营权的分开。②

20 世纪 80 年代中后期，技术进步已经成为上海工业稳定发展的重要基础。企业之前的技术进步相当一部分依靠内部改造与进步，现在更多转向采用国内外更先进的技术；之前更多采用更新设备、工艺、材料，

---

① 上海市科学学研究所：《上海科技创新发展与改革 40 年》，上海人民出版社 2018 年版，第 5—6、21—22 页。

② 上海市科学学研究所：《上海科技创新发展与改革 40 年》，上海人民出版社 2018 年版，第 6—7、23 页。当代上海研究所编：《当代上海历史图志》，上海人民出版社 2009 年版，第 451 页。

现在更多采用调整产品结构、提高劳动力资本、企业治理。此外，在资本获得方面更多从国家拨款转向市场融资，在企业外部治理上政府也从具体管理更改为宏观指导。

（二）从发展高新技术到"科教兴市"战略（1990—2005）

1992年8月，上海市委和市政府作出了《关于发展科学技术、依靠科技进步振兴上海经济的决定》，进一步明确将高新技术产业化作为科技工作的重点。按照这一思路，20世纪90年代，上海在科技布局上，依托高技术进行创新，形成了一批新兴产业，又通过高新技术的辐射改造传统产业，进行升级换代；以产业化为重点，以引进外资为手段，优先发展现代通信、计算机及其应用、现代医药和生物产业、机电一体化、新材料、微电子、光电子、大型火力发电、核能利用、航空航天等十个高新技术产业。以计算机及其应用和现代生物与医药领域为突破口，集中力量对两大高新技术进行科研布局，为大力培育和发展新兴支柱产业提供支持。此外，在科技体制改革上，重点围绕高新技术发展，实行四种改革模式：第一，"合资"模式，进行国际合作；第二，"内联"模式，中央各部委和各省市的合作；第三，"科技先导"模式，由科研院所和高校的科研人员创办高科技企业；第四，"传统企业转换"模式，引进国外基础将大中型传统企业改造为高新技术企业。[①]

1995年上海实施"科教兴市"战略，加速科技进步并促进经济社会发展。1996年进行加快经济增长方式转变和未来支柱产业选择的研究，确定"1045"计划。1998年发布促进高新技术成果转化的"十八条"，

---

① 上海市科学学研究所：《上海科技创新发展与改革40年》，上海人民出版社2018年版，第20—21页。

建立高新成果转化"一门式"服务中心，营造一个以项目认定为抓手、政策扶持为支撑、转化服务为保证和市场发展导向的科技创新环境，推动高新技术成果产业化。1996 年全国首创的上海嘉定高科技园区，成为吸引海外内科技企业家实施科技产业化的基地。1994 年国际知名制药企业罗氏（Roche）成为进驻张江高科技园区的第一个外资企业，张江高科技园区逐渐成为世界级的生物医药"硅谷"，形成"人才培养—研究开发—中试孵化—规模生产"的现代生物制药技术创新体系。2000 年上海市颁布鼓励引进技术的吸收和创新，2003 年出台鼓励外商投资设立研究开发机构的若干意见。2004 年上海知识产权园成立，成为全国第一个知识产权公共服务平台，率先发布知识产权战略纲要。

1995—2000 年上海确立了科技发展战略，主要表现在四个方面：一是以市场为导向的科技经济一体化战略，推进上海产业结构的战略性调整，发展支柱产业并改造传统产业，加快高新技术产业化进程；二是通过技术创新战略，逐步赶上世界先进水平；三是赶超若干高科技领域的制高点；四是推动全市科技力量的战略协作。2001—2005 年继续坚持科教兴市战略，"加强技术创新，发展高科技，实现产业化"，以"提高城市综合竞争力"为主线，研究开发和技术转移相结合、政策引导和市场推动相结合，增强科技持续创新能力，促进经济增长。[①]

（三）从自主创新和创新驱动城市发展（2006—2014）

2006 年上海市政府发布《上海中长期科学和技术发展规划纲要（2006—2020）》，明确"以应用为向导的自主创新"作为今后一段时期

---

① 上海市科学学研究所：《上海科技创新发展与改革 40 年》，上海人民出版社 2018 年版，第 33—48 页。

内上海科技发展的基本思路，以知识竞争力为标杆测度的上海中长期科技发展目标。坚持走中国特色、上海特色的自主创新道理为主线，以实施"引领工程"为抓手，通过加强前瞻布局，加快成果转化，加快推进高新技术产业化，着力突出创新体系和创新环境建设，构建良好的创新体系，形成"以创新为动力，以企业为主体，以应用为导向，政府引导，市场推进，部市合作，市区联动，部门协同，产学研结合，国内外互动"的自主创新格局，努力提升城市的自主创新能力，以自主创新驱动和支撑经济社会发展，为实现"四个率先"、建设"四个中心"创新型城市服务。在此基础上，在科研布局上，上海提出了构筑健康、生态、精品和数字上海的引领工程（HEAD）作为建设创新的重要任务，聚焦11个应用方向，研发33个战略产品或功能，攻克相关的60项关键技术。

2011—2014年上海提出需要充分对接国家宏观战略，以高新技术产业化和战略性新兴产业为向导，加快提升知识资本集聚能力，充分发挥科技创新引领与驱动作用。上海科技创新的战略调整为：以应用为导向，以知识竞争为标杆，以提升科技创新效率，实现科技创新价值，支持创新驱动、转型发展为主线，以科技创新管理机制改革为根本动力，着眼于抢占科技制高点，培育经济增长点，服务民生关注点，深化科技体制机制改革，加快推进科技创新和创新体系建设，率先提高自主创新能力，使得科技创新能力稳居全国前列，知识竞争力进入亚太地区前列，建设更具有活力的创新型城市。根据上海"十二五"（2011—2015）规划，科技创新重点有四：一是新兴产业培育工程，促进产业能级提升。部署20项重大任务和23项重点任务，加快关键技术突破，构建较为完善的产业自主技术体系；二是基础能力提升工程，增强持续创新能力。在兼具前沿和重大应用前景的方向，集中优势力量实现重大突破性进展；三是集成应用示范工程，加快科技成果推广；四是技术创新工程，完善创新体系建设。优化创新创业环境，强化企业创新主体地位，加快推进科技管理体制机制改革，大力发展应用技术创新和服务体系。[①]

（四）建设全球有影响力的科技创新中心（2015—2019）

2015 年 5 月 26 日发布《中共上海市委、上海市人民政府关于加快建设具有全球影响力的科技创新中心的意见》（简称为"科创中心 22 条"），目的是适应全球科技竞争和经济发展新趋势，立足国家战略推进创新发展，落实中央关于上海要加快向具有全球影响力的科技创新中心进军的新要求，贯彻《中共中央、国务院关于深化体制机制改革加快实施创新驱动发展战略的若干意见》。

（1）上海科创中心的奋斗目标和总体要求

全球新一轮科技革命和产业变革正在孕育兴起，国际经济竞争更加突出地体现为科技创新的竞争。中国经济发展进入新常态，依靠要素驱动和资源消耗支撑的发展方式难以为继，只有科技创新，依靠创新驱动，才能实现经济社会持续健康发展，推动国民经济迈向更高层次、更有质量的发展阶段。

为了对标国际领先水平，不断提升上海在世界科技创新和产业变革中的影响力和竞争力；聚焦科技创新，围绕科技改变生活、推进发展、引领未来，率先走出创新驱动发展的新路；体现中心城市的辐射带动服务功能，根据国家战略部署，当好全国改革开放排头兵、创新发展先行者，为中国经济保持中高速增长、迈向中高端水平作出应有的贡献。

上海科创中心的奋斗目标是，努力把上海建设成为世界创新人才、

---

① 上海市科学学研究所：《上海科技创新发展与改革 40 年》，第 55—61 页。

科技要素和高新科技企业集聚度高，创新创造创意成果多，科技创新基础设施和服务体系完善的综合性开放型科技创新中心，成为全球创新网络的重要枢纽和国际性重大科学发展、原创技术和高新科技产业的重要策源地之一，跻身全球重要的创新城市行列。

目标是在2020年前，形成科技创新中心基本框架体系，为长远发展打下坚实基础。政府管理和服务创新取得重要进展，市场配置创新资源的决定性作用明显增强，以企业为主体的产学研用相结合的技术创新体系基本形成，科技基础设施体系和统一开放的公共服务平台构架基本建成，适应创新创业的环境全面改善，科技创新人才、创新要素、创新企业、创新组织数量和质量位居全国前茅，重要科技领域和重大产业领域涌现一批具有国际领先水平并拥有自主知识产权和核心技术的科技成果和产业化项目，科技进步贡献率全面提升。再用10年时间，着力形成科技创新中心城市的核心功能，在服务国家参与全球经济科技合作与竞争中发挥枢纽作用，为中国经济发展提质增效升级作出更大的贡献。走出一条具有时代特征、中国特色、上海特点的创新驱动发展的新路，创新驱动发展走在全国前头、走到世界前列。基本形成较强的集聚辐射全球创新资源的能力、重要创新成果转移和转化能力、创新经济持续发展能力，初步成为全球创新网络的重要枢纽和最具活力的国际经济中心城市之一。最终要全面建成具有全球影响力的科技创新中心，成为与中国经济科技实力和综合国力相匹配的全球创新城市，为实现"两个一百年"奋斗目标和中华民族伟大复兴的中国梦，提供科技创新的强劲动力，打造创新发展的重要引擎。

上海科创中心的总体要求是把握好"五个坚持"。坚持需求导向和产业化方向。面向经济社会发展主战场，推进科技创新，围绕产业链部署创新链，着力推动科技应用和创新成果产业化，解决经济社会发展的现实问题和突出难题。坚持深化改革和制度创新。发挥市场配置资源的决定性作用和更好发挥政府作用，着力以开放促改革，破除一切制约创新的思想障碍和制度藩篱，全面激发各类创新主体的创新动力和创造活力，让一切创造社会财富的源泉充分涌流。坚持以集聚和用好各类人才为首要。把人才作为创新的第一资源，集聚一批站在行业科技前沿、具有国际视野和产业化能力的领军人才，大力引进培育企业急需的应用型高科技创新人才，充分发挥企业家在推进技术创新和科技成果产业化中的重要作用，打通科技人才便捷流动、优化配置的通道，建立更为灵活的人才管理机制，强化分配激励，鼓励人才创新创造。坚持以合力营造良好的创新生态环境为基础。尊重科技创新和科技成果产业化规律，培育开放、统一、公平、竞争的市场环境，建立健全科技创新和产业化发展的服务体系和支持创新的功能型平台，建设各具特色的创新园区，营造鼓励创新、宽容失败的创新文化和社会氛围。坚持聚焦重点有所为有所不为。瞄准世界科技前沿和顶尖水平，选准关系全局和长远发展的战略必争之地，立足自身有基础、有优势、能突破的领域，前瞻布局一批科技创新基础工程和重大战略项目，支持企业通过各种途径获得若干重要产业领域的关键核心技术，实现科技创新的跨越式发展。

（2）上海科创中心建设的具体意见

第一，建立市场导向的创新型体制机制。清除各种障碍，让创新主体、创新要素、创新人才充分活跃起来，形成推进科技创新的强大合力，核心是解决体制机制问题，突破创新链阻断瓶颈。具体为第3—7条：着力推进政府管理创新；改革财政科技资金管理；深化科研院所分类改革；健全鼓励企业主体创新投入的制度；完善科技成果转移转化机制。

第二，建设创新创业人才高地。实施更加积极的人才政策，建立更加灵活的人才管理制度，优化人才创新创业环境，充分发挥市场在人才资源配置中的决定性作用，激发人才创新创造活力，让各类人才近者悦而尽才、远者望风而慕。具体为第8—13条：进一步引进海外高层次人才；充分发挥户籍政策在国内人才引进集聚中的激励和导向作用；创新人才培养和评价机制；拓展科研人员双向流动机制；加大创新创业人才激励力度；推进"双自"联动建设人才改革试验区。

第三，营造良好的创新创业环境。要秉持开放理念，弘扬创新文化，培育大众创业、万众创新的沃土，集聚国内外创新企业、创新要素和人才，共同推进科技创新中心建设。具体为第14—18条：促进科技中介服务集群化发展；推动科技与金融紧密结合；支持各类研发创新机构发展；建造更多开放便捷的众创空间；强化法治保障。

第四，优化重大科技创新布局。瞄准世界科技前沿和顶尖水平，在基础建设上加大投入力度，在科技资源上快速布局，力争在基础科技领域作出大的创新，在关键核心技术领域取得大的突破。具体为第19—22条：加快建设张江综合性国家科学中心和若干重大创新功能型平台；实施一批重大战略项目，布局一批重大基础工程；建设各具特色的科技创新集聚区；制定若干配套政策文件。

建设具有全球影响力的科技创新中心是一项系统工程，需要统筹谋划、周密部署、精心组织、认真实施。要加强组织领导，已经建立上海市推进科技创新中心建设领导小组，由市委、市政府主要领导挂帅，各相关部门共同参与，及时协调解决推进中的问题。要按照中央要求，加强与国家相关部门对接，争取成为首批国家系统全面创新改革试验城市，进一步完善试点方案和张江综合性国家科学中心方案。自"科创中心22条"发布以来，形成了相关的配套政策和实施细则，包括深化人才工作体制机制改革、进一步促进科技成果转移转化、促进金融服务创新、发展众创空间推进大众创新创业、提高创新开放合作水平、关于加快上海创业投资发展、促进知识产权运用和保护、国有企业科技创新、加强财政科技投入统筹、加大科技创新财政支持力度等，形成可操作的具体实施计划和工作方案，并加快落实各项政策措施。

二、科技创新发展的主要着力点

根据《上海市科技创新"十三五"规划》，到2020年，上海科技创新治理体系与治理能力日趋完善，创新生态持续优化，高质量创新成果不断涌现，高附加值的新兴产业成为城市经济转型的重要支撑，城市更加宜居宜业，中心城市的辐射带动功能更加凸显，形成具有全球影响力的科技创新中心的基本框架体系。具体将在"五个力"上取得重要进展：（1）全球创新资源集聚力大幅增强。全球高端人才、知识、技术、资本等各类创新要素集聚，创新资源配置高效，成为亚太地区获取全球性创新资源、赢得全球性发展机遇最便捷的城市之一和全球创新网络的关键节点之一。（2）科技成果国际影响力进一步提升。在前沿优势领域，涌现出一批具有国际声望的领军人才和研发机构，一批科技成果处于国际领先水平，部分成果成为世界科技进展的重要标志。（3）新兴产业发展引领力稳步提升。产业技术创新体系持续优化，掌握一批具有国际领先水平和自主知识产权的产业核心技术，拥有一批具有国际竞争力的创新型企业，引领新兴产业发展，支撑传统产业转型升级。（4）创新创业环境吸引力明显增强。科技在城市安全、健康、高效、绿色运行中的支撑作用明显增强，科技创新设施和服务体系完善，创新创业成为全社会的价值取向，基本形成具有国际吸引力的创新创业氛围和营商环境。（5）科技创新辐射带动力持续增强。科技创新的开放能级显著提升，技术市场活跃，服务功能完善，成为国内外科技成果发布和交易的重要平台、技术汇聚集成与输出的重要基地。到2020年，全社会研究与开发经费支出占全市生产总值的比例达到4.0%左右，基础研究经费支出占全社会研究与开发经费支出比例达到10%左右，每万人研发人员全时当量达到75人年，每万人口发明专利拥有量达到40件左右，全市通过《专利合作条约》（PCT）途径提交的国际专利年度申请量达到1 300件，知识密集型服务业增加值占全市生产总值比重达到37%，新设立企业数占比达到20%左右，向国内外输出技术合同成交金额占比达56%。

（一）探索发行科技创新券

为了进一步加快促进上海具有全球影响力的科技创新中心的建设，营造"大众创业、万众创新"的良好氛围，充分发挥市场在资源配置中的决定性作用，进一步盘活科研基础设施和大型科研仪器等科技创新资源，鼓励中小微企业积极共享使用科技创新资源开展创新创业活动，降低小微企业和创新团队科研创新投入成本，降低广泛性的科技和科研创新的门槛，激发中小微企业的科技创新的活力，上海市推出了科技创新券的试点政策，积极探索并建立引导和激励机制。2015年4月20日，科技创新券开始线上申领。仅2015年就有1 024家企业和14个创业团队通过审核，累积获得了5 000多万元的科技创新券额度，包括新一代信息技术、生物医学、新材料等多个高新技术行业。

表 2-4　上海市科技创新券服务事项清单（2019）

服务类别	服务范围	可服务内容	
A. 科技创新战略规划类	A1. 创新战略规划研究	A1.1	企业创新需求分析
		A1.2	技术/产品创新路线规划
		A1.3	成果/专利创新战略分析
		A1.4	企业创新战略规划
	A2. 企业竞争能力分析	A2.1	市场竞争情报分析
		A2.2	知识产权分析评议
B. 技术研发服务	B1. 研发设计服务	B1.1	工业（产品）设计与服务
		B1.2	工艺设计与服务
		B1.3	集成电路设计
	B2. 研发技术服务	B2.1	新产品与工艺合作研发
		B2.2	新技术委托开发
		B2.3	技术解决方案
		B2.4	中试及工程化开发服务
C. 技术转移类	C1. 技术价值评估服务	C1.1	价值评估
	C2. 技术交易服务	C2.1	技术成果推广
		C2.2	技术成果供需对接
	C3. 技术投融资服务	C3.1	技术投融资分析*
	C4. 创新创业孵化服务	C4.1	创业孵化专业服务**
		C4.2	创客孵化专业服务
D. 检验检测服务	D1. 检验检测服务	D1.1	产品检验
		D1.2	指标测试
		D1.3	产品性能测试
	D2. 标准服务	D2.1	标准全文传递
		D2.2	标准评估
		D2.3	标准系统定制
	D3. 软件与信息技术	D3.1	软件评测
	D4. 集成电路服务	D4.1	集成电路封装测试
E. 创新人才培养（待发布）			
F. 创新资源共享服务	F1. 仪器设施设备共享服务	F1.1	大型科研仪器开放共享
		F1.2	科研基础设施开放共享
	F2. 文献情报服务	F1.1	竞争情报分析
		F1.2	科技查新
		F1.3	外文文献检索

　　注释：*报告用于以技术转让、技术许可、作价投资为目的的技术投融资服务；**1.不含办公空间、物业管理等基础服务，以及工商注册、政策申报、管理咨询、交流活动、专利代理等综合商业服务；2.创新创业团队应提供已入驻本市科技企业孵化器、大学科技园或众创空间的孵化协议。

2018 年的《上海市科技创新券管理办法（试行）》（沪科规〔2018〕8 号）对科技创新券定义为：指利用市级财政科技资金，支持企业、团队向服务机构购买专业服务的一种政策工具，为了优化财政资助方式，降低创新创业成本。创新券采用电子券形式，由企业、团队申领和使用，由服务机构收取和申请兑付。关于专业服务是指企业、团队在科技创新过程中所需要的战略规划、技术研发、技术转移、检验检测、人才培养、资源开放等服务。市科委表示，希望通过新规大幅降低上海科技型中小企业和创新创业者的创新成本，有效激发上海的创新活力，提升上海的创新"浓度"，形成创新"场效应"。自 2019 年 1 月 1 日起，上海科技创新券的使用方法将变原先的"先使用，后补贴"为科技型企业在购买服务时就直接抵扣一半费用。此外，考虑到在创业的不同阶段企业对购买研发服务有不同需求，初创企业更多集中在使用仪器设备上，创新产业链后端的企业的研发需求则更多样。那时，这种科技战略、知识产权服务的价值因很难被量化，常常被创新券拒之门外。为此，2019 年将创新券补贴范围从科技服务扩大到人才培养、战略规划。

（二）建设张江综合性国家科学中心

2016 年 2 月 16 日，国家发改委、科技部批复同意建设上海张江综合性国家科学中心。两部委同意上海以张江地区为核心承载区建设综合性国家科学中心，作为上海加快建设具有全球影响力的科技创新中心的关键举措和核心任务，构建代表世界先进水平的重大科技基础设施群，提升中国在交叉前沿领域的源头创新能力和科技综合实力，代表国家在更高层次上参与全球科技竞争与合作。根据规划，到 2020 年，张江要基本形成综合性国家科学中心基础框架。为此，将重点开展四个方面工作：（1）建立世界一流重大科技基础设施集群；（2）推动设施建设与交叉前沿研究深度融合；（3）构建跨学科、跨领域的协同创新网络；（4）探索实施重大科技设施组织管理新体制。

2017年9月26日，以建设世界一流国家实验室为目标的湛江实验室成立，初期主要通过建设重大科技基础设施、攻关重点方向、融合交叉创新相结合进行研究布局，开展光子科学大科学设施群及相关基础研究、生命科学和信息技术两大重点方向攻关研究，生命科学与信息技术交叉方向——类脑智能研究。目前，配套湛江实验室建设的转化医学设施、超强超短激光装置、软X射线自由电子激光装置、活细胞成像平台、上海光源线站工程5个基础设施建设顺利展开；硬X射线自由电子激光装置于2018年启动，海底长期科学观测网、高效低碳燃气轮机试验装置等基础设施获得国家支持并启动；硅光子、脑与类智能2个市级科技重大专项依托张江实验室加快推进，向国家实验室目标迈进。高水平的创新单元、研究机构和研发平台集聚效应更加凸显，诺贝尔奖得主弗兰克·维尔泽克（Frank Wilczek）出任李政道研究所所长；中科大量子信息科学国家实验室上海分部已经开始建设，量子科学实验卫星以及量子系统的相关控制研究取得突破，国际人类表型组创新中心启动实施了国际人类表型组计划（一期）等重大任务，中美干细胞研究中心、医学功能与分子影像中心等正在组建。张江科学城规划正式发布，核心支撑作用初步显示，"五个一批"共73个重点项目启动假设，将实现从"园区"到"城区"的转型，与国家学科中心形成"一体两翼"的格局。

2017年围绕着张江综合性国家科学中心建设，上海已经开工建设了多个项目；2018年加快已经开工建设的一些项目，相关项目建成后将"引领"多个世界之最。张江综合性国家科学中心是中国未来科技创新的一个新高地，也是上海建设具有全球影响力科技创新中心的核心内容。

（三）建设研发与转化功能型平台

为了按照实施创新驱动发展战略、建设具有全球影响力的科技创新中心，必须培育一个能够配置创新性资源的网络与平台，以推进研发与转化。在 2018 年 1 月《关于本市推进研发与转化功能性平台建设的实施意见》中，以完善创新链和产业链为目标，以促进创新资源开放协同为抓手，以深化体制机制改革为着力点，进一步转变政府职能，弥补市场缺位，推动功能型平台成为本市创新体系建设的重要力量，支撑产业研发创新，服务社会创新创业，引领产业转型升级，提升实体经济发展质量和能级，建设研发与转化功能型平台。

其要义在于形成这样的能力：针对所在行业领域技术创新主要过程和重点环节，制定研发与转化系统解决方案的能力；掌握有利于重大产品攻关的关键技术、科学装置、工程化平台、中间试验线、检测评价服务、数据标准库等，具备较好的产品开发或验证能力；具有较强的行业地位和影响力，能够集聚和整合各类资源，支撑和服务技术转移、科技投融资、创业孵化等活动。聚焦生物医药、新材料、先进制造、新一代信息技术等重大战略新兴产业领域，围绕创新能力提升，重点建设若干研发类功能型平台，通过关键技术和产业化应用研究，构建新兴产业技术创新支撑体系。面向新兴产业创新创业服务需求，重点打造若干非研发类功能型平台，培育一批市场化、专业化的创新创业服务平台。

采取四个方面的联动机制：（1）政府主导、社会参与、市场化运作。功能型平台建设与运行由政府主导推进，明确建设使命和目标，协调和动员社会各方优势力量共同参与。坚持功能型平台的非盈利性机构定位，进一步体现公共科研属性，着力提升产业技术创新整体水平，推进产业创新发展。借鉴世界一流研发机构经验，建立功能型平台市场化、专业化运作机制，在组织架构、体制机制上创新突破，引入企业化管理模式，确保良好运作效率。（2）形成高水平的人才队伍。实施社会化招聘、企业化管理的用人机制，引进国内外一流人才，形成领军人才、核心团队等组成的高水平人才队伍。通过双向挂职、短期工作、项目合作等柔性流动方式，引导和鼓励高校、科研院所和功能型平台之间的人才双向流动。建立以能力、业绩、贡献为主要标准的评价导向，采用年薪制、协议工资制、项目工资等方式，提高对高水平创新人才的集聚和吸引能力。（3）开放共享科技资源。政府与社会组织引导功能型平台对外开放共享创新能力和资源，在促进全社会创新协同、降低创新成本、加快创新价值实现方面，发挥基础平台作用。加强功能型平台建设与各类创新基地、大型科研仪器设施对外开放的有序联动。盘活存量资源，提升各类重点实验室、工程技术研究中心、技术创新服务平台等科研基地能力，拓展服务网络，引导有条件的科研基地向功能型平台转型升级。（4）组成创新合作网络。坚持全球视野、国际标准，努力将功能型平台打造成为国际化、跨区域创新合作网络的重要枢纽和节点。引导功能型平台与国际国内高校院所、企业以及地方政府开展合作交流，依托项目联合攻关、共建研发基地和创新联盟、支持孵化创业企业、打造产业集群、提供咨询服务、举办国际会议等多种形式，不断提升行业影响力和区域辐射力。

三、科技创新发展的进展与表现

目前上海全球影响力的科技创新中心发展正按照"十三五"（2016—2020）的规划，主要着力点如下：

（1）把握科技进步大方向、产业变革大趋势、集聚人才大举措，面向经济社会发展主战场，破除体制机制障碍，强化企业创新主体地位，营造良好的创新生态环境，以重大创新改革举措为抓手，加快向具有全球影响力的科技创新中心进军，为形成国际性重大科学发展、原创技术、高新科技产业重要策源地和全球重要创新城市打好框架。

（2）建设张江综合性国家科学中心。瞄准世界科技前沿和顶尖水平，汇聚各类创新资源，力争在基础科技和关键核心技术领域取得大的突破。依托张江地区已形成的国家重大科技基础设施，积极争取超强超短激光、活细胞成像平台、海底长期观测网、高效低碳燃气轮机试验装置等一批科学设施落户上海，打造高度集聚的重大科技基础设施集群。建设世界一流科研大学和学科，汇聚培育全球顶尖科研机构和一流研究团队。大力吸引海内外顶尖实验室、研究所、高校、跨国公司来沪设立全球领先的科学实验室和研发中心。聚焦生命、材料、环境、能源、物质等基础科学领域，发起设立多学科交叉前沿研究计划。探索实施科研组织新体制，建立符合科学规律、自由开放的科学研究制度环境，探索改革国家重大科技基础设施运行保障制度。

（3）推进重大战略项目、基础前沿工程和创新功能型平台建设。聚焦国家战略布局、上海自身有基础、有望突破且能填补国内空白的领域，实施航空发动机与燃气轮机、高端医疗影像设备、高端芯片、新型显示等一批重大战略项目，实施脑科学及人工智能、量子通信等一批基础前沿工程，率先突破一批关键技术，代表国家参与国际科技合作与竞争。在信息技术、生命科学和医学、高端装备等领域，重点建设若干开放式共性技术研发支撑平台。围绕技术转移、成果孵化、军民融合等领域加快建设科技成果转化和产业化服务支撑平台。

（4）加快推进国家全面创新改革试验。建立符合创新规律的政府管理制度，政府职能加快从研发管理向创新服务转变。改革政府支持方式，加大创新产品和绿色产品的政府采购力度。建立财政科技投入统筹联动机制，提高财政资金用于人力及软投入比例，对基础前沿类科技计划，建立持续稳定的财政支持机制。扩大科研院所自主权，赋予创新领军人才更大的人财物支配权、技术路线决策权。构建市场导向的科技成果转移转化机制，完善科技成果的使用权、处置权、收益权归属制度，探索实施科技成果转化普惠税制。实施激发市场创新动力的收益分配制度，大幅提高科技成果转化收益中科研人才收益的比例，建立职务发明法定收益分配制度，探索完善股权激励机制和配套税征制度。健全企业主体的创新投入制度，探索进一步扩大高新技术企业认定和研发费用加计扣除范围，激发企业创新投入动力。在上海证券交易所建立"战略新兴板"，加快发展股权托管交易中心科技创新板。探索设立国有资本和民间资本共同参与的非营利性新型产业技术研发组织。改革药品注册和生产管理制度，试点推进创新药物上市许可持有人制度。

（5）建设各具特色的科技创新中心重要承载区。着力打造全球化的创新创业生态系统，推进国家全面创新改革试验、国家自主创新示范区、自贸试验区联动发展，把张江国家自主创新示范区建设成为创新环境开放包容、创新主体高度集聚、创新要素自由流动的国际一流科技园区。把紫竹国家高新技术产业开发区打造成为科技成果转化示范区。推进杨浦国家创新型试点城区产城融合、学城融合，建设万众创新示范区。在嘉定新兴产业发展示范区建设半导体芯片和传感器、新能源汽车、高端医疗装备等领域产业研发平台。建设漕河泾科技服务示范区，打造临港智能制造示范区。鼓励各区县因地制宜，主动作为，闯出各具特色的创新发展新路。

（6）加快形成大众创业万众创新蓬勃发展局面。激发企业家创新创业热情，鼓励敢于承担风险、勇于开拓创新、志于追求卓越，推动全社会形成鼓励创新、宽容失败的氛围。开展降低实体经济企业成本行动，优化企业发展环境。促进众创、众包、众扶、众筹等创新模式的支撑平台发展，打造专业化、市场化的众创空间。研究探索鼓励天使投资等创新创业的普惠税制。发挥政府创业投资引导基金作用，鼓励更多社会资本发起设立创业投资、天使投资和股权投资。探索开展投贷联动等金融服务模式创新，形成创业投资和天使投资集聚活跃、科技金融支撑有力的创新投融资体系。健全科技中介等创新创业服务体系。支持科技型中小企业健康发展，培育一大批领军型创新企业。实行严格的知识产权保护，推进创新主体运用国际知识产权规则的能力建设，提升知识产权质量和效益，深化知识产权领域改革，发展知识产权服务业，加强知识产权交易平台建设，推进上海亚太知识产权中心城市建设。

根据《2018上海科技创新中心指数报告》，2010年以来上海科技创新发展的总体进程，以2010年为基期100分起计，2017年指数综合分值达到了255.12，比上年增长30.2分，增长率13.4%。上海科创中心建设总体进展良好，已成为全球科学家最向往工作的中国城市。

在反映上海科创中心发展主要方面的五个一级指标中，科技成果影响力的提升幅度最大，2010年以来年均增长30.88分，特别是2017年增长高达70.92分，显示了上海在全球科技创新版图中的崛起趋势。创新环境吸引力年均增长22.74分，2017年大幅增长58.51分，体现了上海区域创新生态环境完善优化，科创中心政策效应日趋明显。新兴产业引领力年均增长21.78分，显示了上海向创新经济转型的态势。创新资源集聚力和创新辐射带动力年均增长分别达到18.14分和17.26分，体现了上海创新中心城市地位稳步提升，在创新网络中的枢纽作用不断增强。

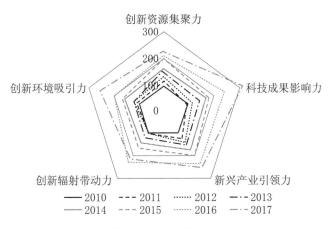

图 2-23　上海市科技创新中心指数增长趋势(2010—2017)

根据《2018 上海科技创新中心指数报告》，上海科技创新中心发展的主要表现在三个方面：

第一，科技成果产出和影响力明显提升，在顶级期刊发表论文数占全国四分之一。

数据显示，上海科技成果产出和影响力提升的表现主要体现在国际科技论文收录量提升和重大科技成果得到长足进步上。2017 年上海国际科技论文收录量 47 369 篇，比 2016 年增长 10.4％；国际论文被引用数 195.8 万次，比 2016 年大幅增长 45.9％。2017 年上海科研人员共计在国际顶级学术期刊《科学》《自然》和《细胞》上发表论文 62 篇，比 2016 年增加 23 篇，约占全国总数的四分之一。2017 年全市每万人发明专利拥有量达 41.5 件，比 2016 年增长 17.9％；PCT 国际专利申请量 2 100 件，比 2016 年增长 34.6％。2017 年上海共有 58 项重大科技成果荣获国家科学技术奖，比 2016 年增加了 6 项，占全国获奖总数的 20.7％，3 项国家科学技术进步特等奖中，上海参与完成 2 项；2 项国家自然科学一等奖中，上海参与完成 1 项。科技部公布的 2017 年度中国科学十大进展中，有 2 项上海科研成果入选。

第二，创新驱动发展成效显现，工业机器人产量占全国近一半。

上海创新驱动发展成效显现主要体现在三个方面，一是上海知识经济特征更加凸显。2017 年上海全社会研发经费投入强度达到 3.93%，比全国水平高 1.80 个百分点。上海全员劳动生产率达到 22.03 万元/人，相当于全国的 2.2 倍。知识密集型产业从业人员占全市从业人员比重达到 27.1%，全市不到四个就业人口就有一人从事知识密集型产业。知识密集型服务业增加值占全市 GDP 比重超过三分之一，达到 35.2%。二是科技创新为实体经济注入新动能。2017 年上海全市工业增加值 83 03.54 亿元，比 2016 年增长 6.4%；战略性新兴产业制造业增加值 2 262.64 亿元，比 2016 年增长 8.1%，增速均达到 2012 年以来的新高点；战略性新兴产业增加值占上海市生产总值的比重为 16.4%，比 2016 年提高了 1.2 个百分点，占比高于全国比例 6 个百分点。三是部分新兴产业集群优势明显。知识经济特征更加凸显。科技创新为实体经济注入新动能。部分新兴产业集群优势明显。先进制造业产业集群优势初显，2017 年，上海企业占据了全国新能源汽车电机、电控超过四分之一的市场份额；上海工业机器人产量占全国总产量比例接近 50%；全国集成电路制造业 35 家主流晶圆厂中，上海拥有 11 家。生物医药领域创新能力优势突出，2017 年上海获批进入临床的创新药物多达 50 多个，进入快速审批通道的医疗器械产品 27 个，全国 15 家医疗健康领域标杆企业中的 6 家落户在上海。

第三，区域创新生态更加优化，创新创业环境更加完善。

上海区域创新生态更加优化主要体现在三方面：

一是科技服务业支撑能力提升。2017年上海科技服务业支撑能力提升，上海科技服务业增加值达到3951.95亿元，比2016年增长13.7%，占全市服务业增加值的19%，科技服务业对科技创新和产业发展的支撑能力得到有效提升。科技金融方面，2017年上海企业获得VC/PE投资1873.3亿元，较2016年大幅增长193.5%；投贷联动贷款余额60.90亿元，较2016年增长133.06%。创业服务方面，2017年上海科技企业孵化器数量已达到183家，较2016年增长15.1%，其中49家通过国家级科技企业孵化器认定；国家双创示范基地由2016年的2家增加至7家。

二是创新创业环境更加完善。2017年上海研发费用加计扣除和高新技术企业税收优惠金额合计达到323.85亿元，比2016年大幅增长25%。上海研发公共服务平台全年提供服务8370万次，用户量与服务量连续五年居全国同类平台首位。上海科技创新券自2015年出台以来，到2017年已实际兑现近7000万元，带动企业创新投入近3亿元。"创业在上海"2017国际创新创业大赛共有7302家小微企业和团队，5万余名创业者参赛，热度再创新高。

三是区域引领辐射效应更加凸显。截至2017年底，上海市科委牵头共建的"长三角大仪网"已集聚三省一市2192家单位的27479台大型科学仪器设施，总价值298.61亿元。2017年上海市科委与浙江省科技厅、嘉兴市政府签订了科技创新券跨区域使用试点合作协议，打破行政区划壁垒，更好地发挥上海优质创新资源的区域辐射力。2017年上海VC/PE投资机构对苏浙皖三省总投资金额达到233.5亿元，苏浙皖三省均进入接受上海VC/PE投资前十名省市，充分体现了上海科技金融对长三角的辐射带动效应。

五年来，按照习近平对上海"要加快向具有全球影响力的科技创新中心进军"的要求,科创中心建设取得了一系列实质性突破,重大成果不断涌现。党的十九大报告列举的6项重大科技成果,蛟龙、天宫、北斗、天眼、墨子和大飞机,上海都作出了重要贡献;2014—2018年50项全国重大科学进展中,上海参与了11项;大飞机C919飞上蓝天,集成电路先进封装刻蚀机等战略产品销往海外,高端医疗影像设备填补国内空白,产业创新影响力越来越大。

根据2019年5月23日的数据,上海科创中心建设五年成绩清单如下:

(1) 国家级科研基地与项目

五年来,上海着力提升上海科创中心策源能力,系统布局张江实验室等高水平创新基地,先后挂牌成立张江实验室和上海脑科学与类脑研究中心,形成张江国家实验室建设方案,启动建设李政道研究所、张江药物实验室、复旦张江国际创新中心、上海交大张江科学园等高水平创新机构和平台。同时,主动参与微纳电子、量子信息、海洋等领域国家实验室建设。

五年来,上海全力打造国家重大科技基础设施群。在光子领域,硬X射线、软X射线、超强超短激光等设施全面建设,硬X射线装置是中华人民共和国成立以来单体投资额最大的科技基础设施。在生命科学、海洋、能源等领域,先后启动蛋白质设施、转化医学设施等科技基础设施建设。目前,上海建成和在建的国家重大科技基础设施已达14个,设施数量、投资金额等均领先全国。

依托基础科学优势领域,上海主动承接2006—2020国家科技重大专项,积极对接科技创新2030重大项目。截至2018年底,上海累计牵头承担国家科技重大专项项目854项,在"核高基"、集成电路装备、大飞机等领域取得一系列突破。五年间，上海率先启动实施科技重大专项，立足信息技术、生命科学和光子科学等领域，先后启动硬 X 射线装置预研、硅光子、人类表型组、脑与类脑智能、全脑神经联接图谱、拓扑量子材料、分子机器、智慧天网等 8 个市级科技重大专项，投入超过 40 亿元，为承接国家科技重大专项夯实基础。

（2）关键性核心技术领域的持续创新

目前，上海全社会研发投入占 GDP 比例达 4%，比五年前提升 0.35个百分点。每万人口发明专利拥有量达到 47.5 件，比五年前翻了一倍。综合科技进步水平指数始终处在全国前两位，科技对经济发展的贡献稳步提高。特别是在关键核心技术和"卡脖子"领域，上海创新持续发力。

上海成为国内唯一拥有完整集成电路产业链的创新高地。2018 年上海集成电路产业销售规模达 1 450 亿元，占全国的 1/5。在设计领域，部分企业研发能力已达 7 纳米，紫光展锐手机基带芯片市场份额位居世界第三；制造领域，中芯国际、华虹集团年销售额在国内位居前两位，28纳米先进工艺已量产，14 纳米工艺研发基本完成。集成电路装备材料领域，中微、上微处于国内领先水平，刻蚀机、光刻机等战略产品已达到或接近国际先进水平。

此外，上海也是生物医药产业的创新策源地。上海积蓄了雄厚的科研实力和产业发展潜力，五年来生物医药产业活力迸发。此外，上海加快人工智能产业技术研发与应用，出台《关于本市推动新一代人工智能发展的实施意见》。目前，已经成立上海交大"上海人工智能研究院"、同济"上海自主智能无人系统科学中心"等。

尽管如此，对标全球科技创新中心的目标，上海科创中心建设短板依然存在，仍有不少短板亟待重视、加快补齐的地方。

简评　迈向全球城市中的创新引领

2014 年 5 月，习近平考察上海时提出，上海要加快建设具有全球影响力的科技创新中心，这是中央综合分析国内外发展的大势，立足中国与上海发展所作出的重要战略性部署，这也是上海实施创新驱动发展战略、突破上海经济发展瓶颈，重新再次发力与发展的重要选择。根据全球科技竞争与经济发展的趋势，以及《中共中央、国务院关于深化体制改革机制加快实施创新驱动发展战略的若干意见》，立足国家战略创新发展的需要，长期以来上海创新引领发展的历史经验，上海提出了《关于加快建设具有全球影响力的科技创新中心的意见》《上海市科技创新"十三五"规划》等目标与部署，从战略与战术的层面作出具体的制度性安排。2014 年来，上海进入建设具有全球影响力的科技创新中心的快车道，进行了一系列的布局，预计到 2020 年，建成具有全球影响力的科技创新中心的基本框架，引领中国进入创新型国家行列，预计到 2030 年，着力形成具有全球影响力的科技创新中心的核心功能，步入全球创新发展的前列，引领全国的创新驱动发展，并逐步形成具有全球影响力的科技创新中心，成为代表中国经济科技实力和综合国力的全球性创新城市。

上海市"十三五"（2016—2020）规划的总结："我们惟有创新转型，才能赢得更加繁荣的未来。我们惟有改革开放，才能在全球城市的竞争中实现超越。面向未来，上海将迈向更具创新活力、更加绿色宜居、更可持续发展、更加包容共享的国际大都市，这是我们共同的使命。"

在社会主义市场经济的外部影响下，上海开启了以"创新引领"为先导的经济加速发展。改革开放以来，上海在从老工业中心城市向经济中心城市，尤其是全球城市的发展与演化中，在外部思想创新与制度创新的影响下，摆脱了以往计划经济下的思维束缚、更新发展理念，使制度改革与创新成为上海经济发展的重要支撑，科技进步与综合创新成为上海转型发展的源动力。浦东开发开放以后，尤其是 21 世纪以来，上海逐渐进入深化改革时期，提出"创新驱动、转型发展"的思路，实现以制度创新为基础、以科技创新为动力的方式。一方面，通过深化改革开放深入推进重点领域和关键环节的改革，加快建立有利于实施创新、转变经济发展方式的体制机制；另一方面，通过调整产业结构，培育发展诸如新一代信息技术、高端装备制造、生物、新能源、新材料等战略性新兴产业和新兴业态，努力建立以服务型经济为主的产业结构，不断提升高新产业核心竞争力，从技术创新、制度创新驱动，逐渐转向综合创新，上海加速了提升了"创新引领"经济增长的功能。

正如上海市委书记李强指出的：上海是吃改革饭、走开放路、打创新牌发展起来的，取得了举世瞩目的辉煌成就，实现了前所未有的历史性跨越，演绎了中国特色社会主义的生动实践，成为了中国改革开放的重要窗口。上海已经形成并铸就了开放、创新、包容的城市品格，并将继续用新的创造性实践，以新的不凡业绩，更好地诠释和彰显城市品格，使之成为上海长期延绵不断的经济活力源泉。

从时间演化的维度上来看，改革开放以来，结合国内外经济发展阶段的变化，上海从经济调整中比较快速地找到了新的创新发展方向，在1978—2019 年的历程中，上海创新引领的形式、方向、节奏均出现了四次明显的阶梯性演化，比较快速地完成了从"老工业基地"的创新引领，演化为"迈向全球城市"的新模式。

在上述时间演化之外，从功能逻辑更替的维度来看，1978—2019年，上海从"老工业基地"迈向"全球城市"之旅的创新引领，主要表现在三个方面：第一，创新引领下迈向全球城市的轨迹；第二，改革开放进程中的创新引领；第三，科技创新成长中的创新引领。

一般认为，创新对经济增长的贡献主要在三个方面：第一，创新提高企业的核心竞争力。熊彼特的创新理论即认为实施创新活动的主体是企业家，企业通过持续的创新持续才能获得超额利润，技术创新是企业获得成功的最主要的驱动力。第二，创新带来经济增长。熊彼特的创新理论还认为技术创新是经济增长的源泉，因为企业通过创新获得超额利润，从而产生模范活动与示范效应，引起创新浪潮与经济发展，正是或快或慢的延绵不断的创新促成了经济的波动与持续发展。第三，创新会引起经济增长质量的提高、经济结构的变革。技术创新会引起产业结构的升级，也会促进工业部门结构的变化以及消费结构的变化。①当"创新"因素，尤其是"创新引领"成为经济发展的指南针时，可以引领一个经济体（城市或区域或国家）实现长时段的经济增长，以及经济结构的演化升级，从而趋向于更为优化，从老工业基地到经济中心城市以及将来的全球城市，均是这一逻辑路径的自然进程。

---

① 赵玉林：《创新经济学》，清华大学出版社 2017 年版，第 13—22 页。

第三部分：上海创新引领的形式与机制

新中国成立70年来，上海形成了一个相对比较完整的创新发展历程，从早期的老工业基地时期到改革开放后的经济、航运、贸易、金融中心，当前的科技创新中心，乃至于全球城市时期，创新引领上海经济发展体现在诸多方面，包括技术创新、组织创新、制度创新、国家创新等方面。

第一章 理论指向与历史背景

第一节 创新以及创新的形式

熊彼特经济理论的核心思想是将创新作为经济发展的动力来源之一，其中首先是技术创新，然后是制度、组织、管理等层面，他强调将知识、技术等要素纳入经济发展模型，由技术进步的外生变量逐步过渡到经济发展的内生变量。

"问渠那得清如许，为有源头活水来。"如果上溯到一百多年来现代上海经济的源头，历经被动开放下的旧中国时期、计划经济下的老工业基地时期以及改革开放后迈向全球城市时期，上海长期经济增长之所以历久弥新、始终站在全国甚至东亚和世界的前列，就是因为不论在什么样的历史条件下，无论是在什么样的社会环境中，她都有着中国其他地方不可比拟的经济活力，而这一活力的基本表现为"创新"。一百多来的历史一再表明，上海的发展契机多数来自开放，持续成长的动力无不来自创新。在"创新驱动、转型发展"下，上海进一步发展面临的最大问题之一，同样是经济活力的源泉问题。从历史长时段上考察和分析不同经济制度和经济环境下上海经济发展的活力，就不仅仅只是一个简单的经济史上的问题，同时更是一个可以为上海当今和未来发展提供制度和经验借鉴的问题，这里将探寻长时段进程中上海经济活力的内在源泉。

创新是经济活力的最终内在源泉，这在熊彼特的"创新理论"中已经得到了极好的体现。自从他 20 世纪初提出"技术创新"以来，创新理论已经得到学者、企业家、政府官员等社会各界的广泛认可，以后历经诺贝尔经济学奖获得者索罗、英国经济学家弗里曼等学者的深化，在体系的构建以及研究程度上得到了极大的深化。创新理论及创新实践已经成为衡量一个国家、地区、企业是否发展、能否持续发展的重要指标。此如熊彼特所言，"我们所指的'发展'只是经济生活中并非从外部强加于它的，而是从内部自行发生的变化。"① "创新"则就是要解释这种内部变化的动因，也就是经济发展的活力。

社会经济怎样才是实现了发展，熊彼特提出的一个标志性认识就是"新组合"的出现。在人类社会经济演进过程中，人们"能支配的原材料和力量"的组合始终存在，并且构成了人类生产的基础。而只有当原有的组合演进为间断出现的"新组合"时，"具有发展特点的现象就出现了。"熊彼特由此断言，"我们所说的发展，可以定义为实现新组合。"而新组合的实现就是"企业"，实现这种新组合的人就是"企业家"。熊彼特对于"企业家"的界定是近乎苛刻的，因为他坚持认为，"不管是哪一种类型，每一个人只有当他实际上'实现新组合'时才是一个企业家。"从这个意义上说，"企业家不是一种职业，一般说来也不是一种持久的状

---

① ［美］熊彼特：《经济发展理论》，中国画报出版社 2012 年版，第 67 页。

况"。①在这里，熊彼特不仅提出了创新以及创新的标志，更重要的是提出了创新的主体，即企业与企业家。这就决定了企业及企业家在创新中至关重要的主体地位。而这一主体地位的一个基本制度保障就是开放环境下的私有产权及市场交易体系。从这一点上说，熊彼特所说的创新，本质上是基于私有产权制度下的创新。这就是为什么熊彼特在《经济发展理论》一书第一章第二节的开头陈述：在概述经济机制的主要特征时，"我们主要设想一个商业化组织起来的国家，一个具有私有财产、劳动分工和自由竞争特质的社会。"②创新从本质上讲是一种自然的历史过程，"就像经济体制本身也不是一种按照某一个制式计划运行的'经济体制'一样。"③

自 20 世纪 80 年代的改革开放至今，"创新"以及"创新理论"的含义早已经从熊彼特所说的"经济创新"泛化至政治、社会、文化等各个领域，它们已经至少已经包括理论创新、体制创新、科技创新、文化创新以及其他方面的创新等等。同时，创新的主体一般也被认为已经蔓延至政府、社会组织、企业、个人的四位一体，从而形成一般被人们通常称为的"创新体系"，相应的创新通常被认为可以有政府创新、企业创新、个人创新等等，以及相应的"创新国家""创新社会""创新城市"等等。没有创新，社会经济仍然可以延续乃至经济总量增加，但"这仅仅是经济体的增长，如人口和财富的增长，也不能被称作是发展过程。因为它没有产生本质上的新现象"。④

---

① ［美］熊彼特：《经济发展理论》，第 69、78、79 页。

② 同上书，第 12 页。

③ 同上书，第 16 页。

④ 同上书，第 67 页。

熊彼特最早从技术创新的视角研究经济发展,在 1939 年和 1942 年出版的《经济周期》和《资本主义、社会主义和民族主义》中,将"创新"称为企业家实现生产要素与生成条件的新组合,通过进入企业生产体系,形成一种新的生成函数。其中,创新活动包括五个方面:生产新产品、引入新的生成方法、开辟新市场、获得新的供应商、采用新的组织方式。熊彼特创新理论的基础是技术创新,也涉及组织创新、制度创新等方面。目前学界对创新的理解有时间与空间的多重层面与维度,但其核心基础仍然是三个方面:技术创新、组织创新、制度创新,分别对应创新活动与创新经济发展的微观、中观、宏观三个尺度,包含了不同经济发展水平、不同空间维度、不同产业发展层面的创新活动与创新经济形态。

(1) 技术创新,关注创新的原点与微观基础。熊彼特强调技术是经济增长的源泉,将技术要素内生化,认为内生研发推动的知识生产和创新是经济增长的核心,微观层面的创新与企业家精神是实现经济增长的基础。[1]现代经济发展内在的原动力与源泉为技术创新,即以创新为目的进行的技术革新,一般认为主要是通过高等院校、科研机构和企业研发技术部门所从事的科技前沿研究,进行新知识引导下的科技创造和科技创新。熊彼特认为企业具有追逐垄断利润的原动力,通过创新产生的新产品、新技术、新方法可以获取垄断利润。如果企业通过创造性破坏过程获得成功的创新,从而将其他一些企业挤出市场获得垄断利润,如果另外一个或一些企业也同样通过成功的创新,在此重新获得垄断利润,

---

① 严成樑、龚六堂:《熊彼特增长理论:一个文献综述》,《经济学家(季刊)》2009年第 8 卷第 3 期。

众多企业不同的创新活动推动了经济发展，成为长时期经济发展内在的原动力。其内在的逻辑关系为：垄断利润—R&D投入—知识存量增加—技术创新—新产品（新方法）—经济增长。

（2）组织创新，关注技术创新之外的要素组织形式。在20世纪60—70年代，在传统的技术推动创新模式之外，发展出需求拉动的创新模式，强调市场因素与技术因素的共同作用。于是在20世纪70—80年代形成综合创新模式，在技术之外加入市场、组织、管理等内容。相关的学术研究表明，创新活动与经济增长之间的联系是一个复杂的过程，包括了很多因素，例如，有关产业组织理论、演化理论、宏观经济增长理论等方面，涉及科研创造、创新激励、技术市场、发明网络、创新融资、创新扩散等在经济发展中的作用。乔万尼·多西（Giovanni Dosi）和理查德·纳尔逊（Richard R. Nelson）分析了技术变革和产业动态的演化历程，他们通过大量关于企业理论、组织创新对产业影响的文献，探讨了企业的组织能力及其演化。

（3）制度创新或国家创新，关注技术创新的外部环境。以兰斯·戴维斯（Lance E. Davis）为代表从制度的角度，采用新古典经济学理论中所使用的一般静态均衡和比较静态均衡方法，认为技术创新取决于制度创新，要实现经济增长需要建立起能够持续激励创新的制度。这样则将熊彼特的创新理论与制度理论结合起来，由于制度既包括一般性的技术层面的制度规范和章程，也包括外部的具有背景性的政治经济制度。以克里斯托夫·弗里曼（C. Freeman）和理查德·纳尔逊为代表的国家创新学说，则认为技术创新不能简单地归纳为企业或企业家的行为，技术创新受制于国家创新系统。在国家制度的安排下，企业、科研机构、高校、社会组织、个人等创新主体之间相互合作，形成多主体的网络关系与机制，推动知识的创新、扩散与再创新，这些创新主体共同参与和影响创新资源的配置及其效率。

第二节　近代上海创新引领的表现

近代早期的中国是一个标准的农业经济形态，现代经济及其组织形式均来自外部世界，新的变化首先来自对外开放。在上海的经济发展中，首先是被动形成的自由贸易区制度（包括中外自由贸易、货币自由兑换、1895 年后的自由制造等形式）"激活"拓展了传统社会中市场因素的活动空间，并赋予其新的属性，从而导致了一系列的制度变革。在自由贸易的条件和环境下，上海不断地集聚国内外各种资源要素，组合创新，发展进化，迅速由一个原来的"东南壮县"发展为当时中国最大的工商业都市，并成为民国时期中国实际上的"经济首都"。

一、被动开放下上海经济中心的形成

众所周知，对外贸易是近代上海经济增长的起点。近代最早大规模的要素流通是买办商业，一般被形象表述为"广搜各地物产，统办环球制品"，上海更是名闻遐迩的贸易中心，各地行帮在沪设有众多的"申庄"，本地商人也在各地遍布分销机构，"上海为吾国第一大埠，其所以成为经济之中心者，赖其贸易之发达也"。①于是，国内生产物变成了商

---

① 潘吟阁：《上海之贸易》，《战时上海经济》1945 年第一辑，第 60 页。

品，这就是近代海关贸易报表中不断增多的进出口商品名录、不断扩大的市场来源地与销售地，以及不断增长的农产品、原材料、手工业制品的出口，以及相应的机制品的进口。以北方地区为例，开埠初期，天津的进口洋货多数来自上海，最初经营沪津间洋货贸易的是天津的洋行，[①]但天津的华商很快就发现绕开他们直接从上海进口更为便捷，"于进口贸易之首埠上海置货"。[②]1870—1880 年后，各口岸较大的商号纷纷来沪设立申庄或分号，经营当地的洋货贸易；各商埠棉布商纷纷来上海设立申庄，形成了不同地区的商帮。以北方地区为例，19 世纪下半叶"中国商人一年甚于一年地倾向于把上海作为中国北方贸易的商业中心……现在，中国人最大的商业机构几乎都设在这里"。[③]1880 年代上海已占全国对外贸易货物成交和款项调拨总量的 80％。[④]"依托上海港内外贸枢纽港地位发展起来的上海商业，以其门类居多、设施先进、交易灵活、服务配套等优势，至 19 世纪末 20 世纪初初步奠定了中国商业中心的地位"。[⑤]

商业资本具有两种次级形态：商品经营资本与货币经营资本，彼此之间是可以互相转换的，商人因为不生产商品，首先要拥有货币资本，并在市场上转化为商品，进而实现资本循环，在流通中获得增值。前近

---

① 罗澎伟主编：《近代天津城市史》，中国社会科学出版社 1993 年版，第 196 页。

② 吴弘明编译：《津海关贸易年报（1865—1946）》，天津社会科学院出版社 2006 年版，第 41 页。

③ 徐雪筠等编译：《上海近代社会经济发展概况（1882—1931）——〈海关十所报告〉译编》，上海社会科学院出版社 1985 年版，第 34 页。

④ 汪敬虞：《19 世纪外国在华银行势力的扩张及其对中国通商口岸金融市场的控制》，《历史研究》1963 年第 5 期。

⑤ 戴鞍钢：《港口·城市·腹地——上海与长江流域经济关系的历史考察（1843—1913）》，复旦大学出版社 1998 年版，第 102 页。

代传统商业资本是独立于生产之外的，用于交换与流通环节，局限于流通流域，但在资本主义生产方式下，商业资本的位置发生改变，逐渐从属于生产资本，成为产业资本再生产的一个职能资本与组成部分。①同时，我们知道，单纯的商业活动只能改变物质财富的空间配置，并不能创造出新的物质财富。布罗代尔把贸易区分为两种不同类型：一种是低级形式，如集市、店铺、商贩等；另一种是高级形式，如交易会、交易所等。②低级形式的市场交易活动通常是与地方性的、自给自足的经济相联系，只能成为生产活动与消费活动的一种中介，而不能改变该地区的要素稀缺性与基本资源禀赋。被布罗代尔称为高级的市场贸易方式，超越了地方的界限而日益演变成为全球性的贸易行为，能改变该地区要素稀缺性与资源禀赋，促成了要素向收益更高的地点流动，区域性的商品与要素流动已经促成了地方化经济与产业内贸易的形成，形成更有效率的生产，以更少的投入获得最大的收益。

于是，近代上海逐渐从全国对外贸易中心与金融中心转向工业生产中心，目前尚有争议的议题是转变的时点在何时。一般认为有两个关键性时点，第一是甲午战争，第二是第一次世界大战。例如，全汉昇就以为，"上海的工业化，在初时进行得非常缓慢；可是，到了甲午战争前夕，其速度已经渐渐增大。在战后不久，伦敦东方报于一八九六年六月五日报道说，'查上海自五十年前通商以来，实为各国来货及土货出口总汇之区，近今五年又变为制造各厂聚集之所。此固租界地势相宜使然也。又查一八九〇前，所有设在租界内及邻近工厂只五处，今计五十三处，

---

① 马克思：《资本论》第3卷，人民出版社1975年版，第297—303、366—367页。

② [法]布罗代尔：《资本主义的发展动力》，生活·读书·新知三联书店1997年版，第67页。

或已完工，或将告成，皆纺纱、缫丝、织布各厂也.'根据这个报道，我
们对于上海工业化过程的研究，约略可以拿甲午战争作为分期的标准。"
"发电量的大小是工业化程度高低的指标，故我们根据上海最大电力公司
历年发电设备及发电量的变动情况，对于甲午以后抗战以前上海工业化
的经过，可以拿欧战作标准而分开两个时期来讨论，及自甲午以后至欧
战为一个时期，自欧战以后至抗战前夕为另一时期。"①

据估计，1894 年各国在华的企业投资为 1.09 亿银元，1914 年的企
业投资激增至 10.85 亿银元。②同期对制造业的投资也从 0.132 亿美元上
升到 1.106 亿美元。③"到欧战时期，中国产业乘机发达，上海产业劳动
者开始徒然增加"。④1919 年中国政府与列强通过了修改后的新税则，中
国进口税税率提高到切实值百抽五，为避免税金逐步升高对日本纺织
品输入中国的不利影响，再加上中国低价、工资、建厂费用较低，"日
商在大战后纷纷到华设厂"。⑤同时，由于第一次世界大战，外国商品对
中国的输入数量急剧减少，给中国本国工业提供了前所未有的历史机
会。如上海纱厂的纱锭在 1913 年还仅有 491 032 枚，到 1925 年已经增
至 1 924 294 枚。⑥

---

① 全汉昇：《上海在近代中国工业化中的地位》，载全汉昇：《中国经济史论丛》，中华
书局 2012 年版，第 712、714 页。

② 雷麦：《外人在华投资》，商务印书馆 1962 年版，第 50 页。

③ 许涤新、吴承明主编：《中国资本主义发展史》（第二卷），人民出版社 1990 年版，
第 529 页。

④ 胡林阁、朱邦兴、徐声编：《上海产业与上海职工》，香港远东出版社，1939 年版，
第 2 页。

⑤ 王子健：《日本之棉纺织工业》，社会调查所，1933 年，第 137 页。

⑥ 全汉昇：《上海在近代中国工业化中的地位》，载全汉昇：《中国经济史论丛》，中华
书局 2012 年版，第 721 页。

　　揆诸事实，19世纪末20世纪初上海逐渐完成了从贸易流动驱动的经济增长，转向工业制造驱动的经济增长。20世纪初上海外贸埠际转运在全国外贸中所占比重呈持续下降趋势，1905—1915年平均比重为30.7％，1916—1930年平均比重降为20.1％，到1930年已降至最低值15.9％。[①]

　　1900年前后上海开始从贸易中心向工业中心转变，尤其是轻工业中心，1902—1911年的海关报告认为"近几年来上海的特征有了相当大的变化，以前它几乎只是一个贸易场所，现在它成为一个大的制造业中心"[②]。大约到20世纪上半叶，在国内埠际贸易中，随着外贸埠际转运比例的下降，外贸中心的影响力减弱，但是大市场依然存在，且更能发挥资源配置的作用，于是，工业中心的功能兴起。主流的观点认为在1920—1930年代上海已经成为中国的工业中心，[③] 同时，也出现了较具规模的杨树浦、闸北、沪南、沪西四大工业区。1920年上海对国内通商口岸的土货出口的份额占土货总出口的61.74％，以后长期维持在62—72％之间。

二、以企业及企业家为主体的创新

　　近代上海的开放使得上海的经济活动得到了空前广泛的资源和要素，由此为要素的创新组合提供了条件。近代上海本国企业面临的市场竞争

---

① 唐巧天：《埠际贸易与上海多功能经济中心的形成》《史学月刊》2009年第8期。

② 徐雪筠等编译：《上海近代社会经济发展概况（1882—1931）——海关十报告》，上海社会科学院出版社1985年版，第158—159页。

③ 张仲礼：《近代上海城市研究》，上海文艺出版社2008年版，第17页。

极为激烈，其中最重要的是与外商企业及外国进口产品的竞争，这迫使企业进行产品创新和组织创新。

在被动开放的竞争环境中，本国企业的发展中压力与动力并存。这一方面给幼稚的本国企业形成很大的冲击，几无关税屏障，使得中国本国企业一问世便直接经受欧风美雨的洗礼，在家门口就遇着了剧烈的国际范围内的市场竞争。另一方面，也意味着本国企业要想在与强大的对手的竞争中获得生存与发展，必须付出更大的努力。为了在市场竞争中不被淘汰，本国企业千方百计提高市场竞争力，包括加强管理、降低成本、技术创新和产品创新、提高产品的市场适应性和市场占有率，等等，因此，竞争作为一种动力，大大激发了本国企业的积极性和创造性。机会主义性质的"模仿性创新"广泛出现，由此而成为当时中国本国企业创新的主要选择。

为了要与充斥市场的瑞典"凤凰"牌火柴及日本"猴"牌火柴竞争，近代上海火柴大王刘鸿生创办鸿生火柴厂，高价聘请化学工程师改进技术，提高质量，降低价格。在他的主持下，技术人员经过不断创新，终于解决火柴遇霉还潮、药头不坚固等问题，成功制造出安全火柴。刘鸿生后来创办华商上海水泥公司，也十分注意技术引进以及模仿性创新，产品经上海工部局的分期化验，"证明象牌水泥之拉力压力，均已超过合格程度，适合各项建筑之用"。①上海另一位著名实业家吴蕴初作为天厨味精厂的经理和技师，更是擅长产品生产和技术创新。所产"佛手"牌味精质量日益完美，1925 年获全国地方物品展览会一等奖，次年获美国万国商品博览会大奖，1928 年，又先后在英、法、美等国取得了专

---

① 《刘鸿生企业史料》（上册），上海人民出版社 1981 年版，第 176 页。

利权。

企业创新也成为近代中国时期本国资本企业与外商企业竞争的有力手段。上海五洲固本皂药厂总经理项松茂以重金聘请一批从德国、美国留学归来的技术专家，经过严格的科学实验，制造出高质量的五洲固本皂。此前，由于国人没有掌握制皂技术，曾经生产出的皂类产品，大都因质量低劣而难以打开市场，国内市场大体为英资中国肥皂公司生产的祥茂皂所独占。经过科学的试验分析，五洲固本皂的水分、总脂肪、总碱类、松香等技术指标都表明其完全符合国际标准，属于优质肥皂，而祥茂皂则与国际标准相距甚远，五洲固本皂由于质量远胜于祥茂皂，因而一举击败了垄断市场的祥茂皂，很快占领了更多的市场份额。

上海美亚织绸厂更是把产品的品种创新作为立厂之本，设置织物实验所专事新产品开发，1936年前每周出一新品，其后每半月出一新品。根据1940年的统计，该厂上市的产品有浪琴绉、青春纱、芙蓉缎、领带绸等27个品种，为消费者提供了宽阔的选择余地。南洋兄弟烟草公司为了应对英美烟公司的激烈竞争，各类牌号的香烟品种不下100余种，"倘我公司牌子少了，设或被它（英美烟）打垮了1—2个，必须另创新牌子，那就更加困难，而且时间不及"，因此，在几个主要畅销品牌外，还推出许多品牌作为后备，以适应各地消费者的不同口味，湖北以"白金龙""爱国""金斧"为主，湖南以"白金龙""双喜"为主，江西以大小"长城""美女"为主，陕西以"飞艇"为主等，有效地促进了产品的销售，应对英美烟公司产品的竞争。品种多样化会在一定程度上可以弥补在竞争中的弱势，近代中国工业企业在品种多样化上的追求和努力，显示了近代中国企业家们的智慧，也即企业家精神下的创新发展。

企业间的竞争实质上是综合实力的竞争，但在市场上则表现为产品价格、质量和品种的竞争。在同等质量的情况下，价格优势取胜；在价格相同的情况下质量取胜；在质量、价格差不多的情况下，品种多、新，适销对路取胜。因此价廉物美的产品往往在市场上具有很强的竞争力，价廉物美又适销对路则会风靡市场。但要做到价廉物美、适销对路，企业必须努力降低成本，不断改进品质，提高生产效率。而这就要求企业不断促进科技进步，提高管理水平，扩大生产规模。企业综合实力的竞争，主要就是技术（包括设备、工艺和人才）、管理（包括管理人才和管理制度）和规模的竞争，其中任何一项都关系到效益、成本（价格）、品种和质量。随着竞争的日趋激烈，规模化的重要性越来越凸显，因为企业只有实行一定的规模化生产，才有可能采用先进的技术，并追求效益递增和成本递减，避免成本降低的同时带来品质的下降，而使产品既降低了价格又提高了质量。近代本国企业为了在激烈的中外竞争中获得生存和发展的权利，纷纷苦练"内功"，提高综合竞争实力。

第一，努力推进科技进步。美亚织绸厂、鸿生火柴公司、永安纺织印染公司、天厨味精厂、天原化工厂、上海水泥公司、新亚化学制药厂等，创办之初就非常注重引进先进的技术设备和技术人才，将企业的发展一开始就置于较高的技术平台上，以保证产品质量和较高的劳动生产率。即便是创办较早的企业如恒丰纱厂、章华毛绒纺织厂、大隆机器厂等，在20世纪20—30年代，也纷纷自觉和主动地进行设备更新和技术革新，努力追求以技术促进步，以技术求得发展。

第二，逐渐实行科学管理。近代本国企业在管理体制上面临的任务，即废弃以工头制为核心的作坊式管理模式，而代之以总经理（厂长）—工程师制、产品成本核算制、新式会计制、标准工作法等一系列新制度和新方法。在科技进步的同时，在20世纪20—30年代，新的科学管理体制也逐步为穆藕初、吴蕴初、刘鸿生、许冠群、蔡声白、郭棣活等一批企业家所认识和采用，即便是工头制占很大势力的荣家企业，1925 年也在申新系统的纺织企业中大胆革新，排除重重阻力，推行工程师制，取得了一定成效。[①]

第三，不断追求规模化经营。主要包括增资扩厂和收买兼并两种途径。1925、1927、1933 年，永安纺织印染公司（简称"永纱"）先后买下了大中华纱厂、鸿裕纱厂、纬通纱厂，同时分别在 1924、1929、1930 年三次扩充设备和新建厂房，兼并与扩充并举，生产规模迅速扩大。1927 年资本总量、纱锭数、棉纱年产量分别是创办时的 1.97、2.79、3.13 倍，1931 年又是 1927 年的 3.04、2.80、1.93 倍，1936 年则又是 1931 年的 0.82、1.06、0.80 倍。[②]永纱在 10 多年的时间里，从一个棉纺厂扩展为拥有五个棉纺厂、一个印染厂和一个机器工厂的全能企业，规模之大在本国棉纺工业中仅次于申新系统。此外，有"棉纱大王""面粉大王"之称的荣家申新、茂新集团，"火柴大王"之称的刘鸿生企业集团，化工业巨子之称的吴蕴初创办的天字号企业集团，以及美亚织绸厂、南洋兄弟烟草公司、大隆机器厂、大中华橡胶厂等等，以及他们创新生产的著名品牌，例如，金城牌棉纱、佛手牌味精、亚字牌灯泡、红双喜香烟、固本肥皂、龙虎牌人丹、三友牌棉织品、回力牌轮胎等，都成为近代上海城市经济的支柱和骄傲。

---

① 徐鼎新：《中国近代企业的科技力量和科技效应》，上海社会科学院出版社 1995 年版，第 44—58 页。

② 上海市纺织工业局：《永安纺织印染公司》，中华书局 1964 年版，第 134—135 页。

第二章　老工业基地创新引领的形式与机制

根据创新理论对创新的来源与制约因素的分析，整体而言，促进、限制或影响创新主要表现在三个层面：第一，创新的基础——技术创新，包括不同层次不同水准的技术进步、技术改良或技术革命；第二，创新的外部影响因素——制度与国家创新，包括国家创新体系的设定，以及相应的经济体制下的制度规范；第三，创新的实现——综合创新，即相关的技术基础、发展形态、制度规范、国家战略之间发生的综合效应，成为衡量创新程度的标尺，直接影响到经济体运行中创新引领的效应。

第一节　基础：技术创新

一、有限度技术改造与革新

在技术基础与技术条件比较落后或薄弱的情况下，也没有可能从外部获得技术，更没有可能进行技术发明的情况下，所能进行的技术创新就是有限度地进行技术改造与革新，尽可能地在发掘现有技术的潜力。

老工业基地早期的上海在工业战线上推广群众运动，"技术革新和技术革命"运动持续高涨。以纺织工业为例，技术革新和技术革命表现为两个方面，一方面继续改进各种工作法，在提升工人操作水平上下功夫，另一方面在减少工艺流程、生产工序等方面下功夫，目的是为了实现高速、高产提高劳动生产率。

二、科技创新与技术革命

随着相关知识、科学、技术等方面的发展，科技创新逐渐呈现，并表现出加速的态势，从而趋向于技术革命的出现。

上海在"二五"（1958—1962）期间，完成国内先进或接近国际先进水平的重大科学研究成果 100 多项，试制成功新产品约 3 万种，发展火箭、原子能、无线电电子、计算机、半导体等新兴工业，填补国内空白。于是，上海开始成为门类比较完整、物质技术基础比较强、大中小型企业相结合的综合性工业基地。

进入 1960 年代以后，上海的技术改造和技术进步则主要是依靠政府组织攻关会战，确定重点、调集人员、成立指挥部或办公室，向高精尖技术和新型行业进军，这种由政府计划部门有组织、有计划、有重点的推进，采用大兵团作战的形式、调集各方面力量，进行攻关、会战的方式，是上海工业发展过程中，真正意义上自力更生实现工业生产技术创新，取得了令人瞩目的技术提升。1960 年上海成立了上海市科学技术协会，1962 年又成立了由市经济计划委员会、市科学技术委员会和市工业生产委员会组成的全市技术改造指挥部，领导全市的工业技术改造工作，并建立了赶超办公室，上海市工业生产委员会还设立了生产技术局，1963 年上海提出的经济奋斗目标是"要把上海建设成为我国的一个先进工业和科学技术基地"，在 1950 年代"老工业基地"定位的基础上，提出"老工业基地"和"科学技术基地"并举的方针，充分显示了上海工业要依靠科学技术力量，向"高、精、尖"发展的决心。

1963 年《上海工业赶超世界先进水平的规划纲要（草案）》决定以新材料、新设备、新技术、新工艺为中心，发展新型金属材料、石油化工和高分子合成材料、新型硅酸盐材料、电子器件和电子设备、精密仪器仪表、精密机床和特种设备 6 个重点新兴工业，以及真空技术、激光、红外技术、氧气炼钢和连续铸锭、工业自动化、电子计算机技术等 18 项新技术。到 1965 年底，上海已试制成功大批有较高技术水平的新产品，初步建立起汽车、拖拉机、新型电机、合成纤维、照相机等一批新兴工业门类，1966 年，开始研制每秒 100 万次的集成电路计算机，与日本同步，仅比美国晚 5 年，1966 年 6 月创办上海首家电子计算机专业生产厂。

"三五"（1966—1970）期间，冶金、化工等原材料工业和机电仪表等装备性工业有了较快的发展，机械工业已能生产 120 吨纯氧顶吹转炉、5 吨真空电炉、12.5 万千瓦水内冷发电机组、4 000 吨卧式压铸机、各种程序控制机床、回旋钢锭细纱机、喷气织机、32 吨载重汽车等装备性产品，以及能为生产 50 万吨钢的联合企业和年处理 100 万吨原油的石油化工企业提供成套设备（其中钢铁联合企业设备的配套率为 80%）。"三五"期间加强发展"四新"（新设备、新材料、新产品、新工艺）和基础工业改造，7 个工业局实现技术革新近万项。

以钢铁行业为例，到 1974 年，上海机械部门共承担的成套援外项目有 135 项，同时还为引进的上海石油化工总厂制造配套设备，为攀枝花钢铁厂、第二汽车厂等工业建设及南水北调工程、人造卫星等项目提供了各种设备,为农业生产提供了大量机械设备。这些工程、项目的完成使上海机械工业的技术水平得到一定的提升,很多项目在技术上表现出了开创性。与此同时,上海机械工业生产的规模也有了很大扩展,从1966—1976年,上海机械工业总产值达到年平均增长12.4%,大大高出同期的上海工业总产值年均增长8.2%的速度,并使机械工业在全市工业中的比重,从1965年的24.8%上升到1976年的34.7%。

第二节 顶层设计:制度与国家创新

伴随计划经济对市场经济的全面取代,上海逐步转变为单一的工业基地,全国的"物资调拨中心"和"工业品采购供应中心"。这一时期出现了一个制度上的巨变,即私有产权下的企业制度向国有经济、集体经济的转变;市场经济向计划经济体制的转变。计划经济下的老工业基地定位的形成,一切的开放与创新皆在此背景及基础上进行,并表现出相应的制度特征。

一、国家战略的框定

在1949—1977年间,国家战略对创新与创新经济的框定,以及对地方经济创新与创新能力形成的设定,主要表现在三个方面:

第一个层面,国家经济体制的设定。中华人民共和国成立以后,根据当时国内外经济发展层次、国内外经济发展的经验,以及对中国将来经济建设的基本判断，选择了实行计划经济体制，直接框定了经济创新或创新经济的活动空间。

1949—1956 年上海贸易发展变化的最大特点是上海与内地商品物资流通方式的改变。新中国成立之初，为了使上海尽快走出工商业萧条的困境，中央调动华东各省的物资支援上海，并收购上海工业品调往华东各省，以沟通上海与各地的物资交流，一种非真正意义上的"贸易"流通方式——物资调拨制度，逐步形成。实际上，从第一个五年计划开始实施后，国家即开始对重要物资实行全国范围的平衡分配制度，在逐步建立国家计划管理体制的过程中，上海已先后建立统计局、上海市计划委员会、上海市物资供应局等相关机构，在全面进入计划经济时期后，由市计委负责物资的综合平衡，工商按计划生产和收购，市物资局负责执行计划指标的分配，物资局下属各原材料公司负责供应，形成了服从中央统筹计划的地方物资分级管理机制。

因为国家计划经济的约束，上海对外经济关系被限定在一个低水平上，因为国家工业化的战略选择，于是上海经济发展的方式与轨迹均发生变化，这是新中国成立后上海长期经济增长的内在逻辑起点。

第二个层面，国家的地方战略。根据国家与中央对上海经济基础、工业发展水准、技术储备、全国经济发展平衡、全国经济发展目标、经济发展阶段性的认识，形成新中国成立后上海"老工业基地"的经济战略定位。

在"全国一盘棋"总体建设方针下，上海"老工业基地"的战略定位逐渐形成。"全国一盘棋"从本质上讲计划经济运营过程，就是中央政府统筹调拨、分配社会资源，进行社会生产、生活再分配的过程，在经济落后、资金和人才短缺的情况下，要想加快工业化建设的步伐，排除市场调节对优先发展重工业战略的干扰，把有限的资金和资源优先用于国家生产建设急需的工业领域。同时，高度集中计划经济的形成、发展，使全国计划分配、调拨制度得到不断强化，逐步形成了以三级批发贸易体系为实体的中央集权管理体制，一切产品由国营贸易统一收购、调拨，原料由国家统物资机构统一分配、调拨，切断了上海与全国各地的直接贸易联系，从而使上海经济发展必须以"全国一盘棋"总体建设方针为前提，至于上海在全国这盘棋中将被设定为怎样一颗棋子，取决于上海自身经济基础以及国家经济建设总体目标的需要。"老工业基地"战略定位的形成，对上海工业发展确实起到了积极的推动作用，经过长期建设与不断创新，上海形成门类齐全、综合配套能力强、以加工工业为主、基础雄厚的工业体系，成为向全国提供轻工类产品和工业装备类产品的综合性工业基地。

在全国一盘棋的经济计划安排下，上海经济增长与发展的环境、路径、方式均要发生转折性的变化，经济增长内在的动力与形式也即将出现了逆转性的调整，这成为1949年以来上海长期经济增长的逻辑起点。

第三个层面，国家规划对上海经济发展规划的制约与影响，部分条款或目标直接决定上海经济发展规划的制定。

"三五"（1966—1970年）计划和"四五"（1971—1975年）计划期间，上海遵照中央关于"沿海地区不利于备战，工厂可以一分为二，迁到内地去"的精神，以及1965年8月，国家建委专门召开了全国搬迁工作会议，确定的"三五"期间上海搬迁工厂区内地342个项目，458个工厂的规定，从1965年开始直到"四五"计划的1973年底才完成，共迁往内地304个项目、411家工厂。

从"四五"（1971—1975）后期到"五五"（1976—1980）初期，国

家投资的地区重点开始逐步向东转移。1971—1972 年，大小"三线"仍分别是全国和地方上工业投资的重点。自 1972 年中美联合公报发表后，我国开始引进国外大项目。1973—1980 年以引进项目为中心的工业建设，是针对 60 年代后期以来全国工业结构上存在的主要问题而进行的调整，这时期工业布局总的特征是由内地向东部特别是沿海社会经济发达区域逐渐转移。大部分重点项目配置在海岸带和长江沿岸，靠近海水及淡水水源，其中部分企业利用水运，提高了企业的投资和运营效果。

二、制度与政策设定的影响

在 1949—1977 年间，具体经济制度或经济政策的影响主要表现在三个方面，分别影响到具体的创新经济或创新能力的形成。

第一，服从上述国家战略基础上，地方需要设定相对应的发展目标，并制定相对应的经济计划。

"一五"（1953—1957）期间，明确提出"上海是我国现有工业基地之一"，上海经济服从于"全国一盘棋"的规范，服从丁国家工业化建设需要。为配合上海发挥"老工业基地"作用的战略定位，上海提出了提高工业产值指标的和改变轻重工业结构的比重的具体要求，在发展战略上选择了"维持、利用、调整、改造"的发展之路。上海的任务为：（1）同全国重点建设项目进行协作，生产配套产品，并为全国各地市场供应大量消费品；（2）争取多出口工业品，为国家换取外汇；（3）充分利用上海加工工业集中、技术水平高、协作面广、生产成本低、加工利润大等有利条件，为国家积累更多资金；（4）为全国各地输送和培训技术人才。

"二五"（1958—1962）期间，中央转发的国家计委党组《关于一九六一年国民经济计划控制数字的报告》中，第一次正式提出了"八字方针"，即：调整、巩固、充实、提高，1961年上海市人民委员会为贯彻执行"八字方针"，采取一系列措施降低工业生产速度，调整生产能力，明确了重、轻、纺的发展比例为：重工业增长256％，轻工业增长90％，纺织工业增长27％。1963年上海市委书记处书记陈丕显的报告题目为《深入开展三大革命运动，为把上海建设成为我国一个先进的工业和科学技术基地而斗争》。会议提出上海工业生产和科学研究要有计划、有重点地向"高级、精密、尖端"方向发展，积极赶上国际先进水平，并在先进科学技术上发挥样板作用，进一步支援全国的社会主义建设。

"三五"（1966—1970）期间，更加明确地提出了努力把上海建设成为中国一个先进的工业和科学基地的战略目标，经过较长期建设，上海终于形成了门类齐全、综合配套能力强、以加工工业为主、基础雄厚的工业体系，建成一批新的工业区和卫星城镇，成为向全国提供轻工类产品和工业装备类产品的综合性工业基地。

第二，为了适应上述具体的经济目标，相应制定或修正相关规则或章程，用于指导、促进或影响所对应的经济目标的实现。

上海老工业基地战略定位确立后，为适应这一战略定位的需要，贯彻、执行"充分利用，合理发展"的方针，上海先后进行了三次工业大改组。1956年至1957年，第一次改组主要是针对工业组织结构实施的大调整，通过合并、集中、联合，将全市2万多家工厂，按行业成立了83个行政性专业公司实行归口领导。1958年至1960年的第二次改组通过对原有国营、公私合营企业进行裁并、改建、扩建和大规模的基本建设，建立起一批具有大批量的成套生产的能力重工业大型骨干企业，扩大了上海工业门类，对推进上海工业发展的专业化和协作能力有积极的作用。1962 年至 1965 年的第三次改组针对"大跃进"和第二次工业改组中造成的失调，以国民经济"调整、巩固、充实、提高"方针和《工业七十条》为指导进行，对工业及经济结构进行了有效的调整。

第三，在中央或地方层面上，对相关的经济资源界限的设定，以及由此引起的对地方经济发展的影响，关键性的经济资源直接影响到地方经济创新发展与创新能力的形成。

新中国成立后建立起来的中央企业，后来多数归属地方，对上海经济发展和科技创新发挥了明显的作用。起先，1953—1954 年中央先后撤销了各大行政区及其所属各部，增强和加强中央各工业部的领导机构，凡大型的重要的国营和公私合营企业，当时都归中央有关工业部直接领导。后来又逐渐将部分中央企业下放到地方，1965 年中央各部在沪企业共有 335 家，经过"三五"（1966—1970）、"四五"（1971—1975）期间陆续下放，到 1976 年只有 85 家，上海机床厂、上海柴油机厂、上海石油机械厂、五七〇二厂、耀华宝玻璃厂和华东市政工程设计院、上海轻工业设计院、上海食品工业设计院等一批大中型骨干企业和重要的科研设计单位都在 1970 年前后下放到上海。1965 年中央各部在沪企业的工业产值占全市工业总产值的比重为 19.2％，1976 年已经下降为 3.3％。同时，商业一级站也全部下放给地方管理。鉴于上海是一个综合性的工业和科学技术基地，在经济体制扩大地方权限之后，可以在更大范围内进行统一规划和组织社会生产，有助于提高上海市经济发展中原材料自给能力和机械工业的配套水平，进一步发挥中心城市的作用。

第三节　实现形式：综合创新

在技术创新的基础上，在制度与国家创新的约束下，计划经济时代的上海经济创新主要可以分成两种类别：一种是较为广泛的，在创新战略中被称为"传统性创新战略"，它们主要以群众运动的形式，以技术革新、技术革命为口号，"一参三改造""三结合"等等，对原有技术、原有设备、原有工艺等等，进行有限的改良和改进。另一种则是以国家力量，在"赶超"世界新技术的口号下，以科学"攻关"、技术"攻关"等为主要形式的"模仿性创新"。它们大多以若干个企业、单位集体组织，不惜成本地进行"创新"。

一、技术改造与组织创新结合

20世纪50年代，上海工业发展的主要方式，是以提高工人的政治觉悟和社会主义主人公精神，依靠挖掘自身潜力，发动群众性生产运动，仰靠原有工业基础，通过内涵型扩大再生产不断发展。一系列旨在提高劳动生产率的群众性生产技术运动，可谓是社会主义工业建设的一种"创新"手段：增产节约，劳动竞赛，提合理化建议，推广先进经验，开展技术革新、技术攻关、技术比武、技术协作活动，成为广大职工投入发展生产、建设社会主义工业化的重要形式。1951年、1953年和1956年三个秋后，全国性的增产节约运动就进行了三次；各种劳动竞赛，如合理化建议、评选劳模、学习先进生产者、创先进单位、技术攻关等等活动接连不断，这些活动的每一步骤、每一个环节都在为企业提高效益，解决生产难题。在一系列提高劳动生产率的群众运动展开的同时，上海工业企业在自我创新的积极努力下，技术改造的具体措施也在不断形成、落实中。1954 年 4 月，在鞍山钢铁厂的倡议下一场全国范围的技术革新运动拉开的序幕。4 月 13 日全国总工会发出了《关于在国营厂矿企业中进一步开展劳动竞赛》的指示，21 日总工会第七届执行委员会主席团第五次会议上，通过了《关于在全国范围内开展技术革新运动的决定》，决定指出："技术革新运动必然成为日益发展的客观趋势"，提出"把技术革新运动作为提高当前劳动竞赛的主要内容"，"在劳动竞赛中认真开展技术革新运动"的要求。技术革新运动的兴起，是"增产节约""劳动竞赛"等群众性生产运动的升级，技术革新的初衷是针对群众性生产运动中普遍存在的偏重于单纯依靠群众劳动热情的现象，旨在通过提高工人的技术水平，使群众性生产运动逐渐从竞赛的突击状态中摆脱出来。自 20 世纪 50 年代后期起，"技术革新、技术革命"活动，成为更为广泛、持久、深入的日常机制，由于工人劳动热情的高涨和工业新技术的应用，劳动生产率得到了大幅度提高，上海工业企业的创新成果也得到了不断积累和更新。

1960 年 1 月《上海市 1960 年科技工作提要和 1960—1967 年的科技发展纲要》中，提出"科学技术工作必须在为经济及国防建设服务的方针下，开展一个更加声势浩大的群众运动"，以及"在工业技术改造中，贯彻'土洋结合'两条腿走路的方针，大力更新设备，提高机械化程度"，同时确定了加速发展尖端科学技术的方针，明确了在原子能、电子学、半导体、计算技术以及新型材料方面的发展要求。

20 世纪 60 年代，为加强科技工作，市人委成立科学技术委员会和中国科学院上海分院，建立一批重点研究所，调整高校院系，加快科技人才培养。组织全市科研单位、高校、工厂企业三结合，全市大协作，集中优势兵力，进行重点技术攻关大会战，在运载火箭、原子能、电子计算机、激光、发电及大型锻压设备制造等方面都取得突破性的进展。集体主义、技术革新、团队攻关成为创新的主要实现形式；热情驱动、荣誉激励、职级提升成为主要的创新动力激励方式。

二、技术、制度及国家创新的结合

老工业基地时期上海将工业发展的方向定位进行了转变，既考虑到发挥上海工业灵活性、多样性、适应性强的特点，又考虑到从全国的建设需要出发，根据中央要求以及上海作为老工业基地的定位和上海的实际情况，提出上海工业要向"高级、精密、尖端"的方向发展，其意就在于要依靠上海自身的已有力量，尽力提升自身的工业技术水平，更好地履行上海对全国的老工业基地的职责。上海工业的优势是工业门类比较齐全，配套协作条件较好，科学技术力量较强，但是同时也有资源缺乏，原材料和能源都要依靠全国之远的弱点，所以在产品发展方向上确定上海工业产品向高级、精密、尖端方向发展的具体方针，积极探索和掌握先进科学技术，以推动上海工业的进一步发展、提高，既是寻找一条与其他城市不同的发展方向，更是扬长避短，更能发挥上海优势的选择。

"二五"（1958—1962）计划开始后，上海为了更好地发挥"老工业基地"服务全国的需要，发挥上海工业配套协作条件较好，科学技术力量较强等有利条件，避免上海自然资源缺乏，工业原料和能源要靠全国支援等不利因素，"老工业基地"战略定位又形成了向"高精尖"发展的具体方向，即把上海建成"制造多种的、原材料消耗少的、轻型的高级产品的工业城市；成为全国发展新技术、制造新产品的工业基地；机电工业成为生产费标准设备和配套产品的供应基地"。1958—1960 年，全市加强冶金、机械、化工、电子等基础工业的建设，新建和扩建上海第一钢铁厂、上海第五钢铁厂、上海重型机器厂、上海汽轮机厂、吴泾化工厂、桃浦化工厂、吴泾热电厂等一批大型骨干企业。

1962、1963 年，上海投入 1.25 亿元，采用新技术、新工艺、新设备、新材料，对 545 项生产技术进行了改造。1963 年 12 月，中共上海市第三次代表大会提出"把上海建设成为我国一个先进的工业和科学技术基地"的发展目标。市人民委员会制订《上海工业赶超世界先进水平的规划纲要（草案）》，决定以新材料、新设备、新技术、新工艺为中心，发展新型金属材料、石油化工和高分子合成材料、新型硅酸盐材料、电子器件和电子设备、精密仪器仪表、精密机床和特种设备 6 个重点新兴工业，真空技术、激光、红外技术、氧气炼钢和连续铸锭、工业自动化、电子计算机技术、少切削和无切削新工艺、电加工技术、电子设备和仪器仪表半导体化、焊接新技术、同位素和射线应用技术、合成树脂和塑料应用、表面处理新工艺、新型炸药、高级染料、高效避孕药、强力人造纤维加工技术、技术用纸加工技术 18 项新技术。为加强科技工作，市人委成立科学技术委员会和中国科学院上海分院，建立一批重点研究所，调整高校院系，加快科技人才培养。组织全市科研单位、高校、工厂企业三结合，全市大协作，集中优势兵力，进行重点技术攻关大会战，在运载火箭、原子能、电子计算机、激光、发电及大型锻压设备制造等方面都取得突破性的进展。①

---

① 上海市地方志编纂委员会：《上海通志》，第六卷《政府（下）》，第四章《市政府施政纪略》。

1963 年上海提出《深入开展三大革命运动，为把上海建设成为我国一个先进的工业和科学技术基地而斗争》，要求工业生产和科学研究要有计划、有重点地向"高级、精密、尖端"方向发展，积极赶上国际先进水平，并在先进科学技术上发挥样板作用，进一步支援全国的社会主义建设。从 1963 年开始，逐渐把调整和发展新兴工业、赶超国内外先进水平结合起来，促进上海工业水平的提高。

此外，上海因其老工业基地的重要作用与地位，经济发展始终受到中央的高度重视，"文革"期间，中央明确提出了"全国保重点，重点保上海"的方针，因此上海在原材料调入、生产性投资，以及进出口贸易的计划调拨等方面，都得到了基本保证，上海的经济体制和运行机制基本未受破坏，经济发展状况比之全国许多地区要有成效。"文革"期间，中央还是很重视上海的工业生产和技术发展，多次指示要求上海工业继续发展和突破技术难关，20 世纪 70 年代各工厂企业基本上都成立了以工人为主体的"三结合"技术革新小组，进行技术攻关，积极进行技术革新、技术革命，进行自动化改造，使新工艺新技术不断产生。在广大职工的努力和国家对上海工业的支持下，上海工业生产技术仍有发展，在一些行业中新技术、新材料、新产品、新工艺开发取得了一定的进展。

第三章　迈向全球城市的创新引领形式与机制

上海市"十三五"规划中将"创新"提到最优先的位置，在论述基本要求时认为："把创新作为引领发展的第一动力，协同推进理论创新、制度创新、科技创新、文化创新等各方面创新。"根据 1978—2019 年上海的实践，其时创新引领机制与 1949—1977 年有一些异同之处，最突出的表现之处有二：第一，不断加深的对外开放成为上海创新引领的重要外部条件之一；第二，创新引领的实现路径更为多样与复杂，更多表现为国家、制度、技术、企业家、中介或组织、个人等多元的融合。

第一节　基础：技术创新与对外开放

一、技术创新和科技革命

科技创新是一切创新的基础，其重要性毋庸置疑。上海在建设张江综合性国家科学中心时，首先提出的要求就是瞄准世界科技前沿和顶尖水平，汇聚各类创新资源，力争在基础科技和关键核心技术领域取得大的突破。在技术进步不足的情况下，"六五"（1981—1985）计划后 3 年即使用 10 亿美元引进先进技术，改造现有企业，上海市成立市技术引进领导小组负责该项工作，1983—1985 年签订引进技术项目 858 项。

1986 年 3 月几位老科学家给中共中央写信，提出要跟踪世界先进水平，发展中国高技术的建议。这封信得到邓小平的高度重视，并亲自批示：此事宜速决断，不可拖延。经过广泛、全面和极为严格的科学和技术论证后，中共中央、国务院批准了《高技术研究发展计划（863 计划）纲要》。1997 年，国家科技领导小组第三次会议决定要加强国家战略目标导向的基础研究工作，随后由科技部组织实施的国家重点基础发展计划。上海市积极组织优势力量参加国家"863"计划、"973"计划、国家自然科学基金等重大科技项目。为贯彻落实国家科技发展战略服务"十五"计划，上海累计争取到国家主要科技计划项目 6 844 项，获得国家经费资助 45.05 亿元。围绕半导体装备、磁浮列车、信息安全、燃料电池汽车等项目开展研究攻关，并取得明显进展；数字上海、清洁能源等领域的一批战略项目研发实现新突破；宽带通信、射频电子标签、超级电容车、太阳能灯相关技术开展了应用示范。这些成为推动自主创新和建设创新型城市的重要基础。

20 世纪 80 年代中后期，技术进步已经成为上海工业稳定发展的重要基础，企业之前的技术进步相当一部分依靠内部改造与进步，现在更多转向采用国内外更先进的技术。1995—2000 年上海确立了科技发展战略，通过技术创新战略，逐步赶上世界先进水平，同时赶超若干高科技领域的制高点。进入 21 世纪后，科技创新方面更多利用外资技术，2001 年在沪的外资研发中心 42 家，2007 年达到 215 家，截至 2017 年 11 月已经 418 家，其中 40 家为全球研发中心，17 家为亚太研发中心。[①]

在上海科学技术创新中心建设 5 年的基础上，2019 年 1 月 8 日，上海共有 47 项牵头及合作完成的重大成果荣获国家科学技术奖，占全国获奖总数的 16.5％，连续第 17 年获奖比例超过 10％。这些获奖项目中，上海牵头完成的有 29 项，是自 2015 年度国家科技奖三大奖总数控制在 300 项内以来，牵头获奖数量最多的一次，体现出上海加快建设科技创新中心的成效。在高等级奖项方面，2 项国家科学技术进步奖特等奖中，上海市参与完成 1 项（专用项目）；20 项国家科学技术进步奖一等奖中，上海市牵头完成 1 项（专用项目），反映出上海科技为国防建设提供了重要支撑。在基础研究领域，上海 3 个项目获得国家自然科学奖二等奖。在科技研发和应用领域，上海多个项目攻克关键核心技术，例如，5 类特种编织机成套装备核心技术、锚泊绳缆和深海钻探超高压管、大尺寸激光薄膜元件制备技术等，为国家航空航天、国防军工、海洋开发、激光聚变等领域获得新的突破。

2019 年 5 月 16 日，习近平总书记在第 10 期《求是》杂志发表重要文章认为，经过多年努力，中国科技整体水平有了明显提高，正处在从量的增长向质的提升转变的重要时期，一些重要领域跻身世界先进行列。但是，总体上看，中国关键核心技术受制于人的局面尚未根本改变，创造新产业、引领未来发展的科技储备远远不够，产业还处于全球价值链中低端，军事、安全领域高技术方面同发达国家仍有较大差距。我们必须把发展基点放在创新上，通过创新培育发展新动力、塑造更多发挥先

---

① 上海市科学学研究所：《上海科技创新发展与改革 40 年》，上海人民出版社 2018 年版，第 48 页。

发优势的引领型发展。

二、全球化下的深度开放

上海市"十三五"规划中将"创新"提到最优先的位置，在论述其基本要求时认为："把开放作为上海的最大优势，深化推进对内对外开放，发展更高层次的开放型经济"，"改革是发展的强大动力，开放是上海最大的优势。解放思想，大胆探索，坚持以开放促改革，坚决破除各种体制机制弊端，使市场在资源配置中起决定性作用和更好发挥政府作用，解放和发展社会生产力，解放和增强社会活力。"

从古典经济学以来，开放、市场交换一直被认为是经济增长的关键性外部源泉，没有与外部世界的交换，任何一个社会经济主体就会陷入自我循环。在现代社会中，任何一个经济系统，无论是企业、城市还是国家，本质上都是一个开放的经济交换系统，差别一般为开放的程度、内容、形式、范围。此外，经济增长意义上的"开放"还不等同于一般意义上的对外经济交换或物资交流，因为后者在传统社会也不同程度地存在，并没有形成经济意义上的活动，"开放"是指一种经济生态，其发展趋势就必然是全球经济一体化以及一体化下的全球分工，这样才能形成经济自我生长的循环系统。

1978年至今是新的历史时期下主动改革开放的时代，上海从计划经济特殊条件下约束性的开放与创新转向对内对外全方位开放和创新，上海在迈向现代化国际大都市的过程中获得了前所未有的发展。1948年以前上海的第三产业占比一度达到58%，及至1953年发生转折，至1978年改革开放前大约为18%。1984年上海第三产业比重接近30%。1990

年开启的浦东开发开放，更多的是因势利导，做大增量，推进市场开放、体制改革，及至 2000 年第三产业占比上升到 50.2％，上海的开放经济进入了一个新的阶段。

20 世纪 90 年代至今，上海的主动开放经历了三个大的发展阶段，或者说有三个里程碑式的标志，它们分别是 20 世纪 90 年代初的浦东开放开发，21 世纪初的中国加入世界贸易组织，以及 2013 年的中国（上海）自由贸易试验区的设立。1990 年 4 月 18 日，党中央、国务院正式宣布开发开放浦东的重大战略决策。1992 年底，又正式批准建立上海市浦东新区，它的核心是一种对外对内全面的、充分的开放，实现计划与市场机制的结合。上海以浦东开发、开放为契机，最终被推入了中国改革开放的第一线，同时也意味着中国的改革开放进入了一个新的阶段。伴随着 2001 年加入 WTO，中国对外开放从局部试点，迅速转入普遍化、制度化。在开放的旗帜下，在浦东综合配套改革试验的襄助下，改革与创新在平稳地前进，2018 年上海市第三产业占比已经升到 69.9％。2013 年中国（上海）自由贸易试验区的运作，成为中国加入 WTO 后又一次更高层级的开放，超越深圳"特区"、浦东"新区"争取优惠政策的层面，也超越了各类保税区的建制，在探索要素市场开放、政府边界厘清与行政管制放开之余，有望成为"中国经济升级版"的新引擎。中国（上海）自由贸易试验区目标是要扩大服务业开放、推进金融领域开放创新，建设具有国际水准的投资贸易便利、监管高效便捷、法制环境规范的自由贸易试验区，使之成为推进改革和提高开放型经济水平的"试验田"，形成可复制、可推广的经验，发挥示范带动、服务全国的积极作用，促进各地区共同发展。为全面深化改革和进一步扩大开放，实现制度创新。

第二节　顶层设计：制度与国家创新

一、国家战略目标

关于上海的改革开放如何布局，一直是中央决策的重点。1990 年 3 月初，邓小平在同几位中央负责同志谈话时提出："机会要抓住，决策要及时，要研究一下哪些地方条件更好，可以更广大地开源。比如抓上海，就算一个大措施。上海是我们的王牌，把上海搞起来是一条捷径。"邓小平对上海的要求是"思想更解放一点、胆子更大一些，步子更快一些"。根据 1991 年邓小平在上海提出的"浦东是面向世界"的指示，提出了"开放浦东、振兴上海、服务全国、面向世界"的工作方针。

地方的计划或规划均服从于国家的计划或规划。国家"六五"（1981—1985）计划的主要任务和目标是进一步调整国民经济各部门之间以及各部门内部的比例关系，使之逐步合理化，同时对各种经济管理体制逐步进行全面的改革，上海市国民经济继续贯彻中共中央、国务院的"调整、改革、整顿、提高"方针，调整上海市工业管理体制与工业产业结构。

2009 年，在国家发展高新技术产业和战略性新兴产业战略的引导下，上海颁布了高新技术产业化政策，商用飞机、迪士尼等一批重大项目落户上海。2011 年，上海张江获批成为国家级自主创新示范区，上海创新创业型经济的发展不断提速。2013 年 9 月，浦东成为首批国家自由贸易区试点区域，投资便利化、贸易便利化改革加速。随着"创新驱动、转型发展"理念的日益深入人心，上海的战略定位又有了新的突破，即进一步迈向具有全球影响力的科技创新中心。

"十二五"（2011—2015）期间，上海从国家大局出发谋划自身发展，妥善应对国际金融危机的持续影响，坚持以改革创新统领全局，加大稳增长、调结构、转方式、惠民生力度，创新驱动发展、经济转型升级取得重要阶段性进展，顺利完成规划确定的目标任务，实现了经济社会平稳健康发展和市民生活水平新提升，上海在国家战略中的地位和作用更加凸显，国际影响力进一步增强。2011—2014年，上海提出需要充分对接国家宏观战略，以高新技术产业化和战略性新兴产业为向导，加快提升知识资本集聚能力，充分发挥科技创新引领与驱动作用。

上海市"十三五"（2016—2020）规划的第一条为"以新理念引领新发展"，明确"十三五"时期，上海承载着到2020年基本建成国际经济、金融、贸易、航运中心和社会主义现代化国际大都市的国家战略，肩负着继续当好全国改革开放排头兵、创新发展先行者的重要使命。根据上海市"十三五"规划，在建设具有全球影响力的科技创新中心这一关键性举措上，推进重大战略项目、基础前沿工程和创新功能型平台建设。聚焦国家战略布局、上海自身有基础、有望突破且能填补国内空白的领域，实施航空发动机与燃气轮机、高端医疗影像设备、高端芯片、新型显示等一批重大战略项目。

上海"科创中心22条"中提出，上海作为建设中的国际经济、金融、贸易和航运中心，必须服从服务国家发展战略，牢牢把握世界科技进步大方向、全球产业变革大趋势、集聚人才大举措，努力在推进科技创新、实施创新驱动发展战略方面走在全国前头、走到世界前列，加快建设具有全球影响力的科技创新中心。

习近平总书记指出:"要以国家实验室建设为抓手,强化国家战略科技力量,在明确国家目标和紧迫战略需求的重大领域,在有望引领未来发展的战略制高点,以重大科技任务攻关和国家大型科技基础设施为主线,依托最有优势的创新单元,整合全国创新资源,建立目标导向、绩效管理、协同攻关、开放共享的新型运行机制,建设突破型、引领型、平台型一体的国家实验室。这样的国家实验室,应该成为攻坚克难、引领发展的战略科技力量,同其他各类科研机构、大学、企业研发机构形成功能互补、良性互动的协同创新新格局。"①

二、配套政策和制度规范

在上海的创新引领实践中,政府导向的创新模式常见,在浦东开发开放中,许多制度创新具体体现在"政策创新"上,其中最主要的就是"政策优惠"。浦东开发不仅在国内是第一家保税区,而且以前原则上不允许外资进入的金融、商业、房地产等行业,在浦东破例被批准。浦东新区内允许外资兴办第三产业,准许外国银行开设支行;外商在浦东新区的保税区进行转口贸易时,对其资材、商品免除关税,并对其人员的出入境签证提供便利。对外商而言,在土地政策上,外商在实现土地使用权有偿转让后可进行土地开发,使用权限长达 50—70 年;在相关优惠规则上,直接投资出台了《浦东新区实施的十项外资优惠政策》。对地方政府而言,上海在完成上缴中央财政的款项后,可自由支配剩余部分额

①　习近平:《为建设世界科技强国而奋斗》(2016 年 5 月 30 日),人民出版社 2016 年版,第 10 页。

度。在资金筹集方面，除了中央、地方政府的资金筹集以外，上海还可以通过社会筹资方式发行建设债券。并能以政府间借款、世行及亚洲开发银行贷款、海外发行债券等多种方式从海外筹集资金。这些政策创新的意义就在于，列入清单范围的项目和范围，不仅具有开放开发的合法性，而且可以享受名正言顺的改革开放红利，这些属于政府主导制度创新模式。

诸如此类政府主导的制度创新不仅一直延续，而且还逐渐向其他领域和行业蔓延。特别是在金融创新方面，货币、证券、黄金、期货、证券、外汇、保险市场的创新层次清晰、分工明确。

浦东开发开放就是一个体制创新的进程，尤其是 2005 年浦东国家综合配套改革试点以来，紧紧围绕"四个一"展开：一个核心，即建设社会主义市场经济体制和市场运行机制这个核心；一个根本问题，即以人为本，最大限度地调动所有市场主体的积极性和创造性；一个关键环节，即狠抓行政体制改革，转变政府职能，做到"小政府、大社会、大市场、大服务"；一个长远基础，即加强法制建设，确保新体制公平、公正、有序。此外，浦东新区在政策上进行创新，为经济发展提供了良好的投资建设环境。为了改善招商引资，新区行政机构在内外资项目的审批上实行"一门式"服务、"一口式"收费，提高了政府办事效率。

"十二五"（2011—2015）期间，坚持先行先试，聚焦制度创新，建立中国（上海）自由贸易试验区，在加快政府职能转变、促进贸易投资便利化、营造国际化市场化法治化营商环境方面取得了一系列成果。上海市"十三五"（2016—2020）规划中，在推进科技创新中心建设时，提出加快推进国家全面创新改革试验。建立符合创新规律的政府管理制度，政府职能加快从研发管理向创新服务转变。

上海"十三五"规划中的主要抓手之一为改革释放新活力，以加快政府自身改革为核心，强力推进重点领域和关键环节改革攻坚，更加注重结构性改革，加大力度促进改革措施落地，加快形成有利于创新发展的制度环境。其中之一是进一步转变政府职能。以高效市场、有限政府为目标，坚持激发市场活力和加强市场监管相结合，率先基本建立符合社会主义市场经济规律、适应现代治理体系要求的政府服务管理模式。以提高行政效率和公共服务能力为主要着力点，加大简政放权、放管结合、优化服务力度，全面建立权力清单、责任清单。推进"证照分离"改革试验，开展市场准入负面清单制度改革试点，最大限度放宽市场准入和减少政府对市场经济活动的干预。创新政府管理模式，更多运用市场化、社会化、信息化方式，提升政府管理效能。

第三节 实现形式：综合创新

一、多创新主体的融合

目前的创新主体更多地表现为企业家、社会、政府的三位一体，改革开放时代的中国企业成为创新主体的前提条件是企业制度改革。1978—1998年，中国国有企业改革经历了一个渐进的历史过程。国有企业改革的基本思路是对国家与企业之间在权利分配关系上的调整。这一时期国有企业改革经历了四个基本阶段，即1979—1982年扩大企业自主权；1983—1986年实施利改税；1987—1991年推广承包制；1992—1998年建立现代企业制度。

浦东开发开放以来按照现代企业制度的要求，相继建立起数千家合资企业和内资企业，这些企业都是产权明晰、自主经营，建立了较规范的法人治理结构。在浦东的上万家市属国有与集体企业，也按照公司制或股份合作制的原则进行了改制。对部分企业根据市场的变化和企业自身的经营情况进行了结构调整和资产重组。浦东的民营经济尤其是科技型民营经济也有一定程度的发展。现代企业制度的建立，增强了浦东经济发展的活力。开发开放以来，浦东经济保持持续、高速、稳定的增长，是与企业活力的增强分不开的。另外，浦东的开发开放还锻造了越来越多的具有国际竞争力的中国企业，这些建立了现代企业制度的企业以浦东为平台，不断扩大对外投资，开展跨国经营，成为中国经济走向海外的重要战略基地。

各类、各级企业以及企业家日益成为创新主体，一个重要的标志就是社会研发费用的上升。2011 年上海的研发（R&D）经费支出达到 597.7 亿元，较 2010 年（481.7 亿元）增长 24.1%，占全市生产总值的 3.1%。其中，企业研发投入占全市的比例高达 69.6%。全市战略性新兴产业总产出 10 194.85 亿元，比上年增长 12.2%。为强化企业的研发主体地位，政府出台政策引导创新资源向企业集聚，其中不乏迅速长大的中小型科技企业。2011 年上海市政府出台了《关于推进上海张江国家自主创新示范区建设的若干意见》，重点聚焦股权激励、人才特区、财税改革、科技金融和政府管理创新等五个方面，改革突破、先行先试。

2015 年 1 月 26 日，时任上海市委书记韩正在上海市政协"解放思想深化改革开放，着力建设科技创新中心"专题会议上指出，"上海要建设具有竞争力的创新中心城市。要形成大众创业、万众创新的局面，创新的活力在于改革，创新的动力在于市场。"

对于在未来全球"研发—生产"的国际分工格局下,上海能否承接各种高技术产品的高附加值价值链,在国际化产业中占据微笑曲线的高端,完成近十年来的夙愿,促成经济增长方式的转变与经济转型升级而言,企业创新具有基础性的意义,同时企业创新也是衡量上海转变经济增长方式的力度、广度和深度最重要的标志。只有在企业、社会研发优势的带领下,上海方有可能真正获得全球城市的地位,上海方有可能利用区位优势吸引企业总部集群布局,通过"总部(头脑)—研发(躯干)"方式辐射带动相关区域经济发展,通过"总部企业对产业链资源的跨区域集中配置,建立覆盖区域乃至全球的生产、营销网络",通过"增强企业的采购、研发、投资和运营能力,促进产业链集聚发展",形成总部集聚效应,既有利于提升主体经济的能级,又有利于通过集聚与扩散效应促成中心城市与周边的良性互动,推动形成可持续创新的世界级城市群。

同时,有为的政府组织与制度创新,将助力于以企业家为主体的创新实践。2011年浦东新区配套改革中,针对提升创业对创新带动功能的举措有三:(1)上海市委、市政府出台《关于推进张江国家自主创新示范区建设的若干意见》、新区政府制定《关于推进张江核心园建设国家自主创新示范区若干配套政策》(张江创新十条)等文件。(2)深化科技企业融资服务机制,推动商业银行成为知识产权质押融资的主导力量,引导基金和社会资本向浦东科技企业投资20亿元,累计为450多家企业解决逾30亿元的资金需求。(3)完善人才创新制度建设,启动实施浦东"百人计划",建立"双定双限"(定区域、定对象、限交易、限房价)人才住房保障新机制。

二、技术创新基础上的综合创新

如何快速有效地实现创新发展？需要众多因素，例如不同创新主体的参与、更为有利的开放的外部经济环境、具有突破性的技术创新、良好的政策与制度规范，甚至是国家层面的支持与倡导，但是，这些因素的组合同样很重要，形成一个有效的系统，推动从原始的持续不断的技术创新，到整个行业、社会、国家的创新发展，并通过"创新引领"，带动更为令人瞩目的、延绵不断的创新经济和创新发展。

2019 年 5 月 16 日，习近平总书记在《求是》杂志发表重要文章认为，创新是一个复杂的社会系统工程，涉及经济社会各个领域。坚持创新发展，既要坚持全面系统的观点，又要抓住关键，以重要领域和关键环节的突破带动全局，强化事关发展全局的基础研究和共性关键技术研究，在科技创新上取得重大突破，力争实现中国科技水平由跟跑并跑向并跑领跑转变。国际竞争新优势也越来越体现在创新能力上。谁在创新上先行一步，谁就能拥有引领发展的主动权。当前，新一轮科技和产业革命蓄势待发，其主要特点是重大颠覆性技术不断涌现，科技成果转化速度加快，产业组织形式和产业链条更具垄断性。世界各主要国家纷纷出台新的创新战略，加大投入，加强人才、专利、标准等战略性创新资源的争夺。

2001—2005 年继续坚持科教兴市战略，"加强技术创新，发展高科技，实现产业化"，以"提高城市综合竞争力"为主线，研究开发和技术转移相结合、政策引导和市场推动相结合，增强科技持续创新能力，促进经济增长。2006 年上海市政府发布《上海中长期科学和技术发展规划纲要（2006—2020）》，着力突出创新体系和创新环境建设，构建良好的创新体系，形成"以创新为动力，以企业为主体，以应用为导向，政府引导，市场推进，部市合作，市区联动，部门协同，产学研结合，国内外互动"的自主创新格局。

在这其中，有效的政府资源配置能带来良好的效益。浦东综合配套改革试点，进一步发挥先行先试和引领示范作用，关键是结合国家战略和上海发展目标，进行深层次体制问题的改革试点。上海市政府专门设立了科教兴市重大产业科技攻关专项基金，用于支持符合国家和上海市产业发展战略需求且能迅速形成知识产权的研发项目。2004 年启动的首批 29 个项目，取得知识产权 406 项，其中专利 281 项。到 2006 年先后实施三批项目，重点聚焦电子信息、重大装备、生物技术、新材料新能源四大产业领域。2006 年《国家中长期科学与技术发展规划纲要（2006—2020 年）》和配套政策（称"60 条"）颁布，上海以此为契机，根据自身特点继而颁布了《实施〈上海中长期科学与技术发展规划纲要〉的若干配套政策》（称"36 条"）等 11 个文件，在财税、金融、政府采购、知识产权保护、人才队伍建设等方面努力营造激励自主创新的政策环境。

上海市科学技术创新中心发展规划中认为，建设具有全球影响力的科技创新中心是一项系统工程，必须统筹谋划、周密部署、精心组织、认真实施。要加强组织领导，建立市推进科技创新中心建设领导小组，由市委、市政府主要领导挂帅，各相关部门共同参与，及时协调解决推进中的问题。根据上海市"十三五"规划，在建设具有全球影响力的科技创新中心这一关键性举措上，把握科技进步大方向、产业变革大趋势、集聚人才大举措，面向经济社会发展主战场，破除体制机制障碍，强化企业创新主体地位，营造良好的创新生态环境，以重大创新改革举措为抓手，加快向具有全球影响力的科技创新中心进军，为形成国际性重大科学发展、原创技术、高新科技产业重要策源地和全球重要创新城市打好框架。

简评　两种创新引领的异同

1949年前上海在私有产权及市场经济体系下，凭借被动的开放及市场化的创新，逐渐成长为中国乃至远东的经济中心。1949年之后一直到20世纪70年代末，上海在有限的开放下，在国家战略的规范下，借助于约束性下的企业创新，以及政府与群众的组织创新，成为计划经济条件下饶有活力的老工业基地。40年的改革开放至今，在主动改革开放的新时代，在向全球城市迈进中，上海在技术创新的基础上，立足于自主创新和科技制高点，发挥多创新主体的能量，推进产学研结合。反思1949—2019年上海两种不同类型的创新引领，历史似乎能够给予我们些许启示。

第一，尽管20世纪初，熊彼特以私有产权及市场经济为前提，提出了"创新"理论，但新中国成立以后1949—1977年上海老工业基地创新引领的经济增长，告诉我们在不同时期、不同社会经济条件下，创新还是可以表现为不同的类别、不同的特点、不同的实现形式与选择路径，并体现出不同的效应。即使是在完全的公有产权及计划经济体制下，在外部经济开放被抑制的情况下，通过国家战略与计划经济制度，以及组织形式上的创新，在特定的产业——工业经济领域，通过技术改造、技术革新以及国家支持与推动下的科技创新与技术革命，通过国家创新、制度创新、组织创新与技术创新，能够在工业经济领域采用创新引领的方式，一度铸就令人瞩目的上海"老工业基地"。但在同时，计划经济体制下老工业基地经济增长中的"创新引领"，处在一个相对比较封闭的经济环境，不能发挥更大范围内、更多资源的有效配置，因而，其创新引领的内在动力是有限度的，在 1978—1989 年则表现为创新引领能力的下落，需要在新的经济环境下进行调整。这就转入另外一个议题，即开放的外部经济如何影响创新，并成为创新发展的基础之一。

第二，在长时段上海经济发展的过程中，如果考虑到经济发展的外部环境，开放与创新始终是一个问题的两个方面。对一个传统的经济体而言，在一种更为开放的环境中实现自身的增长和发展，本身就意味着一种巨大的历史性创新。20 世纪最后 10 年，得益于浦东开发开放，上海重新获得创新引领能力，并在 21 世纪加入 WTO 深度对外开放后，上海的创新引领能力呈现加速的趋势。同时，如果从一般的概念和逻辑上来观察，创新本身就是要素的流动、再造、组合及再组合，这种流动、再造、组合本身就需要开放的环境及制度保证。开放中的创新、创新下的开放构成了任何一个经济体内在经济活力的最终源泉。开放的外部经济环境中的创新更为有效率，不仅可以为创新提供全球范围的创新标准，而且还可以为创新提供更有效的资源和要素配置。1978—2019 年引领经济增长的基础同时包括技术创新和对外经济开放。在相对仍比较相似的国家战略下，通过不同的外部经济环境、不同的经济资源配置方式下，上海在改革开放 40 年中获得更合乎常规的创新与创新发展模式。从这个概念与事实来看，1949—1977 年和 1978—2019 年两个不同的阶段，上海的创新发展和创新引领经济增长，具有明显不同的表现，但同时在内在逻辑上又是一致的。

第三，驱动引领的核心是创新主体。创新主体可以是个体也可以是集体，可以是企业也可以是政府。不同时空条件下的创新主体会表现为不同的形式，具有不同的侧重面。影响创新主体创新能力最重要的机制是其内在的驱动力。不同创新主体的创新内在驱动力是不一样的，他们呈现的是多层面、多结构的样式。政府是创新体系中的一个成员，在多数情况下，甚至发挥着很重要的作用，然而，政府成为创新主体是不是意味着政府必然就是创新的领导者。70年上海创新引领的历程也是一个政府作为创新主体调适的过程。一般而言，政府可以而且必须进行宏观制度层面的制度创新，但是，作为创新主体政府的效用是有边界的，究其实质是为企业、个人或其组合的创新提供国家与社会层面的制度保障。一般而言，在充分竞争的市场经济条件下，企业及企业家创新是最基本、最普遍或者说是最典型的经济创新形态，个人创新通常都直接或间接通过企业创新而实现。在政府主导的创新模式下，政府以及政府控制的企业很可能就会在创新中占据主流地位。当政府主导成为创新的基本模式时，企业及个人的创新作用如何表现？历史经验表明，二者的关系即使不是此起彼伏，也绝不是同一层面。作为守夜人的创新与作为财富创造者的创新，其功能与效用都是应该有区别的。熊彼特将经济学意义上的创新主要归结为企业家活动的结果，是从创新基础的层面寻找创新之源头。在创新及创新主体不断泛化的政府主导创新模式中，诸如开发园区、优惠扶持、政策框架等等层面的制度创新较为易行，其效应也较为显见的，而那种真正能归于企业及企业家层面的创新，无论是技术创新还是制度创新，其意义更为重要，但常常是隐而不现的。这一点在当前中国的创新研究以及创新实践中是亟须认真对待的。

结语：创新引领上海经济的长期增长（1949—2019）

新中国成立 70 年来，上海在共和国经济发展中扮演着重要的角色，其中，最令人瞩目的当属辉煌的"老工业基地"与将要浮现的"全球城市"这两张名片。在上海经济发展的前后两个阶段（1949—1977 年，1978—2019 年），与同期全国其他城市相比，上海的经济增长在整体上持续有效且表现出了更为良好的状态。主要原因之一在于形成了一种系统有效的"创新引领"经济增长的功能，这才是支撑 70 年来上海创新发展的隐而不现的关键内核之一。

2014 年 5 月，习近平总书记在上海考察调研时强调，上海在国家发展大局中占有重要位置，要抓住机遇，锐意进取，继续当好全国改革开放排头兵、科学发展先行者。2017 年 3 月 5 日习近平总书记在参加十二届全国人大五次会议上海代表团审议时特别提出，希望上海的同志们继续按照当好全国改革开放排头兵、创新发展先行者的要求，在深化自由贸易试验区改革上有新作为，在推进科技创新中心建设上有新作为。2018 年 7 月习近平主席在南非金砖国家工商论坛上，为金砖国家和当前世界应对经济增长难题给出了"坚持创新引领"的中国经验。2019 年 5

月 16 日，习近平总书记在《求是》杂志上发表重要文章，文章指出，要着力实施创新驱动发展战略。抓住了创新，就抓住了牵动经济社会发展全局的"牛鼻子"。抓创新就是抓发展，谋创新就是谋未来。我们必须把发展基点放在创新上，通过创新培育发展新动力、塑造更多发挥先发优势的引领型发展。

一、改革开放前上海"创新引领"的表现

在计划经济时代有限度、低水平的经济开放条件下，上海形成了相对较有活力的老工业基地，并在国家战略与制度创新的基础上，进行了一系列的技术与组织创新，使得上海成为当时中国的科学技术与工业中心。虽然经典创新理论文献中所描述的均为市场主导经济下的个人或企业创新，但改革开放前上海所形成的政府主导经济下的技术、组织或制度创新，取得了明显可见的成效，主要表现如下：

（一）群众性的"技术革新"

为了保证国家计划的完成，各行各业都十分重视推广先进经验，特别是推广先进操作方法及国际、国内先进技术经验。如纺织业除继续推广"郝建秀工作法""五一织布工作法"，又逐步推广了"粗纱工作法""细纱平接头工作法"及"棉布轻浆"降低等节约原材料的措施；机械业推广"快速切削法"；造船业则推广苏联的"高速电焊法"；钢铁业采用不氧化炼钢，缩短熔炼时间；医药业创造了灌浆机，使眼药水灌装效率提高 5.2 倍。这个时期，各行各业都在以推广工作法和学习先进经验结合"技术革新"，努力提高劳动生产率，"技术革新"最大的特点是发动群众运动，在大搞群众运动中号召全体工人、技术人员进行"技术革

新"。50 年代上海工业创新走过的道路，其技术改造和技术进步主要是通过群众性的技术革新和技术革命，依靠群众运动方式提高劳动生产率得以推进，技术革新和技术革命主要是针对提高产量方面，形成了一系列减缩工艺流程，减少生产工序的方法，包括操作工作法不断修正、不断强化，提高劳动生产率主要靠"增产节约""劳动竞赛""学习先进"群众生产运动，激发工人的生产热情。在没有能力进行技术革命性的工业创新时，提高劳动生产率则能一定程度上实现技术进步、技术发展。

(二) 政府作为创新主体的"三结合"

20 世纪 60 年代以后，上海的技术改造和技术进步主要是依靠政府组织的技术突破，确定重点、调集人员、成立指挥部或办公室，向高精尖技术和新型行业进军，这种由政府计划部门有组织、有计划、有重点的推进，采用大兵团作战的形式，调集各方面力量，进行攻关、会战的方式，这是上海工业发展过程中真正意义上自力更生地实现工业生产技术创新。在整个计划经济时代新技术、新产品、新工艺的开发主要是通过"技术革新与技术革命"，以及领导干部、工人、技术人员三结合的形式来完成。从开始时的厂内"三结合"（领导干部、工人和技术人员），发展到厂外"三结合"（工厂、科研机关、高等院校），再发展到全社会的各方面大协作（大会战）。"三结合"的范围越来越广泛，形式越来越多样，"三结合"还打破了以往技术改造执行中的机械式三阶段（科学研究、设计、试制）的陈规，广泛采用了"五边"（边研究、边设计、边试制、边运用、边改进）的方法，使技术革新、技术革命活动在边研究、边设计、边试制、边运用、边改进中逐步改善、不断提高。以政府和企业作为创新主体的"技术革新"，可以视之为计划经济时期最有效的"创新"。

（三）技术创新与组织创新的结合

1949—1977 年，上海工业发展以其独特的方式，走出一条卓有成效的创新之路。以"技术革新"为核心的技术改造、技术改革，以及新设备、新产品、新工艺的研发、生产，一直贯穿在上海工业发展的整个进程中。回顾历史，这种以独立自主、自力更生为指导思想的全民性"技术革新、技术革命"运动，不断掀起高潮，不断创造奇迹，不断推动着上海工业向前发展，我们有理由认为新中国成立 29 年来上海工业发展的过程中，存在着强有力的"创新"机制，或者说"技术革新""技术革命"运动就是社会主义计划经济时期工业发展的"创新"机制。20 世纪 50 年代初的"生产竞赛运动"和"增产节约运动"，旨在提高劳动生产率，推动生产发展的一种方式，提高劳动生产率是一定程度上技术进步、技术发展的表现。另外，在"生产竞赛运动"和"增产节约运动"中，已经开始提出"技术改造""技术革新"的口号，从 50 年代中期至 60 年代，"技术革新""技术革命"已在各车间、工厂广泛开展，由厂领导工人群众、技术人员组成的"三结合"小组积极投入到"技术革新""技术革命"中，出现了人人搞革新、处处搞革新、事事搞革新的新气象，工艺改革、工序改革、设备改造、产品改造层出不穷。70 年代的特点主要变现为发挥单位协作的力量，于是，"技术革新""技术革命"不限于一个车间或一个工厂，而表现为厂与厂之间、厂与科研单位之前的协作，还有上级单位的支持或直接参与，在这样共同努力下产生的创新成果更为科学有效。

（四）国家及制度创新中的"新组合"

如果重新回顾一下古典经济学以来对于经济增长的论述，可以发现自然、资源、人力、社会资本等要素投入，以及制度创新（尤其是产权安排与市场机制)、技术创新都能成为经济增长的动力。1949—1977 年，上海在有限度、低水平经济开放下，所进行的约束性的技术与组织创新，成为计划经济条件下相对较有活力的老工业基地，虽然遗留了很多问题，但是，也获得一些有价值的经验。第一，形成了可持续经济增长的创新动力。在熊彼特的话语中，创新是指将一种新的生产要素与生产条件的"新结合"引入生产体系，例如，引入一种新产品、引入一种新生产方法、开辟一个新市场、获得原材料或半成品的一种新的供应来源，新的组织形式，如此多种形式的创新。因为，在这些技术创新，或者非技术的组织创新中，实现在已有要素资源的组合，形成更高的产出。第二，创新经济增长得以实现的关键是创新主体的效用。一般认识上的创新主体是企业家，其实，不仅是企业家个人，可以是企业家群体，也可以是机构，甚至是政府。在多种不同的经济环境与生态下，将会出现不同的创新主体，也就是说，特定的情况下，仅仅允许某些类别主体发挥作用，例如市场主导经济下的个人或企业创新，政府主导经济下的技术、组织或制度创新。

二、改革开放以来上海"创新引领"的内容

改革开放以来，在外部思想创新与制度创新的影响下，上海摆脱了以往计划经济的思维束缚、更新发展理念，制度改革与创新成为上海经济发展的重要支撑，科技革命和深度对外下的综合创新成为上海转型发展的源动力。浦东开发开放以后及 21 世纪以来，通过深化改革开放、调整产业结构、从技术创新所驱动转向综合创新，上海加速了形成"创新引领"的功能。从时间演化的维度上来看，改革开放以来，结合国内外

经济发展阶段的变化，上海在经济调整中比较快速地找到了新的创新发展方向。在 1978 年至今的历程中，上海创新引领的形式、方向、节奏均出现了四次明显的阶梯性演化，比较快速地完成了从"老工业基地"的创新引领，演化为"迈向全球城市"的新模式。主要表现在以下两个方面：

（一）思想与制度创新激活了上海的"创新引领"

改革开放以前，上海经济之所以能够保持高速稳定增长，主要得益于上海在中央计划经济体制下老工业基地的创新引领发展。然而，改革开放战略实施后，内外部经济环境均出现了明显的变化与调整。鉴于中国的改革开放在内容、范围、地域上都是逐步推进、逐步深化，改革首先从安徽、四川等经济不发达的农村地区向全国范围内扩大；开放则首先从经济地位相对不重要的广东、福建等省沿海地区向整个东部沿海地区进一步梯度推进。在渐进式改革开放大思路的框架下，为了维护国家经济与财政的稳定，在 20 世纪 80 年代初期上海处在改革开放"后卫"角色之下，大体上仍继续之前的发展路径，但也开始了新的调整。

1990 年后，中国改革开放进入建立社会主义市场经济体制的新阶段，改革的目标和方向已非常明确，不再是完全"摸着石头过河"。1990 年浦东开放成为中国改革开放以来上海经济创新与创新引领能力再获取的重要时点，浦东开发开放带来的制度创新引领上海经济增长，并在 1999 年带动上海经济结构战略性调整，上海经济结构中第三产业的比例再次超过第二产业，老工业基地时代所形成的创新引领方式获得新生并形成了一种新的模式与机制，这是开放与创新下的社会主义市场经济的新时期。

21 世纪以来，伴随着全球化与全球分工的进一步深入，上海迎来了新的战略机遇，GDP 增长率高于全国同期水平，上海经济增长与创新发展进入了相对比较平稳有序的时期。2001—2011 年上海经济处在稳定增长之中，1900—2000 年上海创新引领经济增长不仅得以继续，而且从产业优化、科教发展、自主创新、地方综合配套改革等方面积蓄新的能量。

党的十八大以来，党中央提出和推进全面深化改革，聚焦完善和发展中国特色社会主义制度、推进国家治理体系和治理能力现代化的总目标，坚决破除各方面体制机制弊端，书写了在新形势下将改革开放不断推向前进的历史新篇章，上海的创新引领进入深化的阶段，主要表现在综合创新引领下的经济增长、产业转型和升级、迈向科技创新的策源地，以及制度创新与城市综合服务功能的提升，在创新引领之下上海正迈向全球城市的新目标。

（二）以技术创新所驱动的综合创新加速了上海的"创新引领"

如何快速有效地实现创新发展？需要众多因素，例如不同创新主体的参与、更为有利的开放的外部经济环境、具有突破性的技术创新、良好的政策与制度规范，甚至是国家层面的支持与倡导，但是，这些因素的组合同样很重要，形成一个有效的系统，推动从原始的持续不断的技术创新，到整个行业、社会、国家的创新发展，并通过"创新引领"带动更为令人瞩目的、延绵不断的创新经济和创新发展。

在社会主义市场经济的外部影响下，上海开启了以"创新引领"为先导的经济加速发展。改革开放以来，上海在从老工业中心城市向经济中心城市，尤其是全球城市的发展与演化中，在外部思想创新与制度创新的影响下，摆脱了以往计划经济下的思维束缚、更新发展理念，使制度改革与创新成为上海经济发展的重要支撑，科技进步与综合创新成为上海转型发展的源动力。浦东开发开放以后，尤其是 21 世纪以来，上海逐渐进入深化改革时期，提出"创新驱动、转型发展"的思路，实现以制度创新为基础、以科技创新为动力的方式。一方面，通过深化改革开放深入推进重点领域和关键环节的改革，加快建立有利于实施创新、转变经济发展方式的体制机制；另一方面，通过调整产业结构，培育发展诸如新一代信息技术、高端装备制造、生物、新能源、新材料等战略性新兴产业和新兴业态，努力建立以服务型经济为主的产业结构，不断提升高新产业核心竞争力，从技术创新、制度创新驱动，逐渐转向综合创新，上海加速了提升了"创新引领"经济增长的功能。

当上海进入深化改革时期，如何更好地推进创新与转型发展，制度创新与国家创新则成为顶层设计，科技创新和深度对外开放则成为基础，在此基础上形成综合创新。首先，在创新引领经济增长驱动下，上海聚焦国家战略，通过产业结构的战略性调整，一方面发挥科研优势，深化部市合作、院市合作、产学研结合，在重点领域加大科技攻关力度，实现重大突破。上海市正在推动产业的转型升级，提升现代服务业能级水平，落实"中国制造2025"战略，改造提升传统优势制造业。其次，在创新引领下实现城市功能从工业城市向多功能城市与经济中心城市的转向，并正在迈向全球城市，实现更广泛的全球性资源配置。上海从国内中心城市走向国际大都市中，需要摆脱原有的经济发展路径，实现创新发展与转型升级，从生产要素驱动的经济增长模式转向体制创新、技术创新驱动的经济增长模式；从第二产业与第三产业并重的产业结构，转向以第三产业服务经济为主的产业结构；从单核的城市空间布局结构转向更为优化的多中心城市空间布局结构；从以经济建设为主导的城市发展战略格局，转向以经济、社会、科技、文化、环境相互协调与相互促进的城市发展战略格局；从集聚主导的城市服务功能，转向集聚与辐射并重的城市综合服务功能。在1990—2019年间，上海实现从"重建全国经济中心城市地位"到"确立国际经济中心城市地位"，再到"打造成为社会主义现代化国际大都市"，及至迈向"全球城市"，这是一次次重大的蜕变重生，也是一个非线性的创新引领发展的转型进程。

三、70 年来上海"创新引领"的逻辑与趋向

新中国成立 70 年来，上海经济创新发展具有内在的逻辑，即系统性的"创新引领"功能如何形成并实现自我增长，让"创新"成为一种系统工程，覆盖技术、组织、制度、国家等层面。70 年来上海系统性"创新引领"功能的形成与自我发展，将助力上海面向全球城市的发展，提出基于长时段历史的新经验。

（一）上海经济发展中系统性"创新引领"功能的形成

新中国成立 70 年来上海经济创新发展的前后两个阶段（1949—1977年，1978—2018 年），与同期全国其他城市相比，均表现出了比较良好的状态。不论是国家战略与计划下的"老工业基地"时期的技术革新与群众性运动下的"三结合"或"五结合"，推动了技术创新与组织创新的融合并促成了新中国成立后上海老工业基地的辉煌，还是改革开放后上海奋起直追从全国经济中心城市到全球城市之旅，并在国家战略的指导下以思想创新与制度创新，推动了创新生态的变化与创新主体的多元化与内在活力，这其中有一个共同的经验，即 70 年来上海之所以得以创新发展，主要原因之一在于形成了一种系统有效的"创新引领"功能，成为支撑 70 年来上海创新发展与创新引领的关键内核之一。

21 世纪以来，全球的创新与发展均呈现出明显的变化，包括创新概念本身、创新主体之间关系以及创新对外在环境要求等方面的变化。为

了更好地理解和应对这样的变化，我们迫切需要一种新的构想和举措，迫切需要从较长的历史时期中去寻找问题与答案。目前，一个运行良好、充满活力、持续进化的创新生态系统，正在越来越被广泛地接受为一个国家或地区获得持续竞争优势的关键所在，尤其是系统中各主体或组成部分的整体素质、创新主体的多样性与有效性，以及能否提供满足未来创新需求的外部经济环境、内在经济基础设施和相关的制度与机制供给等方面成为关键点。

《上海市科技创新"十三五"规划》改变了通常将创新政策、创新环境等作为保障性举措列入规划文本的做法，将"培育良好的创新生态"作为四大战略任务之首列出，与其他三大"硬性战略任务"（"夯实科技基础，建设张江综合性国家科学中心""打造发展新动能，形成高端产业策源""应对民生新需求，推进城市和谐发展"）平行推进。新中国成立以来，上海得以创新发展的原因即在于，依托已有的技术与组织基础，在有限的资源与不充分的生产要素供给下，依托系统性优势，从制度、技术、组织三个方面建立并初步形成了一个具有一定的创新发展与创新引领功能的生态系统。在建设具有全球影响力的科技创新中心之际，上海要以开放和包容的创新文化、符合创新规律的制度环境、良好的创新基础设施，吸引全世界最优秀的人才、最具创意的思路，不断推出原创的领先产品和服务，推进延绵不断的科技创新，成为具备全球创新资源配置能力的重要创新枢纽。这即是《上海市科技创新"十三五"规划》有关"培育良好的创新生态"的愿景与诉求之所在，也是 70 年来上海创新引领发展的成功经验之基础。

（二）上海经济发展中"创新引领"功能的增强

虽然自然资源、人力、社会资本等要素投入，以及制度创新（尤其是产权安排与市场机制）、技术创新都能成为经济增长的动力，问题的关键是，在这些微观的要素之外，从经济历史演进的进程来看，在特定的发展阶段，是否存在某种一般性的决定性因素或路径？学界一般认为，开放或外部的刺激能暂时地带来经济变化，增长或衰退，要素流动、技术创新等才是决定经济长期增长的基石。

21 世纪以来上海经济发展的经验，大致可以划分为并非泾渭分明的三个阶段，2001—2005 年，2005—2014 年，2015 年以来，分别代表了三种不同形式的经济增长路径、动力方式。从 2001 年以来，上海通过积极融入、借助 WTO 的契机，推动了新一轮的开放，从局部试点型开放，转向了普遍化与制度化的开放。在 2005 年率先成为国家综合配套改革试验区，以此推动"四个中心"的建设，促成城市能级与城市功能的转向，在改革创新中努力建设面向全球中心城市的新上海，以及令人期待的自贸试验区。从开放层面而言，以自贸区建设为契机，利用上海在全国的战略高度，利用中国经济在全球份额中日益增大的权重，逐步形成全球资源配置力，以开放促改革，实现并提升"四个中心"，并迈向全球城市的新征程。就创新层面而言，如何加快建设具有全球影响力的科创中心呢？当前，以伦敦、波士顿、纽约、特拉维夫等为代表的一批城市正成为具有世界影响力的科技创新中心。创新城市的兴起不仅改变了城市本身，也进一步促进了科技创新要素的空间集聚、流动，极大地提高了科技创新的效率，加速了世界科技创新的发展步伐。

2015 年 5 月上海发布《关于加快建设具有全球影响力的科技创新中心的意见》（以下简称"意见"），其中提出了两步走的计划——第一步是到 2020 年前，要形成科技创新中心基本框架体系；第二步到 2030 年，要形成科技创新中心城市的核心功能。2018 年 1 月《上海市城市总体规划（2017～2035 年）》显示，在原有的国际经济、金融、贸易、航运"四个中心"基础上，上海的城市定位增加了科技创新中心，由此形成"五个中心"的新定位。上海在原有的国际经济、金融、贸易、航运"四个中心"基础上，增加科技创新中心，目的是培育出更多更强的科技创新企业，以提高对全球经济的辐射能力，打造更开放的国际枢纽门户。建设具有全球影响力的科创中心，这是自建设自贸试验区之后，上海着力打造的另一块城市标识。

在自贸区和科创中心建设的基础上，在国家战略的指引下，按照新一轮城市总体规划，上海已开启迈向卓越的全球城市和具有世界影响力的社会主义现代化国际大都市的新征程。实现美好蓝图，关键要推动高质量发展，按照国家对上海发展的战略，上海对标最高标准、最好水平，推动质量变革、效率变革、动力变革，加快建设现代化经济体系，更加注重改革开放，更加注重创新引领，更加注重保障和改善民生，率先走出一条高质量发展之路。

四、上海长期经济增长的密码

（一）对上海长期经济增长之"谜"的新探索

70 年来上海一直在全国经济发展中占有非常重要的位置，其中最令人瞩目的当属历史上辉煌的"老工业基地"与令人期待的"全球城市"名片，代表了从赶超型工业革命时代到后工业时代上海的创新发展。多年来，学界一直在探索：从计划经济时期到社会主义市场经济时代，关于上海经济自我增长的机制，需要回答是什么影响、制约上海经济的长期发展？上海为什么、又怎样发挥了重要的作用？这些有关上海经济长期增长的话题似乎都带有谜一样的色彩。因为这不仅是一个经济学上的理论问题，同时更是一个经济史上的实践问题，也许只有将两者较好地结合，才能较好地解答这一问题。

本著以"创新引领"为关键词，论述了从 1949 年至 2019 年 70 年间，上海经济如何从"老工业基地"的国家战略定位下向"全球城市"迈进的经济演进历程及其内在机理演化。融合演化经济学理论与中国经济实践，按照时间及逻辑关系，对新中国成立 70 年来上海经济发展历程中至关重要的"创新"元素进行了认真、细致的探索与发掘，揭示了 70 年来上海经济创新引领之旅的起点、逻辑、演进与未来的发展方向，力图寻求其中时隐时现、隐而不现的特征及规律，以最终探求 70 年以至未来上海经济增长内在的、一脉相承的核心元素。

上述以"创新引领"为核心的研究，有助于解开上海长期经济发展的脉络与关键点，有助于我们进一步理解中国长期经济增长，理解中国特色的经济发展道路。在当前上海转型发展的关键突破时点上，这种来自上海中长时段创新发展史上的启示——无论是经验、不足抑或是这一进程中的关键性特征，对于顶层设计抑或是决策部门而言，都具有弥足珍贵的理论意义与现实意义。随着"全球城市"成为上海的名片，"创新引领"这一长期以来后发展地区实现快速发展与超越中的关键性"密码"，在上海未来的经济增长和经济发展中，必将发挥越来越重要的作用。

（二）上海长期经济增长之"密码"——"创新引领"

解读新中国成立 70 年来上海长期经济增长的密码，可以发现上海经济长期增长的秘密之一就在于形成了一种系统有效的"创新引领"经济增长的功能和机理，这是支撑 70 年来上海经济增长和发展的关键内核之一。

第一，在计划经济时期外部条件约束下，上海老工业基地通过创新性资源配置，获得了一个显著的经济增长。

1949—1978 年，在计划经济时代有限度、低水平的经济开放条件下，上海形成了相对较有活力的"老工业基地"，上海工业发展以其独特的方式，走出一条卓有成效的创新之路。技术方面的创新主要表现为从旧设备与技术的利用及群众性的革新，发展为跟进国家技术创新，在原有技术的基础上推进学习研究应用；组织方面的创新主要表现为利用群众性运动所进行的劳动效率的提高、群众性的合理化技术革新建议，以及政府、群众、技术人员相结合的技术进步，并进而演化到科学技术驱动的技术革新。虽然经典创新理论文献中所描述的均为市场主导经济下的个人或企业创新，但改革开放前上海所形成的政府主导经济下的技术、组织或制度创新，取得了明显可见的成效。

第二，在社会主义市场经济的外部影响下，上海开启了以"创新引领"为先导的经济加速发展。

改革开放以来，上海在从老工业中心城市向经济中心城市，尤其是全球城市的发展与演化中，在外部思想创新与制度创新的影响下，摆脱了以往计划经济下的思维束缚、更新发展理念，使制度改革与创新成为上海经济发展的重要支撑，科技进步与综合创新成为上海转型发展的源动力。浦东开发开放以后，尤其是 21 世纪以来，上海逐渐进入深化改革时期，提出"创新驱动、转型发展"的思路，实现以制度创新为基础、以科技创新为动力的方式。一方面，通过深化改革开放深入推进重点领域和关键环节的改革，加快建立有利于实施创新、转变经济发展方式的体制机制；另一方面，通过调整产业结构，培育发展诸如新一代信息技术、高端装备制造、生物、新能源、新材料等战略性新兴产业和新兴业态，努力建立以服务型经济为主的产业结构，不断提升高新产业核心竞争力，从技术创新、制度创新驱动，逐渐转向综合创新，上海加速提升了"创新引领"经济增长的功能。

第三，70年来上海创新发展的经验在于可以迅速地在已有资源的基础上形成系统的"创新引领"经济增长的功能。

新中国成立70年来上海创新发展与创新引领的前后两个阶段（1949—1977年，1978—2018年），与同期全国其他城市相比，长时段经济增长均比较良好。不论是"老工业基地"时期的技术革新与群众性运动下的"三结合"或"五结合"，推动了技术创新与组织创新的融合，并促成了新中国成立后近30年上海老工业基地的辉煌，还是改革开放后上海奋起直追从全国经济中心城市到全球城市之旅，并以思想创新与制度创新推动了创新生态的变化与创新主体的多元化与内在活力，这其中有一个共同的经验，即70年来上海之所以得以创新发展，主要原因之一在于形成了一种系统的"创新引领"经济增长功能，这才是支撑70年来上海经济发展中隐而不现的关键内核之一。进入21世纪以来，全球的创新与发展均呈现出明显的变化，包括创新概念本身、创新主体之间关系以及创新对外在环境要求等方面的变化，为了更好地理解和应对这样的变化，我们迫切需要一种新的构想和举措，迫切需要从较长的历史时期中去寻找问题与答案，而70年来的上海经验提供了一个鲜活的案例。

2019年5月16日，习近平总书记在《求是》杂志上发表的重要文章中论述：结合历史和现实，结合一些重大问题，从理论上、宏观上，其中，第一条就是"着力实施创新驱动发展战略"。把创新摆在第一位，是因为创新是引领发展的第一动力。发展动力决定发展速度、效能、可持续性。对中国这么大体量的经济体来讲，如果动力问题解决不好，要实现经济持续健康发展和"两个翻番"是难以做到的。抓住了创新，就抓住了牵动经济社会发展全局的"牛鼻子"。习近平认为，坚持创新发展，是我们分析近代以来世界发展历程特别是总结中国改革开放成功实践得出的结论，是我们应对发展环境变化、增强发展动力、把握发展主动权，更好引领新常态的根本之策。回顾近代以来世界发展历程，可以清楚看到，一个国家和民族的创新能力，从根本上影响甚至决定国家和民族前途命运。在上海面向即将浮现的"全球城市"的征程中，从70年来（以至于更长久）的历史经验中，"创新引领"成为上海长期经济增长的密码。

附　录

表 1　上海市国内贸总额(1949—1977)　　　　　　　　单位：亿元

年份	国内纯购进额	市外调入额	国内纯销售额	调往市外额	年末库存额	年份	国内纯购进额	市外调入额	国内纯销售额	调往市外额	年末库存额
1949	8.95	5	10.57	2.7	3.8	1964	63.42	17.27	53.35	47.08	25.12
1950	13.49	6.07	16.95	5.43	4.47	1965	64.16	18.92	51.79	52.27	20.45
1951	23.36	10.51	27.18	11.69	5.99	1966	68.23	22	53.29	56.14	24.46
1952	30.6	14.09	21.88	19.22	11.62	1967	63.06	23.7	55.64	51.59	25.68
1953	32.89	18.48	36.03	34.38	11.68	1968	72.03	26.98	57.78	60.01	30.32
1954	41.19	22.63	41.09	40.93	14.71	1969	90.54	27.06	64.58	75.73	31.29
1955	41.63	22.18	36.15	40.02	17.81	1970	92.15	27.3	64.17	80.81	30.08
1956	52.01	22.55	48.75	49.4	11.78	1971	86.58	25	62.88	73.47	30.6
1957	59	22.38	48.1	47.8	16.17	1972	88.63	25.01	69.06	67.52	32.46
1958	74.76	27.17	58.85	66.31	14.01	1973	96.77	25.55	74.59	75.77	34.72
1959	105.4	21.33	76.41	65.08	25.08	1974	105.32	27.23	82.27	76.83	37.69
1960	108.92	13.94	86.16	64.32	27.93	1975	111.5	28.59	86.43	83.61	37.5
1961	62.66	11.17	61.08	43.27	27.92	1976	112.95	29.92	89.99	83.16	36.4
1962	57.12	11.34	51.45	40.28	27	1977	127.05	31.8	92.86	99.49	40.76
1963	58.47	14.48	47.45	43.26	26.88						

　　资料来源：上海统计局《上海国民经济和社会发展历史统计资料 1949—2000》，中国统计出版社 2001 年版，第 120 页。

表 2　上海市外贸总额及全国占比（1950—1977）　　　　　　　单位：亿美元

年份	进出口商品		进口商品		出口商品		年份	进出口商品		进口商品		出口商品	
	数额	%	数额	%	总额	%		数额	%	数额	%	总额	%
1950	2.21	19.47	1.17	20.07	1.04	18.84	1964	6.89	19.87	0.37	2.4	6.52	34.03
1951	1.96	10.01	0.96	8.01	1	13.21	1965	8.25	19.43	0.6	2.97	7.65	34.34
1952	1.93	9.94	0.74	6.62	1.19	14.46	1966	9.12	19.77	0.38	1.69	8.74	36.94
1953	2.44	10.3	0.61	5.02	1.83	17.9	1967	8.89	21.4	0.47	2.33	8.42	39.44
1954	3.17	13.03	0.43	3.34	2.74	23.91	1968	8.83	21.81	0.34	1.75	8.49	40.37
1955	3.94	12.17	0.34	1.96	3.6	25.5	1969	8.92	22.14	0.16	0.88	8.76	39.75
1956	4.98	15.52	0.21	1.34	4.77	29	1970	9.13	19.91	0.46	1.98	8.67	38.76
1957	4.9	15.79	0.38	2.52	4.52	28.3	1971	10.39	21.44	0.58	2.63	9.81	37.22
1958	6.95	17.95	0.66	3.49	6.26	31.75	1972	13.93	22.11	0.63	2.2	13.3	38.63
1959	7.96	18.19	0.54	2.57	7.42	32.81	1973	23.96	21.84	0.8	1.55	23.16	39.8
1960	6.73	17.64	0.53	2.71	6.2	33.41	1974	25.37	17.42	0.98	1.29	24.39	35.1
1961	5.81	17.3	0.26	1.8	5.55	37.22	1975	23.28	15.78	1.08	1.44	22.2	30.55
1962	5.79	21.7	0.25	2.13	5.54	37.18	1976	21.03	15.66	1.25	1.9	19.78	28.85
1963	6.19	21.23	0.24	1.9	5.95	36.08	1977	23.21	15.68	1	1.39	22.21	29.26

资料来源：《上海对外经济贸易志》第一卷，上海社会科学院出版社 2001 年版，第 34—35 页。

表 3　上海市外贸总值与工业总值及全国占比（1949—1977）

年份	出口商品总值（亿美元）		在全国占比（%）	工业总产值（亿元）		在全国占比（%）
	上海	全国		上海	全国	
1949	0.82	—		35.06	140	25.04
1950	1.04	5.50	18.91	36.17	191	18.94
1951	1.00	7.60	13.16	55.69	264	21.09
1952	1.19	8.20	14.51	68.06	343	19.84
1953	1.83	10.20	17.94	93.16	447	20.84
1954	2.74	11.50	23.83	97.99	520	18.84
1955	3.60	14.10	25.53	95.24	549	17.35

续表

年份	出口商品总值（亿美元）		在全国占比（％）	工业总产值（亿元）		在全国占比（％）
	上海	全国		上海	全国	
1956	4.77	16.50	28.91	127.86	703	18.19
1957	4.52	16.00	28.25	134.15	784	17.11
1958	6.29	19.80	31.77	201.25	1 213.86	16.58
1959	7.42	22.60	32.83	291.9	1 652.63	17.66
1960	6.20	18.60	33.33	351.1	1 837.49	19.11
1961	5.55	14.90	37.25	215.01	1 134.79	18.95
1962	5.54	14.90	37.18	170.05	946.59	17.96
1963	5.95	16.50	36.06	192.04	1 026.77	18.70
1964	6.52	19.20	33.96	230.36	1 228.34	18.75
1965	7.65	22.30	34.30	285.3	1 552.4	18.38
1966	8.74	23.70	36.88	331.49	1 877.59	17.66
1967	8.42	21.40	39.35	299.47	1 618.11	18.51
1968	8.49	21.00	40.43	344.33	1 536.81	22.41
1969	8.76	22.00	39.82	403.85	2 063.56	19.57
1970	8.67	22.60	38.36	463.55	2 696.11	17.19
1971	9.81	26.40	37.16	507.35	3 098.13	16.38
1972	13.30	34.40	38.66	541.75	3 303.03	16.40
1973	23.16	58.20	39.79	589.79	3 616.86	16.31
1974	24.39	69.50	35.09	626.45	3 625.94	17.28
1975	22.20	72.60	30.58	660.02	4 174.5	15.81
1976	19.78	68.50	28.88	672.96	4 230.26	15.91
1977	22.21	75.90	29.26	731.25	4 834.59	15.13

资料来源：《上海1949—1985年主要统计资料》，《1999年统计年鉴》，《上海1949—1985年主要统计资料》，《中国工业经济统计资料1949—1984》。其中，工业总产值以1952年不变价格计算。

表 4　上海市生产总值及三次产业占比（1949—1977）

年份	生产总值（亿元）	第一产业（亿元）	%	第二产业（亿元）	%	第三产业（亿元）	%
1949	20.28	1.45	7.15	9.56	47.14	9.27	45.71
1950	22.43	1.66	7.40	10.08	44.94	10.69	47.66
1951	31.52	1.96	6.22	15.61	49.52	13.95	44.26
1952	36.66	2.17	5.92	19.22	52.43	15.27	41.65
1953	51.71	2.51	4.85	28.75	55.60	20.45	39.55
1954	54.7	2.26	4.13	29.67	54.24	22.77	41.63
1955	53.64	2.71	5.05	29.39	54.79	21.54	40.16
1956	63.61	2.38	3.74	35.25	55.42	25.98	40.84
1957	69.6	2.7	3.88	40.83	58.66	26.07	37.46
1958	95.61	3.57	3.73	64.66	67.63	27.38	28.64
1959	128.49	4.29	3.34	94.82	73.80	29.38	22.87
1960	158.39	4.23	2.67	123.36	77.88	30.8	19.45
1961	101.78	4.43	4.35	71.06	69.82	26.29	25.83
1962	84.72	4.51	5.32	58.8	69.41	21.41	25.27
1963	90.69	4.54	5.01	65.72	72.47	20.43	22.53
1964	100.7	6.24	6.20	72.17	71.67	22.29	22.14
1965	113.55	6.5	5.72	82.92	73.03	24.13	21.25
1966	124.81	6.8	5.45	92.27	73.93	25.74	20.62
1967	110.04	7.2	6.54	79.51	72.26	23.33	21.20
1968	123.24	8.31	6.74	89.2	72.38	25.73	20.88
1969	142.3	7.91	5.56	106.08	74.55	28.31	19.89
1970	156.67	7.42	4.74	120.82	77.12	28.43	18.15
1971	164.86	7.57	4.59	128.23	77.78	29.06	17.63
1972	170.98	8.54	4.99	132.82	77.68	29.62	17.32
1973	185.35	8.97	4.84	142.39	76.82	33.99	18.34
1974	193.45	9.45	4.88	147.86	76.43	36.14	18.68
1975	204.12	8.22	4.03	157.54	77.18	38.36	18.79
1976	208.12	8.79	4.22	158.89	76.35	40.44	19.43
1977	230.36	7.98	3.46	176.98	76.83	45.4	19.71

数据来源：Wind 数据。

表5　上海市工业利润总额及全国占比(1952—1990)

年份	总额（亿元）	在全国占比（%）	年份	总额（亿元）	在全国占比（%）
1952	8.64	23.20	1972	105.47	19.30
1953	12.56	23.20	1973	113.03	19.30
1954	13.08	20.30	1974	115.92	22.50
1955	12.49	17.60	1975	117.46	20.20
1956	16.25	18.70	1976	115.31	21.50
1957	25.52	22.30	1977	128.48	20.30
1958	52.30	23.90	1978	153.76	19.40
1959	74.08	22.90	1979	161.89	18.70
1960	90.62	23.70	1980	167.21	18.40
1961	48.53	33.30	1981	164.77	17.80
1962	41.67	30.90	1982	164.19	16.90
1963	47.31	25.60	1983	159.50	15.40
1964	55.13	22.60	1984	169.21	14.70
1965	64.77	20.90	1985	188.01	14.10
1966	73.86	19.10	1986	179.90	13.40
1967	63.52	24.10	1987	173.49	11.50
1968	70.52	31.50	1988	184.23	10.40
1969	79.63	23.10	1989	182.06	10.30
1970	97.90	20.70	1990	158.84	10.60
1971	102.16	19.60			

说明：表中统计数据为全民所有制独立核算工业企业。

资料来源：《上海通志·第十七卷工业（上）·第一章工业经济规模》。

表6　上海市工业企业全员劳动生产率(1949—1995)

年份	全员劳动生产率（元/人）	年份	全员劳动生产率（元/人）	年份	全员劳动生产率（元/人）
1949	4 169	1955	7 047	1961	10 345
1950	4 111	1956	8 405	1962	9 479
1951	5 345	1957	8 105	1963	10 943
1952	5 942	1958	1 0261	1964	12 662
1953	7 160	1959	1 2955	1965	15 123
1954	7 318	1960	1 5914	1966	16 971

年份	全员劳动生产率 （元/人）	年份	全员劳动生产率 （元/人）	年份	全员劳动生产率 （元/人）
1967	14 874	1977	25 101	1987	33 044
1968	15 929	1978	26 793	1988	33 735
1969	17 565	1979	28 207	1989	33 581
1970	19 909	1980	27 830	1990	33 675
1971	21 265	1981	27 390	1991	49 799
1972	21 670	1982	27 546	1992	15 657
1973	23 049	1983	28 684	1993	26 130
1974	24 128	1984	30 677	1994	31 636
1975	24 488	1985	31 366	1995	35 252
1976	23 807	1986	32 306		

说明：1. 表中统计，1949—1990 年为全民所有制独立核算工业企业，1991—1995 年为全市独立核算工业。2. 全员劳动生产率，1949—1990 年按 1980 年不变价格计算，1991 年按 1990 年不变价格计算，1993—1995 年当年价格计算。3. 1992 年全员劳动生产率按当年净产值计算。

表 7　上海市工业总产值及全国占比（1958—1976）

年份	全国工业 总产值 （亿元）	上海工业 总产值 （亿元）	在全国 占比 （%）	年份	全国工业 总产值 （亿元）	上海工业 总产值 （亿元）	在全国 占比 （%）
1957	—	118.82	—	1967	1 382	226.88	16.4
1958	1 083	176.44	16.29	1968	1 285	251.87	19.6
1959	1 483	254.68	17.17	1969	1 665	284.42	17.1
1960	1 637	298.97	18.26	1970	2 080	312.18	15.0
1961	1 062	187.43	17.65	1971	2 414	336.52	13.9
1962	920	151.98	16.52	1972	2 565	355.39	13.9
1963	993	168.91	17.01	1973	2 794	383.33	13.7
1964	1 164	196.95	16.92	1974	2 792	398.40	14.3
1965	1 402	230.77	16.46	1975	3 205	420.37	13.1
1966	1 624	259.59	16.0	1976	3 278	423.45	12.9

资料来源：上海市统计局编《上海统计年鉴：1986》，上海人民出版社 1986 年版；上海市统计局编《新上海工业统计资料 1949—199》中国统计出版社 1992 年版。

表8 上海市 GDP 值及三次产业结构(1952—1976)

| 年份 | GDP | 第一产业 | | 第二产业 | | 工业 | 建筑 | 第三产业 | |
		总值(亿元)	%	总值(亿元)	%			总值(亿元)	%
1952	36.66	2.17	5.9	19.22	52.4	49.7	2.7	15.27	41.7
1956	63.61	2.38	3.7	35.25	55.4	54.1	1.3	25.98	40.9
1958	95.61	3.57	3.7	64.66	67.7	65.8	1.8	27.38	28.6
1960	158.39	4.43	2.8	123.36	77.9	76.7	1.2	30.8	19.4
1962	84.72	4.54	5.3	58.8	69.4	68.5	0.9	21.41	25.3
1965	113.55	6.5	5.7	82.92	73	72	1	24.13	21.3
1966	124.81	6.8	5.5	92.27	73.9	73.1	0.8	25.74	20.6
1968	123.24	8.31	6.8	89.2	72.3	72	0.4	25.73	20.9
1970	156.67	7.42	4.7	120.82	77.1	76.5	0.6	28.43	18.2
1972	170.98	8.54	5	132.82	77.7	77	0.7	29.62	17.3
1974	193.45	9.45	4.9	147.86	76.4	75.4	1	36.14	18.7
1976	208.12	8.79	4.2	158.89	76.4	75.4	0.9	40.44	19.4

资料来源:上海市地方志编纂委员会《上海通志》,第十七卷《工业(上)》(概述);第十五卷《经济综述》,第 1630 页;第十五卷《经济综述》,上海人民出版社 2005 年版第 1657 页。

表9 上海市第三产业结构(1952—1978)

| 年份 | 第三产业增加值(亿元) | 第三产业增加值中各业占比(%) | | | | |
		交通运输、仓储、邮电、通信业	批发和零售、贸易、餐饮业	金融保险业	房地产业	其他
1952	15.27	11.7	68.7	5.96	0.33	13.29
1956	25.98	11.28	71.86	4.77	0.15	11.94
1957	26.07	11.39	70.35	5.1	0.19	12.97
1960	30.8	15.29	55.91	14.19	—	—
1962	21.41	14.11	47.73	17.19	0.23	20.74
1965	24.13	16.91	52.18	12.52	0.29	18.39
1970	28.43	15.8	51.8	17.7	0.28	14.42
1975	38.36	19.1	48.4	15.3	0.42	16.78
1978	50.76	23.7	45.6	13.8	0.53	16.37

资料来源:上海市地方志编纂委员会《上海通志》,第十七卷《工业(上)》(概述);第十五卷《经济综述》,第 1630 页;第十五卷《经济综述》,上海人民出版社 2005 年版,第 1657 页。

表 10　上海市工业产值及全国占比(1978—2018)

年份	全国工业总产值(亿元)	上海市工业总产值(亿元)	上海在全国占比(%)
1978	1 621.50	514.01	31.70
1979	1 786.50	556.30	31.14
1980	2 014.90	598.75	29.72
1981	2 067.70	620.12	29.99
1982	2 183.00	634.65	29.07
1983	2 399.10	663.53	27.66
1984	2 815.90	728.12	25.86
1985	3 478.30	862.73	24.80
1986	4 000.80	952.21	23.80
1987	4 621.30	1 073.84	23.24
1988	5 814.10	1 304.66	22.44
1989	6 525.70	1 524.67	23.36
1990	6 904.70	1 642.75	23.79
1991	8 138.20	1 947.18	23.93
1992	10 340.50	2 429.96	23.50
1993	14 248.80	3 327.04	23.35
1994	19 546.90	4 255.19	21.77
1995	25 023.90	4 547.47	18.17
1996	29 529.80	5 126.22	17.36
1997	33 023.50	5 649.93	17.11
1998	34 134.90	5 763.67	16.88
1999	36 015.40	6 213.24	17.25
2000	40 259.70	7 022.98	17.44
2001	43 855.60	7 806.18	17.80
2002	47 776.30	8 730.00	18.27
2003	55 363.80	11 708.49	21.15
2004	65 776.80	14 595.29	22.19
2005	77 960.50	16 876.78	21.65
2006	92 238.40	19 631.23	21.28
2007	111 693.90	23 108.63	20.69
2008	131 727.60	25 968.38	19.71
2009	138 095.50	24 888.08	18.02
2010	165 126.40	31 038.57	18.80

续表

年份	全国工业总产值(亿元)	上海市工业总产值(亿元)	上海在全国占比(%)
2011	195 142.80	33 834.44	17.34
2012	208 905.60	33 186.41	15.89
2013	222 337.60	33 899.38	15.25
2014	233 856.40	34 071.19	14.57
2015	236 506.30	33 211.57	14.04
2016	247 877.70	33 079.72	13.35
2017	279 996.90	36 094.36	12.89
2018	305 160.00	36 451.84	11.95

数据来源:《中国统计年鉴》(2018)、《上海统计年鉴》(2018)。

表 11　上海市对外出口额及全国占比(1978—2018)

年份	全国出口总额(亿美元)	上海市出口总额(亿美元)	上海在全国占比(%)
1978	97.50	28.93	29.67
1979	136.60	36.75	26.90
1980	181.20	42.66	23.54
1981	220.10	38.07	17.30
1982	223.20	36.05	16.15
1983	222.30	36.48	16.41
1984	261.40	35.87	13.72
1985	273.50	33.61	12.29
1986	309.40	35.82	11.58
1987	394.40	41.60	10.55
1988	475.20	46.05	9.69
1989	525.40	50.32	9.58
1990	620.90	53.21	8.57
1991	718.40	57.40	7.99
1992	849.40	65.55	7.72
1993	917.40	73.82	8.05
1994	1 210.10	90.77	7.50
1995	1 487.80	115.77	7.78
1996	1 510.50	132.38	8.76

年份	全国出口总额(亿美元)	上海市出口总额(亿美元)	上海在全国占比(%)
1997	1 827.90	147.24	8.06
1998	1 837.10	159.56	8.69
1999	1 949.30	187.85	9.64
2000	2 492.00	253.52	10.17
2001	2 661.00	276.21	10.38
2002	3 256.00	320.37	9.84
2003	4 382.30	484.53	11.06
2004	5 933.30	735.05	12.39
2005	7 619.50	907.18	11.91
2006	9 689.80	1 135.89	11.72
2007	12 200.60	1 438.46	11.79
2008	14 306.90	1 691.45	11.82
2009	12 016.10	1 417.96	11.80
2010	15 777.50	1 807.14	11.45
2011	18 983.80	2 096.74	11.04
2012	20 487.10	2 067.30	10.09
2013	22 090.00	2 041.80	9.24
2014	23 422.90	2 101.34	8.97
2015	22 734.70	1 959.13	8.62
2016	20 976.30	1 833.52	8.74
2017	22 633.70	1 936.43	8.56
2018	24 096.90	2 005.94	8.32

数据来源:《中国统计年鉴》(2018)、Wind 数据。

表 12　上海市及全国年 GDP 值及年增长率(1978—2018)

年份	全国 GDP(亿元)	增长率(%)	上海市年 GDP (亿元)	增长率(%)
1978	3 678.7	11.7	272.81	15.8
1979	4 100.5	7.6	286.43	7.4
1980	4 587.6	7.8	311.89	8.4
1981	4 935.8	5.1	324.76	5.6
1982	5 373.4	9.0	337.07	7.2
1983	6 020.9	10.8	351.81	7.8
1984	7 278.5	15.2	390.85	11.6

续表

年份	全国GDP(亿元)	增长率(%)	上海市年GDP (亿元)	增长率(%)
1985	9 098.9	13.4	466.75	13.4
1986	10 376.2	8.9	490.83	4.4
1987	12 174.6	11.7	545.46	7.5
1988	15 180.4	11.2	648.30	10.1
1989	17 179.7	4.2	696.54	3.0
1990	18 872.9	3.9	781.66	3.5
1991	22 005.6	9.3	893.77	7.1
1992	27 194.5	14.2	1 114.32	14.8
1993	35 673.2	13.9	1 519.23	15.1
1994	48 637.5	13.0	1 990.86	14.5
1995	61 339.9	11.0	2 518.08	14.3
1996	71 813.6	9.9	2 980.75	13.1
1997	79 715.0	9.2	3 465.28	12.8
1998	85 195.5	7.8	3 831.00	10.3
1999	90 564.4	7.7	4 222.30	10.4
2000	100 280.1	8.5	4 812.15	11.0
2001	110 863.1	8.3	5 257.66	10.5
2002	121 717.4	9.1	5 795.02	11.4
2003	137 422.0	10.0	6 762.38	12.3
2004	161 840.2	10.1	8 165.38	14.3
2005	187 318.9	11.4	9 365.54	11.5
2006	219 438.5	12.7	10 718.04	12.8
2007	270 232.3	14.2	12 668.89	15.2
2008	319 515.5	9.7	14 276.79	9.7
2009	349 081.4	9.4	15 287.56	8.4
2010	413 030.3	10.6	17 436.85	10.2
2011	489 300.6	9.5	19 539.07	8.3
2012	540 367.4	7.9	20 558.98	7.5
2013	595 244.4	7.8	22 264.06	7.9
2014	643 974.0	7.3	24 068.20	7.1
2015	689 052.1	6.9	25 659.18	7.0
2016	743 585.5	6.7	28 183.51	6.8
2017	827 121.7	6.9	30 632.99	6.9
2018	900 309.0	6.6	32 679.87	6.6

数据来源:《上海统计年鉴》(2018),《中国统计年鉴》(2018),《国民经济和社会发展统计公报》(2018)。

表 13　上海市与广东省、福建省 GDP 环比增长率(1979—2000)

年份	上海市 GDP（亿元）	环比增长率（％）	广东省 GDP（亿元）	环比增长率（％）	福建省 GDP（亿元）	环比增长率（％）
1979	286.43	—	209.34	—	74.11	—
1980	311.89	8.89	249.65	19.26	87.06	17.47
1981	324.76	4.13	290.36	16.31	105.62	21.32
1982	337.07	3.79	339.92	17.07	117.81	11.54
1983	351.81	4.37	368.75	8.48	127.76	8.45
1984	390.85	11.10	458.74	24.40	157.06	22.93
1985	466.75	19.42	577.38	25.86	200.48	27.65
1986	490.83	5.16	667.53	15.61	222.54	11.00
1987	545.46	11.13	846.69	26.84	279.24	25.48
1988	648.30	18.85	1155.37	36.46	383.21	37.23
1989	696.54	7.44	1381.39	19.56	458.40	19.62
1990	781.66	12.22	1559.03	12.86	522.28	13.94
1991	893.77	14.34	1 893.30	21.44	619.87	18.69
1992	1 114.32	24.68	2 447.54	29.27	784.68	26.59
1993	1 519.23	36.34	3 469.28	41.75	1 114.20	41.99
1994	1 990.86	31.04	4 619.02	33.14	1 644.39	47.58
1995	2 518.08	26.48	5 940.34	28.61	2 094.90	27.40
1996	2 980.75	18.37	6 848.23	15.28	2 484.25	18.59
1997	3 465.28	16.26	7 792.97	13.80	2 870.90	15.56
1998	3 831.00	10.55	8 555.33	9.78	3 159.91	10.07
1999	4 222.30	10.21	9 289.64	8.58	3 414.19	8.05
2000	4 812.15	13.97	10 810.21	16.37	3 764.54	10.26

资料来源：《上海统计年鉴》（2018）、《广东统计年鉴》（2018）、《福建统计年鉴》（2018）。

表 14　上海市三次产业结构(1978—2018)

年份	按产业分（％）			按行业分（％）	
	第一产业	第二产业	第三产业	♯工业	♯建筑业
1978	4.0	77.4	18.6	76.1	1.3
1979	4.0	77.2	18.8	75.6	1.6
1980	3.2	75.7	21.1	74.0	1.7
1981	3.3	75.2	21.5	73.0	2.2
1982	3.9	74.0	22.1	71.4	2.6

续表

年份	按产业分(%)			按行业分(%)	
	第一产业	第二产业	第三产业	♯工业	♯建筑业
1983	3.8	72.6	23.6	70.0	2.6
1984	4.4	70.5	25.1	67.4	3.1
1985	4.2	69.8	26.0	66.7	3.1
1986	4.0	68.5	27.5	65.0	3.5
1987	4.0	66.8	29.2	61.7	5.1
1988	4.2	66.8	29.0	61.6	5.2
1989	4.3	66.9	28.8	62.1	4.8
1990	4.4	64.7	30.9	60.1	4.6
1991	3.8	61.6	34.6	57.6	4.0
1992	3.1	60.8	36.1	57.1	3.7
1993	2.5	59.4	38.1	55.7	3.7
1994	2.4	57.7	39.9	54.0	3.7
1995	2.4	56.8	40.8	52.4	4.4
1996	2.3	54.0	43.7	49.2	4.8
1997	2.1	51.6	46.3	46.6	5.1
1998	1.9	49.3	48.8	44.0	5.3
1999	1.8	47.5	50.7	42.8	4.7
2000	1.6	46.4	52.0	42.0	4.4
2001	1.5	46.2	52.3	41.7	4.5
2002	1.4	45.8	52.8	41.4	4.4
2003	1.2	48.1	50.7	44.1	4.0
2004	1.0	48.4	50.6	44.7	3.7
2005	1.0	47.5	51.5	43.8	3.7
2006	0.9	47.2	51.9	43.5	3.7
2007	0.8	44.8	54.4	41.5	3.3
2008	0.8	43.5	55.7	39.9	3.6
2009	0.7	40.2	59.1	36.3	3.9
2010	0.7	42.3	57.0	38.4	3.9
2011	0.7	41.6	57.7	37.9	3.7
2012	0.6	39.2	60.2	35.5	3.7
2013	0.6	36.6	62.8	33.1	3.6
2014	0.5	35.1	64.4	31.7	3.5
2015	0.5	32.2	67.3	29.0	3.3
2016	0.4	29.8	69.8	26.8	3.1
2017	0.3	30.5	69.2	27.4	3.2
2018	0.3	29.8	69.9	26.6	

数据来源:《上海统计年鉴》(2018)、《上海市国民经济和社会发展统计公报》(2018)。

表 15　上海市对外贸易额及环比年增长率(2001—2008)

年份	进出口总额(亿美元)	环比增长率(%)	进口总额(亿美元)	环比增长率(%)	出口总额(亿美元)	环比增长率(%)
2001	608.98	—	332.70	—	276.28	—
2002	726.64	19.32	406.09	22.06	320.55	16.02
2003	1 123.97	54.68	639.15	57.39	484.82	51.25
2004	1 600.26	42.38	865.06	35.35	735.20	51.64
2005	1 863.65	16.46	956.23	10.54	907.42	23.42
2006	2 274.89	22.07	1 139.16	19.13	1 135.73	25.16
2007	2 829.73	24.39	1 390.45	22.06	1 439.28	26.73
2008	3 221.38	13.84	1 527.88	9.88	1 693.50	17.66

数据来源:《上海统计年鉴》(2017)。

参考文献

［美］布朗温·霍尔、内森·罗森伯格：《创新经济学手册》第一卷，第二卷，上海交通大学出版社 2017 年版。

薄一波：《若干重大决策与事件的回顾》，中共中央党校出版社 1993 年版。

范柏乃：《城市技术创新透视》，机械工业出版社 2003 年版。

丁堃：《开放式自主创新系统及其应用》，科学出版社 2010 年版。

付小东：《区域创新系统构建之研究》，《中共济南市委党校学报》2001 年第 3 期。

国家统计局：《伟大的十年》，人民出版社 1959 年版。

洪银兴、刘志彪：《长江三角洲地区经济发展的模式和机制》，清华大学出版社 2003 年版。

纪晓岚主编：《长江三角洲区域发展战略研究》，华东理工大学出版社 2006 年版。

李凌：《创新驱动高质量发展》，上海社会科学院出版社 2018 年版。

林超超：《效率、动员与经济增长：计划体制下的上海工业》，上海人民出版社 2016 年版。

林兰：《上海城市创新建设的理论与实践》，经济科学出版社 2016
年版。

林毅夫：《李约瑟之谜、韦伯疑问和中国的奇迹：自宋以来的长期经
济发展》，《北京大学学报》2007 年第 4 期。

林毅夫：《经济发展与转型：思潮、战略与自生能力》，北京大学出
版社 2008 年版。

刘强、赵晓洁：《德国国家技术创新系统运行机制》，《德国研究》
2003 年第 4 期。

［美］道格拉斯·C. 诺斯：《经济史上的结构和变迁》，商务印书馆
2002 年版。

上海市地方志编纂委员会：《上海通志》，上海人民出版社、上海社
会科学院出版社 2005 年版。

上海对外经济贸易志编纂委员会：《上海对外经济贸易志》，上海社
会科学院出版社 2002 年版。

上海社会科学院经济研究所：《上海资本主义工商业的社会主义改
造》，上海人民出版社 1980 年版。

宋保林、李兆友：《技术创新过程中技术知识流动何以可能》，《东北
大学学报：社会科学版》2010 年第 7 期。

上海财经大学课题组：《中国经济发展史：1949—2005》，上海财经
大学出版社 2007 年版。

上海市统计局：《上海国民经济和社会发展历史统计资料 1949—
2000》，中国统计出版社 2001 年版。

上海对外经济贸易志编写组：《上海对外经济贸易志（第一卷）》，
上海社会科学院出版社 2001 年版。

《上海市国民经济和社会发展第十一个五年计划纲要》(2006),《第十二个五年计划纲要》(2011),《第十三个五年计划纲要》(2016)。

上海市发展与改革委员会:《上海市国民经济和社会发展报告》,2008、2009、2010、2011、2012、2013、2014、2015、2016、2017年版。

上海市科学学研究所:《上海科技创新发展与改革40年》,上海人民出版社2018年版。

孙福庆、徐炳胜等:《从经济中心城市到全球城市:上海城市功能定位的理论和时间探索》,上海社会科学院出版社2018年版。

孙怀仁:《上海社会主义经济建设发展简史(1949—1985年)》,上海人民出版社1990年版。

汤兵勇等:《上海市科学委员会2004年度软科学研究项目:上海城市创新体系科研机构布局的关联研究》,2004年11月。

王春法:《关于国家创新体系理论的思考》,《中国软科学》2003年第5期。

王福涛、钟书华:《集聚耦合对创新集群演化的影响研究》,《中国科技论坛》2009年第3期。

王其藩、李旭:《从系统动力学观点看社会经济系统的政策作用机制与优化》,《科技导报》2004年第5期。

武力:《中华人民共和国经济史》,中国时代经济出版社2010年版。

熊彼特、约瑟夫:《经济发展理论》,商务印书馆1991年版。

熊鸿军、戴昌钧:《技术变迁中的路径依赖与锁定及其政策含义》,《科技进步与对策》2009年第11期。

许光清、邹骥:《可持续发展与系统动力学》,《经济理论与经济管理》2005 年第 1 期。

徐思彦、李正风：《公众参与创新的社会网络：创客运动与创客空间》，《科学学研究》2014 年第 12 期。

杨公朴、夏大慰：《上海工业发展报告——五十年历程》，上海财经大学出版社 2001 年版。

袁志刚、范剑勇：《1978 年以来中国的工业化进程及其地区差异分析》，《管理世界》2003 年第 7 期。

张亮亮、张晖明：《企业家资本的生成与内涵分析》，《复旦学报（社会科学版）》2014 年第 3 期。

张省、顾新：《城市创新系统动力机制研究》，《科技进步与对策》2012 年第 3 期。

张淑芬、宗刚：《熵思想下的企业技术创新动力机制模型探讨》，《工业技术经济》2008 年第 1 期。

郑展：《知识流动与区域创新网络》，中国经济出版社 2010 年版。

中国社会科学院、中央档案馆：《中华人民共和国经济档案资料选编（工业卷）1949～1952》，中国物资出版社 1996 年版。

中国经济与社会发展统计数据库：《上海统计年鉴》。

《中国共产党历次全国代表大会数据库》。

《中国国务院政府工作报告数据库》。

周振华：《崛起中的全球城市——理论框架及中国模式研究》，上海人民出版社 2017 年版。

周振华：《全球城市演化原理与上海 2050》，上海人民出版社 2017 年版。

周振华：《上海建设全球科技创新中心：战略前瞻与行动策略》，上海人民出版社 2016 年版。

　　周振华、熊月之等：《上海：城市嬗变及展望》，上海人民出版社 2010 年版。

　　朱华等：《上海一百年》，上海人民出版社 1999 年版。

　　朱金海、甘慧杰：《上海通史（第 12 卷·当代经济）》，上海人民出版社 1999 年版。

　　祝兆松：《上海计划志》，上海社会科学院出版社 2001 年版。

　　上海经济发展战略课题组：《上海经济发展战略文集》，上海社会科学院出版社 1984 年版。

　　上海经济增长方式转变综合研究课题组编：《创新：上海经济增长方式转变的必由之路》，上海人民出版社 1998 年版。

　　顾光青、周晓庄、李咏今：《国有企业改革》，上海社会科学院出版社 1999 年版。

　　杨亚琴、韩汉君：《对外开放战略》，上海社会科学院出版社 1999 年版。

　　张忠民：《经济历史成长》，上海社科院出版社 1999 年版。

　　周振华：《增长方式转变》，上海社会科学院出版社 1999 年版。

　　黄仁伟等：《上海对外开放与发展：实践与经验》，上海社会科学院出版社 2009 年版。

　　左学金等：《上海经济改革与城市发展：实践与经验》，上海社会科学院出版社 2009 年版。

　　童世骏、方松华等：《中国特色社会主义理论：上海的探索与实践》，上海社会科学院出版社 2009 年版。

　　黄金平、王庆洲等：《上海经济发展三十年》，上海人民出版社 2008

年版。

上海市发展改革研究院：《转型和创新的战略抉择》，上海人民出版社 2011 年版。

上海市发展改革研究院：《经济稳定增长与创新转型发展》，上海人民出版社 2012 年版。

上海市发展改革研究院：《新产业革命与新战略》，上海人民出版社 2013 年版。

上海市发展改革研究院：《再改革议程》，上海人民出版社 2013 年版。

上海市发展改革研究院：《主动开放战略与改革红利》，上海人民出版社 2014 年版。

宗传宏：《上海经济转型》，上海社会科学院出版社 2013 年版。

张同林：《上海区域发展制度创新》，上海社会科学院出版社 2013 年版。

王红霞：《上海城市空间转型》，上海社会科学院出版社 2013 年版。

屠启宇：《上海创新城市》，上海社会科学院出版社 2013 年版。

尹继佐：《上海经济发展蓝皮书》，上海社会科学院出版社 2000 年版。

尹继佐：《城市综合竞争力：2001 年上海经济发展蓝皮书》，上海社会科学院出版社 2001 年版。

尹继佐：《城市国际竞争力：2002 年上海经济发展蓝皮书》，上海社会科学院出版社 2002 年版。

尹继佐：《现代化国际大都市建设：2003 年上海经济发展蓝皮书》，上海社会科学院出版社 2003 年版。

尹继佐:《创新城市:2004 年上海经济发展蓝皮书》,上海社会科学院出版社 2003 年版。

周振华等:《协调发展全面提升城市功能:2006 年上海经济发展蓝皮书》,上海社会科学院出版社 2005 年版。

周振华等:《城市转型:2006 年上海经济发展蓝皮书》,上海社会科学院出版社 2006 年版。

左学金等:《构建服务型经济结构:2006—2007 年上海经济发展报告》,社会科学文献出版社 2007 年版。

左学金等:《努力加快"四个率先"步伐:上海经济发展报告》,社会科学文献出版社 2008 年版。

屠启宇、沈开艳:《率先转型:世博效应助推经济结构调整:上海经济发展报告》,社会科学文献出版社 2010 年版。

沈开艳:《创新驱动与转型发展:上海经济发展报告》,社会科学文献出版社 2011 年版。

沈开艳:《增长动力与产业发展转型:上海经济发展报告》,社会科学文献出版社 2012 年版。

沈开艳:《城市功能和产业空间转型:上海经济发展报告》,社会科学文献出版社 2013 年版。

沈开艳:《新一轮改革开放与制度创新:上海经济发展报告》,社会科学文献出版社 2014 年版。

沈开艳:《建设具有全球影响力的科技创新中心:上海经济发展报告》,社会科学文献出版社 2015 年版。

沈开艳:《创新发展先行者:上海经济发展报告》,社会科学文献出版社 2016 年版。

沈开艳：《推动供给侧结构性改革：上海经济发展报告》，社会科学文献出版社 2017 年版。

沈开艳：《现代化经济体系建设：上海经济发展报告》，社会科学文献出版社 2018 年版。

上海市科学学研究所：《上海科技创新中心指数报告》，上海教育出版社 2016、2017、2018 年版。

Amin Ash，Thrift Nige，Globalization，Institutions and Regional Development in Europe [M]. Oxford：Oxford University Press，1996.

Bourne L. S.，Simmons J. W.，Systems of Cities [M]. New York：Oxford University Press，1978.

Chris Freeman. The national system of innovation in historical perspective [J]. Cambridge Journal of Economics，Vol 19，5—24，1995.

Cooke，P.，Morgan，K.，The associational economy：Firms，regions，and innovation [M]. Oxford University Press. Oxford，1998.

Elhanan Helpman，The Mystery of Economic Growth [M]，the President and Fellows of Harvard College，2004.

Hang Georg Gemunden，Network to configuration and innovation success：an empirical analysis in German high-tech industries [J]. *Journal of Research in Marketing*，1996，13(5)：449—462.

John R. Short，Yeong-Hyun Kim. Globalization and the City [M]. London：Longman Press，1998.

Krugman，The Role of Geography in Development [J]. International Regional Science Review，1999，22(2)：142—161.

Lucas，R. E.，Externality and Cities [J]. Review of Economics Dynamics，2001(4)：245—274.

Lundvall B.，National system of innovation：towards a theory of innovation and interaction learning [M]. London：Pinter Publications，1992.

World Bank：Sustainable Development in a Dynamic world：Transforming Institution，Growth，and Quality of Life [M]（World Development Report）. New York：Oxford University Press，2003.

World Bank：Reshaping Economic Geography [M]（World Development Report），2009.

图书在版编目(CIP)数据

上海的创新引领:从老工业基地迈向全球城市:
1949-2019/方书生著.—上海:上海人民出版社,
2019
(上海市纪念新中国成立70年研究丛书)
ISBN 978-7-208-15995-2

Ⅰ.①上… Ⅱ.①方… Ⅲ.①区域经济发展-研究-
上海-1949-2019 Ⅳ.①F127.51

中国版本图书馆 CIP 数据核字(2019)第 148211 号

责任编辑 罗 俊
封面设计 谢定莹

上海市纪念新中国成立 70 年研究丛书
上海的创新引领
——从老工业基地迈向全球城市(1949—2019)
方书生 著

出	版	上海人民出版社
		(200001 上海福建中路 193 号)
发	行	上海人民出版社发行中心
印	刷	上海商务联西印刷有限公司
开	本	787×1092 1/16
印	张	20.25
插	页	4
字	数	242,000
版	次	2019 年 8 月第 1 版
印	次	2019 年 8 月第 1 次印刷

ISBN 978-7-208-15995-2/D·3460
定 价 80.00 元